사도 바울의 기독교

사도바울의 기독교
Pauline Christianity

2007년 도서출판 은성
초판 발행: 1999년 9월
저자: 존 지슬러
역자: 김광수
발행처: 도서출판 은성
등록: 1974년 12월 9일 제 9-66호
주소: 서울시 강동구 성내동 538-9
전화: (02) 477-4404
팩스: (02) 477-4405
http://www.eunsungpub.co.kr

출판 및 판매에 관한 모든 권한은 본 출판사가 소유하고 있습니다. 출판사의 사전 서면 허락없이 상업적인 목적으로 번역, 재제작, 인용, 촬영, 녹음 등을 할 수 없음을 알려드립니다.

Printed in Korea
ISBN 89-7236-233-6 33230

Originally published in English under the title: *Pauline Christianity* by John Ziesler.
Published by Oxford University Press in 1990.
All rights to this book, not specifically assigned here in, are reserved by the copyright owner. All non-English rights are contracted exclusively through Oxford University Press.

Revised Edition

Pauline Christianity

by

John Zeisler

translated by

Kwang-Soo Kim

사도 바울의 기독교

존 지슬러 지음
김광수 번역

편집자의 머리말

　성서 각 책에 대한 많은 주석서들이 있지만, 보다 폭넓은 견해를 갖고자 하는 독자는 선택의 폭이 좁다. 이 총서는 이러한 필요를 채워주기 위하여 마련되었다. 이 총서는 주제적 구조를 취하는데, 각 권은 성서의 여러 책들을 포함한다. 이 총서는 성서의 다양한 번역과 함께 사용될 수 있도록 고안되었다; 성서 인용문들은 대체로 RSV의 본문을 사용했지만, 각 책의 저자들은 다른 번역들을 사용하기도 하며 혹은 어느 구절의 독특한 의미를 이해하는데 도움을 주는 곳에서는 그들 자신들의 번역을 사용하기도 한다.
　일반적인 방향성을 제공하기 위하여 보다 더 개론적 성격의 책이 두 권이 있다: 하나는 구약성서를 그것의 문화적이고 역사적인 문맥에서 고찰할 것이며, 다른 하나는 신약성서와 기독교의 기원을 고찰한다. 네 권의 책이 구약성서에서 다른 종류의 양식을 다룬다: 설화, 예언, 시/시가서, 지혜와 율법. 세 권의 책은 신약성서의 다른 국면들을 다룬다: 복음서, 바울과 바울계 기독교, 신약성서 사상의 다양성. 한 권의 책은 구약과 신약을 다 포함하는 성서 해석학의 본질을 다룬다.

  각 권의 책은 일반 독자층을 위하여 저술한다. 전문적 용어들과 히브리어나 헬라어 단어들은 설명이 첨가되었다; 성서 원어로 된 단어들은 본문의 이해에 필수적일 때에만 사용된다. 일반적 서론에 관한 책들은 전체적인 구조를 제공하면서 그 자체를 위할 뿐 아니라, 나머지 책들에서 좀 더 상세하게 고찰하게 될 질문들을 제기하는데 도움을 주기 위하여 고안되었다. 두 권의 개론적 책들을 제외한 나머지 모든 책들은 선정된 성서 구절들에 대한 심도 있는 논의를 포함하고 있으며, 그래서 그 본문의 해석을 통하여 성서가 관심을 기울이고 있는 역사적이고 신학적인 폭넓은 쟁점들에 대한 보다 깊은 이해를 가능하게 하는 방식의 예들을 제공한다. 각 권에 포함된 선별된 참고문헌은 보다 충분한 검토를 위하여 남겨진 많은 쟁점들에 대한 추가적 논의 방식을 가리킨다.

번역자의 머리말

　사도 바울의 교훈들은 기독교인들의 풍성하고 활력있는 삶을 위한 국면은 물론 기독교의 전체적인 교리 체계 형성을 위하여 중심적인 국면을 제공한다. 그는 구속, 칭의, 화해와 같은 구원의 교리를 제공할 뿐 아니라 그리스도와의 연합, 새 생명, 성령과 육체의 씨름과 같은 기독교인들의 삶의 중심적 국면들에 대한 분명한 지식을 제공한다. 그동안 수많은 기독교인들이 그의 교훈들을 통하여 감동과 감화를 받았으며 기독교의 교리 체계를 형성하는 데 결정적 도움을 받았다. 따라서 바울 사상에 대한 연구는 기독교인들의 개인적인 풍성한 신앙 생활을 위해서는 물론 기독교 교리 체계의 확립을 위하여 앞으로도 계속하여 이루어져야 할 과업이다.
　사도 바울의 교훈들의 이러한 중요성에 비례하여 그의 신학과 그의 서신에 관한 수많은 연구가 진행되어 왔다. 많은 전문적인 연구들도 제시되었다. 그러나 그런 전문적인 연구들이 학문적으로는 다양한 견해들을 제시하며 다양한 의미의 가능성들을 제시해주는 장점이 있는 반면에, 전문적인 용어와 표현으로 인하여 그 내용을 이해하기가 매우 어려운 단점을 갖고 있는 것이 보통이다. 그래서 목회자들이나 일반 기독교인들도 쉽게 접할 수 있는 바울의 사상에 대한 보다 더 실제적이고 쉽게 제시된 연구들이 필요한 상황이다.
    John Ziesler의 *Pauline Christianity*는 바울 사상을 요약적이고도 총괄적으로는 물론 쉬운 문체로 제시하여 비교적 쉽게 읽고 이해할 수 있는 대중적 저술의 형태를 취하고 있다. 그러면서도 저자는 어떤 쟁점에 대하여는 여러 관점들을 제시함으로써 자신의 견해만을 일방적으로 전달하는 것을 피하고 있다. 그런 점에서 이 책은 목회자들과 신학생들을 물론 일반 기독교인들도 바울의 사상의 깊은 곳까지 쉽게 이해하도록 돕는 좋은 길잡이가 될 수 있다고 판단된다. 저자는 바울 사상의 배경으로부터 시작하여 기독론, 구원론, 그리고 교회론과 관계된 바울의 교훈들을 다루며, 마지막으로 바울 이후 세대가 사도 바울에 관하여 이해한 부분까지 진행한다. 본인은 앞으로 이 책이 바울 사상의 이해를 위한 간결하면서도 좋은 참고서가 될 것을 확신한다.
    끝으로 이 책의 출판을 허락해주신 도서출판 은성의 최대형 사장님께 감사를 드린다. 무더위 속에서도 함께 번역 작업에 참여한 조삼용 목사님, 김응태 목사님, 그리고 김광모 전도사님께 진심으로 감사드린다.

1999년 7월
침례신학대학교 연구실에서
김광수 교수

목차

1. 서론/ 15
    바울의 사도직/ 16
    바울 서신/ 19
    바울 사상을 알려주는 자료/ 23

2. 바울의 유산/ 25
    바울의 유대적 유산과 종말론적 구조/ 26
    헬레니즘의 유산/ 32
        · 신비 종교들/ 34
        · 영지주의/ 35
    헬라계 유대교/ 38
    기독교의 유산/ 40

3. 예수 그리스도의 중심성/ 47
    소명/ 49
    예수는 누구인가? - 종말을 가져오는 자/ 54
    예수는 누구인가? - 지혜/ 59
    예수는 누구인가? - 주/ 63
    예수는 누구인가? - 하나님의 아들/ 71
    주님이신 그리스도에 대한 찬미가/ 75
    예수는 누구인가? - 예수와 성령/ 79

4. 그리스도와 그의 백성 / 83
 연대적 언어: 1. '그리스도 안에' / 83
 연대적 언어: 2. 두 사람의 아담 / 88
 연대적 언어: 3. '그리스도의 몸' / 95
 그리스도에 관한 연대적 언어의 의미 / 99
 이스라엘과 교회 / 107
 현 세상에 살고 있는 미래의 백성 / 113
 결론 / 115

5. 옛 삶과 새로운 삶 / 117
 구원 / 117
 죄로부터의 해방 / 119
 육체(σάρξ)로부터의 해방 / 123
 율법으로부터의 해방 / 127
 진노(ὀργή)로부터의 해방 / 129
 권세들로부터의 해방 / 131
 해방의 수단: 믿음과 은혜 / 132
 해방의 수단: 화해와 구속 / 134
 해방의 수단: 칭의 / 137
 그리스도의 희생적 죽음 / 143
 그리스도와 함께 죽는 것과 살아나는 것 / 148
 새 생명 / 152
 새로운 의 / 156
 결론 / 158

6. 그리스도와 율법 / 161
 율법은 구원할 수 없다 / 162
 그렇다면 율법의 자리는 무엇인가? / 167
 도덕성은 중요하지 않은 것인가? / 179
 윤리와 종말의 가까움 / 181
 새로운 세대의 윤리 / 185
 공동체 안에서의 사랑 / 188
 사회적 윤리 / 191

7. 신약성서 내에서와 그 이후의 바울 기독교/ 195
　　데살로니가후서/ 195
　　골로새서/ 196
　　에베소서/ 201
　　사도행전/ 204
　　목회 서신들/ 208
　　제 2 세기/ 214
　　바울 전집의 형성/ 218

8. 결론/ 221
참고문헌/ 228
색인/ 234

논의된 핵심 구절들

　　롬 1:18-32
　　롬 3:26-6
　　롬 5:12-21
　　롬 6:1-11
　　롬 7
　　고전 7
　　고전 8, 10:14-30
　　고전 8:5-6
　　고전 15:21-3, 42b-44, 45-9
　　갈 3:6-16
　　갈 3:19-25
　　갈 5:13-26
　　빌 2:6-11
　　골 1:15-20

제1장

서론

　사도 바울의 교훈에 기초한 기독교는 우리가 직접적인 문서적 증거를 가진 최초의 것이다. 신약성서의 정경적 순서에도 불구하고, 최초의 복음서는 마지막으로 쓰여진 바울 서신보다 후에 기록되었으며, 또 사도 바울은 우리를 최초 교회의 앞마당으로 인도한다. 그에게로부터 편지를 받은 교회는 아마 다른 기독교 문서를 소유하지 못했을 것이며, 장소적으로 그 교회는 팔레스틴에서 멀리 떨어져 있었고 또 예수의 추종자들의 전승들을 소유할 수 없었으므로, 아마도 예수의 행적과 말씀에 관한 구진 전승들에 대하여 거의 알지 못했을 것이다. 물론 그 교회는 바울이나 그 밖에 다른 사람들의 설교를 들었을 것이며, 또 70인역 성서(헬라어역 구약성서)에 접근할 수 있었겠지만, 우리는 이러한 내용 이상의 것을 가정할 수 없다. 당시 기독교 세계의 많은 부분에서 바울이 전파한 복음은 사람들이 처음에 들은 유일한 복음이었을 것이며, 따라서 본래 예수에 대한 단순한 복음을 바울이 복잡하게 만들었다는 견해는 적합하지 않다. 기록된 복음이 많은 지역에서 회람된 것은 수십 년 후의 일이었다. 물론 팔레스틴에 보다 초기의 기독교가 있었지만, 그것에 관하여 우리가 가진 모든 문서적 증거는 바울의 진정한 편지들보다 후대에 나온 것들이다.

최초로 기록된 바울의 편지는 아마 데살로니가전서인데, 약 AD 50-51년경 혹은 십자가 처형이 있은 지 20년 후에 기록되었는데, 심지어 그보다 더 일찍 기록되었을 수도 있다. 바울은 어디에서도 그가 예수의 사역이 있은 지 얼마 후에 그리스도인이 되었는가를 말하지 않지만, 그 사건은 30년대 중반에 일어났음이 분명하다. 그는 아레타스가 나바테아의 왕이었을 때, 다마스커스를 탈출해야만 했었는데(고후 11:32f.), 그 아레타스는 아마 37년부터 39년까지 다마스커스를 통치했던 아레타스 IV였을 것이다. 그래서 십자가 처형이 30년이든 혹은 33년에 있었든지, 바울은 그 사건 후에 십 년이 못되어 그리스도의 활동적인 추종자가 된 것으로 나타난다. 따라서 그가 기독교에 대한 아주 초기의 증인인 점에는 의심의 여지가 없다.

바울의 사도직

바울은 유대교 율법에 대한 열정을 가진 사람으로서 기독교인들이 유대교 율법에 대하여 느슨해지고 있었으며, 또 다른 사람들도 마찬가지로 느슨해지게 만든다고 판단하여 기독교인들을 박해한 사람으로 흔히 묘사된다. 기독교인들에 대항하는 그의 성전(聖戰)을 추진하기 위하여 다마스커스로 가던 길에서 그는 놀라운 환상 속에서 그리스도를 대면했다. 그 결과로 그는 회심했을 뿐 아니라, 이방인의 사도가 되는 소명을 받았다. 다른 기독교인들에게서 교훈을 받기도 하고 또 명상과 준비의 시간을 가진 후에, 그는 그의 선교 사역을 시작했는데, 처음에는 시리아 안디

옥을 거점으로 활동하다가, 그 후에 세 번에 걸친 선교 활동을 통하여 서방 세계로 나아갔다. 우여곡절을 거친 후에 그는 예루살렘 성전에서 거의 죽을 뻔했는데, 로마 군대에 체포됨으로써 구조되었다. 그는 예루살렘에 있는 유대교 당국자들이 지역 관장들에게 영향을 행사할 것을 두려워하여, 로마 시민으로서 로마에서 가이사에게 재판 받기를 호소했다. 그는 네로의 박해 기간 중에 투옥 후에 약 65년경에 로마에서 죽었다. 그가 유대교의 율법에 대하여 그 자신이 한 때 가졌던 것과 같은 열정을 가진 사람들로부터 그토록 적대적인 대우를 받은 것은 그가 율법에 대하여 느슨할 뿐 아니라 다른 사람들이 느슨해지록 만들었기 때문이었다.

바울에 대한 위의 묘사는 부분적으로는 전승에, 부분적으로는 그의 편지들에, 그리고 부분적으로는 사도행전에 기초한다. 그 가운데 여러 가지 세부 사항들이 정확하지는 않지만, 위의 묘사는 바울의 생애에 관한 개략적인 윤곽으로 사용될 수 있다: 바울 자신은 그의 대면을 환상으로 부르지 않았고, 회심이 아니라 위임으로 불려져야 하며, 그리고 "세 번의 선교 여행"은 그의 사역에 대한 그릇된 인상을 주는 묘사이다. 그는 선교 여행을 떠났다가 주기적으로 본거지로 돌아오는 일을 행하지 않았으며, 또 그가 어느 특정 지역을 그의 본부로 생각하거나 혹은 그가 하는 여행을 시작과 끝이 있는 것으로 간주했다는 아무 증거도 없다. 오히려, 그는 항상 이동 중에 있었으며, 또 그가 필요할 때 예루살렘을 방문한 것이지, 선교 활동으로부터 안식하기 위하여 간 것은 아니다. "선교 여행"이라는 전체 개념은 사도행전에서 얻은 현대적 추론이지만, 사도행전은 바울 서신들과 비교할 때 그 보고에 있어서 큰 차이를 보여 준다. 사도행전은 초대 교회 혹은 심지어 그 안에서 바울의 역할에 관한 전체 역사를 제공하려는 것이 아니라, 기독교의 선포가 모든 장벽에도 불구하고 예루살렘에서의 태생기로부터 기독교 신앙의 새로운 세계적인 중심지가 된 로마에 이르기까지 어떻게 성공적으로 확산되어 나갔는가를 보여 주려는 목적으로 그 이야기의 줄거리를 구성한다.

사도행전과 바울 서신 사이에 한 가지 중요한 차이점은 사도로서 그의 지위에 관한 것이다. 비록 사도행전의 절반 이상이 바울을 위대한 영웅으로 묘사하고 있지만, 14:4, 14을 제외하고는 바울이 사도라고 불리지 않는다(14:4, 14에서 바울은 바나바와 함께 사도로 언급된다). 사도행전에서 사도는 열 둘에게만 국한되는데, 바울은 그 중에 한 사람이 아니었으며(1:25-26을 보라), 또 그는 그런 의미에서 사도라 불려질 수 없었다. 그러나 바울은 베드로가 사도인 것과 같은 의미에서 자신의 사도직을 주장했는데, 그는 모든 사람이 그 점을 수용한 것이 아님을 알고 있었다(고전 9:1f.; 15:1-11; 갈 1:1, 17을 보라; 살전 2:6; 롬 1:1, 5 참조). 초기 기독교에서 '사도'의 정확한 의미는 큰 논쟁 거리이지만, 분명히 바울은 그 자신이 지위와 권위에 있어서 다른 사도보다 결코 열등하지 않다고 간주했다. 만일 부활하신 그리스도의 증인이 되는 것이 사도가 되는 필수적인 조건이라면, 그 역시 사도의 자격에 적합한데, 왜냐하면 다마스커스 길에서 가진 그의 경험은 베드로와 그 밖의 사람들에게 임한 부활 현현과 동일한 종류의 것이며 그것들과 연속성을 가진 것이기 때문이다(고전 9:1; 15:1-11). 그럼에도 불구하고, 그의 견해에 따르면 사도직에 대한 필수적인 자격은 그에게 권위를 부여하신 하나님의 부르심과 위임이다(갈 1, 2장).

바울 서신

사도 바울은 신학적 논문이나 설교가 아니라 편지를 썼다. 헬라 문화에서—때때로 우리 문화에서와 같이—편지는 그 편지를 쓰는 사람의 인격적 현존을 대체물이었는데, 바울의 편지들도 사도의 권위적 현존을 위한 대체물이다. 때때로 어떤 대리자가 그의 현존을 대신하는 사람으로 간주되는 것과 같이, 바울의 편지들은 바울 자신을 영접하는 것처럼 받아들이도록 의도되었다(고전 4:14-21; 고후 12:14 13:13; 살전 2:17-3:5을 보라). 바울의 편지들은 실제적인 편지들이었으며, 따라서 특정 상황에 처한 특정의 사람들을 향해 쓰여졌다. 비록 이 사실이 명백한 것이지만, 그 중요성 때문에 보충 설명이 필요하다.

첫째, 바울은 체계적이기보다는 목회적으로 편지를 기록한다. 예를 들어, 그는 어디에서도 율법과 복음 사이의 관계에 대한 완벽한 보고를 하지 않지만, 그것을 포함하는 문제들이 일어나는 대로 그 문제들을 다룬다. 갈라디아서에서 그는 율법으로부터 그리스도인들의 자유에 집중하지만, 고린도서에서는 올바른 삶을 위한 필요성에 전념한다. 이 차이는 그가 편지를 쓰던 때에 두 교회들에 존재하던 다른 상황과 문제를 반영한다. 바울은 일관되게 첫째의 원리들을 고수하며, 또 그 자신이 예리하고 창조적인 신학적 사상가였지만, 그보다 앞서 그는 구체적인 문제들에 관심을 기울인 선교적인 목회자이다. 그의 모든 신학은 이러한 방식으로 우리에게 제시된다.

둘째, 우리는 달라지는 상황들을 고려하지 않고, 한 편지에 있는 어떤 것과 다른 편지에 있는 어떤 것을 쉽게 비교할 수 없다. 우리는 구체적인 상황들을 고려하지 않고, 어떤 주제에 관하여 바울이 말한 모든 것을 하나로 모을 수 없다. 그러나 우리는 또한 그가 쓰고 있는 것 속에서, 중심이 되는 통일성(coherence)과 일관성(consistency)을 고려할 준비가 되어 있어야 한다.

셋째, 우리는 대화의 한 편만을 듣는 위치에 있기에, 바울이 한 교회에 말하고 있는 것에서 그가 그 교회로부터 들었음이 분명한 것을 추론할 수 있을 뿐이다. 예를 들어, 고린도전서 7:1에서 "남자가 여자를 가까이 아니함이 좋다"는 말은 바울이 고린도 교인들에게 말하는 것일 수도 있고 혹은 그들이 그에게 말한 것을 그가 인용한 것일 수도 있다. 사실은 아마도 후자일 것이다. 더구나 고린도 교인들은 왜 그들의 지혜를 자랑하고, 근친상간에 대하여 느슨하지만, 금욕주의적 경향도 있고, 우상에게 바쳐진 제물을 먹는 것에 대하여 분열되며, 부활에 대하여 확신하지 못하고 있는가? 이와 같이 이상한 부류의 사상의 배후에는 어떤 통일된 입장이 있는가? 바울 서신 전체에서 이것과 유사한 질문들을 제기할 수 있으며, 해답은 때때로 두 가지로 압축된다. 때때로 바울은 갈라디아서, 로마서, 빌립보서에서와 같이 기독교인들이 유대교의 율법을 완전하게 지켜야 한다고 생각한 사람들에 의하여 발생한 문제에 직면한다. 어떤 때는 고린도서에서 나타나는 바와 같이, 후대에 영지주의적인 것으로 분류된 일종의 종교에 귀의한 사람들을 직면했다. 바울이 의도했던 것이라고 생각하는 대상에 의하여 해석이 영향을 받는 때도 분명히 있을 것이다.

넷째, 바울은 기독교인들에게 편지를 쓰는데, 그 편지들 자체가 선교를 위한 설교는 아니다. 그러나 고린도전서 15:3 이하에서와 같이, 그가 설교한 것에 대한 암시들이 가끔 존재한다: 성경의 성취인 예수 그리스도의 죽음과 부활, 그리고 그리스도의 현현(갈 3:1을 보라). 그러나 일반적으로 바울의 편지들은 위의 설교를 당연한 것으로 여기며, 그것으로부터 나아간다.

우리가 바울이 실제의 편지를 썼다고 말할 때, 현대의 편지를 의미하는 것은 아니다. 최근에 특히 미국 학자들을 중심으로 동시대의 편지들과 비교를 통하여 바울 서신의 구조에 대한 많은 연구가 이루어졌다. 편지들의 목적과 주제가 무엇이든지 간에, 편지들은 대체적으로 동일한 구조로 이루어졌음을 보여 주고 있다. 바울 서신의 구조는 다음과 같은 형태를 취한다:

    인사(발신자와 수신자의 이름)
    감사
    서신의 본체의 시작
    서신의 본체(대체적으로 이론적이며 실제적인 두 부분)
    서신의 본체의 마침(때때로 방문의 약속과 함께)
    윤리적 훈계('권면')
    종결: 인사, 찬양, 축도

  분명히 각 내용의 분량이 다를 수 있으며, 또 어떤 요소는 경우에 따라 생략되기도 하지만, 그런 경우에는 이유가 있다. 어떤 요소가 생략된 아주 좋은 예는 갈라디아서에서 발견되는데, 바울의 기독교적 감사들이 세속 편지들에서 공통적으로 보여지는 호의적 양식을 반영한다는 사실에도 불구하고, 거기서는 시작 부분의 감사가 없다. 갈라디아 교인들이 그들이 받은 대로 복음에 대하여 충실하게 행하지 않았기 때문에, 바울은 갈라디아 독자들에게 아주 분노하고 있어서 공손하게 말해야 함에도 불구하고 감사할 여유나 의향이 없었다.
  더구나, 이러한 형식은 어떤 편지가 바울이 그것을 쓴 형태대로 현재 존재하는지를 발견하는 데 사용될 수 있다. 편지들은 어떤 편집자가 단편들을 하나로 모은 합성된 것일 수도 있다. 고린도후서나 빌립보서는 위의 형식에 만족스럽게 부합되지 않는데, 이것은, 비록 그 자체가 확정적이지는 않지만, 그 편지들을 합성된 것들로 간주하는 강력한 이유이기도 하다. 확실히 그 편지들은 보통 생각되는 것처럼 목적 없이 구성된 것이 아니라 동시대의 편지 형식을 따라 구성되었다는 것에 광범위한 의견일치가 있다.

바울 서신의 수신자들은 물론 기독교인들이었지만, 그들은 주로 유대인 기독교인들 혹은 이방인 기독교인들이었는가, 혹은 회심을 하지는 않았지만 이미 유대교 회당의 추종자들이 된 이방인들이었는가? 틀림없이 많은 사람들은 (유대인이 아닌) 이방인들이었는데, 실질적인 면에서 그들은 문화와 언어에서 헬라화 된 사람들이었다. 거의 모든 편지에서 이 사실이 어딘가에 거론된다 (예: 롬 11:13; 고전 8:7; 갈 4:8; 빌 3:3; 살전 1:9). 더욱이, 비록 복음은 "첫째는 유대인에게요 다음에는 헬라인에게" 임한 것이며(예, 롬 1:16), 또 비록 사도행전에서는 바울이 회당에서 시작하여 압력이 있을 때에만 회당 밖으로 나가는 형태로 나타나지만, 그는 자신의 사명을 특히 이방인들을 위한 사역으로 간주한다. 그는 하나님이 임명하신 "이방인들을 위한 사도"이다(롬 11:13; 15:16; 갈 1:16). 따라서 그의 교회들이 대체로 이방인들로 구성되었던 것으로 보이는데, 그 중에 일부가 회당-추종자였던 시기가 있었을 것이며, 또 바울이 70인역 성서의 지식을 당연시한 것을 보면 아마 유대인들도 포함되었을 것이다. 바울은 그의 독자들이 아담과 아브라함, 모세와 할례에 관하여 알 수 있고 그들이 성서의 인용문들과 암시들을 인식할 것을 가정한다. 막대한 비용 때문에, 개인들이나 역사가 짧은 교회들은 성서 사본들을 소유하지 못했을 것인데, 오직 회당 안에서만 이렇게 헬라어로 된 성경에 익숙하게 될 수 있었을 것이다.

바울 사상을 알려 주는 자료

우리는 사도 바울의 어떤 편지들이 후대의 작업을 통해 편집되었을 것과 다른 편지들은, 적어도 우리가 현재 가지고 있는 바로는, 바울의 후대의 추종자 혹은 추종자 집단에 의해 작성되었을 것을 보았다. 이러한 질문은 제7장에서 부각될 것인데, 그런 문제에 대한 충분한 논의를 위하여 큄멜의 『신약개론』(W. G. Kümmel, *Introduction to the New Testament*)과 같은 표준적인 책들을 참고하는 것이 필요하다. 반면에, 우리가 어떤 편지들을 자료로서 확신 있게 사용할 수 있고, 어떤 편지들은 전혀 신뢰할 수 없으며, 어떤 편지들은 그 사이 어딘가에 위치하는가를 아는 것이 필요하다. 또한 사도행전에 관하여 아는 것도 필요하다.

첫째, 우리는 사도행전을 보조 자료로만 사용할 것이다. 이것은 일차 자료(저자 자신으로부터 나온 것)를 이차 자료(그 저자에 관하여 다른 사람이 말한 증거)보다 선호하는 것이 타당하기 때문이다. 주의를 요하는 두번째 이유는 연대기 면에서나 바울의 교훈에 관하여 전달된 보고에 있어서나, 사도행전은 바울의 편지들과 화합되기 어려우며 양쪽에 관한 부적절한 혹은 심지어 왜곡된 묘사를 제공하는 것으로 나타난다는 것이다. 최소한 사도행전은 시기 면에서나 신학 면에서 큰 간격을 보여주는데, 이것은 제7장에서 거론될 것이다.

둘째, 바울에게 돌려진 편지들 중에서, 우리는 로마서, 고린도전서와 고린도후서, 갈라디아서, 빌립보서, 데살로니가전서, 그리고 빌레몬서를 확신 있게 사용할 수 있다. 위에 언급된 편지들 중에서도 어떤 것들은 본래의 형태가 아닐 수도 있지만, 바울이 그 것들을 썼다는 것을 의심하는 사람은 거의 없다. 그 밖의 편지들에 관하여, 다시 제7장을 참고하기 바란다. 비록 바울이 그 편지들을 썼다 하더라도, 그것들을 쓸 때의 바울은 사상과 문체가 많이 바뀐 나이 든 바울이기 때문에, 그 편지들을 비중 있게 다루지는 않을 것이다. 특히 히브리서는 바울이 썼다고 주장할 수 없다.

그 편지들이 쓰여진 순서는 매우 중요한데, 특히 만일 바울의 사상이 해를 거듭할수록 발전했다고 생각할 때에는 그러하다. 불행하게도, 기록된 순서는, 마치 사도 바울 생애의 연대기와도 같이, 확실하게 말하기 어렵다. 그렇지만, 임의로 다루어지는 위험을 피하기 위하여 우리는 가능한 순서와 개략적이긴 하지만 시간대에 관한 어떤 개념을 지적하는 것이 필요하다. 바울 서신을 세 그룹의 편지들로 구분하는 것에 일반적으로 동의한다.

1. 초기 서신: 데살로니가전서와 데살로니가후서(데살로니가후서를 바울의 편지로 가정할 때)
2. 주요 서신: 로마서, 고린도전서와 고린도후서, 갈라디아서, 아마 빌립보서
3. 옥중 서신: 빌레몬서, 골로새서, 에베소서, 아마 빌립보서

만일 바울이 이 편지들을 다 썼다면, 제1그룹은 50년경에, 제2그룹은 50년대 중반에, 그리고 제3그룹은 60년대 초반에 쓰여졌을 것이지만, 모든 기록 연대는 논쟁의 대상이며 어떤 사람들은 제3그룹의 모든 편지들은 바울이 쓰지 않았다거나 로마에서 기록된 것이 아니라고 주장하기도 한다. 많은 사람들은 갈라디아서를 제2 그룹보다는 제1 그룹에 포함시키기도 하며, 또 어떤 이들은 모든 연대 문제에서 보다 이른 연대를 주장하기도 한다. 그럼에도 불구하고 우리가 기록 연대를 확정적으로 말하려고 하지 않는다면, 1세기 50년대에서 60년대 초반으로 잡는 것이 합리적인 견해가 될 것이다.

제2장

바울의 유산

　우리가 바울을 이해하려 한다면, 그가 살았던 문화와 종교적 전통들을 주목해야 한다. 그는 그의 청중들이 당연하게 받아들였던 개념적이고 언어적인 지식을 소유하고 있었지만, 그것이 지금 우리에게는 낯설다. 더구나 그는 BC 4세기 알렉산더 대왕의 지휘 아래서 이루어진 마케도니아인들의 정복으로부터 발생한 문화 혼합의 와중에서 살았다. 그 후에 지중해 세계는 그것이 무엇이든지 간에 부분적으로는 항상 헬라적이었다. 그러나 피정복민들이 정복자들에게 그들의 복수를 하였는데, 그것은 헬라의 종교, 문화, 사상이 동방의 사고와 관습에 침투당한 것이었다. 이 전반의 현상은 소위 헬레니즘이다: 고전 시대의 그리스 문화가 아닌 그리스-로마 세계 전체의 헬라적 문화.
　이 상호 영향에 대한 명백한 예외가 이스라엘이었는데, 이스라엘은 자기 민족을 하나님의 통치를 받는 순수하고 오염되지 않은 상태로 지키기 위해서 표면적으로는 문화적 제국주의와 종교적 혼합주의의 모든 시도들에 대해 저항했다. 그러나 경건한 유대인들이 외국의 압력에 대항하여 대문을 걸어 잠그고 있었던 반면에

뒤 쪽 창문은 혼합이 일어나기에 충분할 만큼 열려 있었다는 것은 분명하다. 이것은 우리가 바울에 끼친 유대교적 영향과 헬레니즘적 영향 사이에 우리가 설정할 구별이 너무 엄격하지 않아야 한다는 것을 의미한다. 심지어 팔레스틴 유대교조차도 부지중에 자주 이국적 요소들에 의해 침투 당했었다. 더욱이 다음의 내용들은 그 경합하는 세력들을 철저하게 묘사하려는 것은 아니다.

바울의 유대교적 유산과 종말론적 구조

바울은 한 사람의 유대인이었을 뿐 아니라, 여전히 그는 한 유대인으로 남아 있었다. 그의 회심은 유대교로부터가 아니라 그가 유대교의 낡은 형태라고 간주하게 되었던 것으로부터, 그가 유대교의 진정한 성취라고 믿었던 것에로의 전환이었다. 따라서, 그가 자신의 과거의 어떤 모습들을 거부하면서도(빌 3:4-11), 절대로 그 자신을 이스라엘의 일부분으로 간주하기를 결코 그치지 않았으며(롬 9-11장, 특히 11:1), 또한 유대교의 구조를 자세하게 설명할 필요를 느끼지 않고 당연한 것으로 여긴다.

바울은, 비록 그것을 명시적으로는 언급하는 것은 드물지만, 오직 한 분이신 하나님에 대한 유대교의 신앙을 이의 없이 가정한다(예. 갈 3:20). 그는 이사야 44장에서 볼 수 있는 것과 똑같은 혐오감과 어리석다는 느낌을 가지고 다신론에 관하여 언급한다(롬 1:22-32을 보라). 하나님은 천사들과 같은 대리인들과 사자들을 두고 계실 것이고(갈 1:8), 또 하나님의 활동이 지혜 언어(제3장을 보라)를 사용하는 인격적 용어들로 언급되지만, 이러한 것들이 결코 하나님의 유일성과 왕국을 위협하지는 않는다. 이 점에서 바울은 그의 조상들과 같은 입장이다. 더구나 이 하나님의 활동들은 역사 속에서 뚜렷이 분별되는 것들이다. 하나님은 아브라함을 불러, 그가 새 땅을 찾도록 보내셨으며, 또한 그가 아들을 통하여 온 세상을 향한 축복의 수단이 되리라고 약속하셨다(롬 4장; 갈 3장). 먼저 그들을 애굽에서 구출하고 나서, 하나님은 이스라엘과 언약을 맺으셨고, 이스라엘이 그 언약 안에서 살 수 있도록 하기 위하여 율법을 주셨으며(롬 9:4), 그 후에는 선지자들을 통하여 말씀하셨다(롬 1:17). 바울도 이 하나님에 대하여 대부분의 그의 동시대 사람들처럼 생각하고, 다만 그들처럼 하나님의 구원 활동 안에서 그분을 발견한다.

다른 유대인들과 마찬가지로 그도 역사가 세대들로 구분되는 것을 믿었는데, 특별히 하나님의 정당한 권위가 경시되고 악이 만연하는 현재의 악한 세대와, 하나님의 주권이 우주적으로 재천명되고 인정되며, 모든 그릇된 것들이 바르게 되고, 압제 받는 모든 자들이 해방될 새로운 세대로 구분했다. 이런 단순한 형식의 역사관은 오랫동안 존재해 왔었는데, 본래 그런 역사관은 정치적, 윤리적, 종교적 관점에서 국가의 회복을 기대한다. 우리는 포로 시대로부터 이러한 희망을 발견하는데, 그 때에는 뿔뿔이 흩어지고 강제로 이주 당한 백성들이 포로로부터 귀환, 즉 과거의 불확실한 충성과 분열된 신앙의 재개가 아니라 다른 차원의 회복을 갈망하였다. 오히려 그들은 모든 국면에서 삶의 갱신을 추구했는데, 그것은 하나님만이 성취하실 수 있는 종류의 갱신이었다(렘 30-33장과 사 40-55장을 보라). (보통 "세상 끝에 관계된다"는 의미로서 "종말론적"이라고 불리는) 이 희망은 후에 일부 집단에서 더욱 복잡하고 급진적인 것으로 대체되었다. (보통 그것이 이제껏 비밀로 하신 하나님의 의도를 드러내기 때문에, "벗긴다"는 의미로서 "묵시적"이라고 불리는) 이러한 후기 형태의 희망은 다양한 형태를 취할 수 있었다. 그러나 보통 이런 희망은 현재 시대의 갱신이 아니라 그것의 급진적 교체인 새로운 세대를 추구했다. 그것은 새 하늘과 새 땅, 즉 국가적 규모보다는 우주적 규모의 하나님의 왕국을 추구했는데, 거기서는 옛 세상이 쓸려 나가 버리고 의와 평화와 진리가 존속된다.

하나의 표준적인 요소는 부활에 관한 희망이었다. 팔레스틴 전통에서는 죽음 이후의 삶을 전적으로 믿는 자들이 종말에 있을 보편적 부활, 즉 하나님께서 인류에 대한 판결을 내리실 때 심판의 부활을 믿는 경향이 있었다. 그러므로 이런 전통에서 자라난 사람들은 누구든지 예수의 부활에 관한 소식을 들었을 때 보편적인 부활이 시작되었고 종말이 문 앞에 다다랐다고 쉽게 결론지었을 것이다. 하나님의 영의 선물은 시대의 또 다른 징표였다: 하나님께서는 소수의 특별한 종들에게만이 아니라 그의 모든 백성들에게 자기의 생기를 불어넣으실 것이다. 기독교인들이 했던 것처럼 성령의 임재에 관해 언급하는 것은 최소한 새 세대의 시작을 암시했다. 또, 비록 메시아가 기본적으로 우주적인 묵시적 희망보다는 단순한 국가적 희망에 더 관련되어 있었음에도 불구하고, 그는 또한 종말의 때를 대표할 수도 있었다. 기독교 메시지의 이런 핵심적인 요소들은 모두가 이 종말론적이거나 묵시적인 배경에서 이해되어야 한다. 또한 5장을 보라.

바울은 또한 세상을 하나님의 피조물이며 따라서 선한 것으로 보는 전통적으로 긍정적인 유대교적 태도를 가정한다. 구원하시는 하나님은 또한 창조자이시고, 이 세상은 죄와 반역의 세력에 의한 오염에도 불구하고 여전히 그분의 것이다. 하나님은 세상으로부터 도피함으로써가 아니라 세상 안에서, 세상의 즐거움과 고통 안에서, 그리고 세상의 물리적 본질 안에서 인식된다. 피조 세계와 인간 욕구의 오용은 죄악이지만, 그것들의 적절한 사용하고 누리는 것은 결코 죄악 되지도 열등하지도 않다. 기독교인들이 먹을 수 있는 것과 먹을 수 없는 것에 관하여 면밀하게 다룰 때, 바울은 "땅과 거기에 거하는 자가 여호와의 것이다"는 시편 24:1

을 시인하면서 그것을 인용한다(고전 10:26을 보라).

　이것은 우리를 바울의 "인간학"(인간의 본질에 관한 그의 이해)으로 인도한다. 바울은 인간을 아주 다른 두 개의 부분들, 즉 신체적인 것과 비-신체적인 것, 육신과 영혼으로 구성된 것이 아니라, 비록 서로 다른 국면들을 갖고 있기는 하지만 통전적으로 보는 구약 성서의 견해를 물려받았다. 강조점은 부분에 있지 않고 전체성에 있었고, 많은 유대인들에게는 몸을 입지 않은 존재를 이해하는 것이 불가능했다. 이것은 사후의 삶을 바라는 희망이 영혼 불멸이 아니라, 특별히 부활이었다는 이유다(비록 영혼 불멸이 헬라적 사고의 영향을 받은 일부 집단에서 발견되었지만, 예를 들면 지혜서 3:1 이하). 몸을 입지 않은 존재는 벗은 자와 같았다(고후 5:1 이하). 결과적으로 우리가 "육"과 "영" 같은 용어들을 만날 때, 바울이 신체적이고 악한 것을 내적이고 선한 것과 대비되는 것으로 말한다고 가정할 수 없다(예. 갈 5:17). 사실 그는 전인(全人)이 갖는 두 가지 서로 다른 지향성, 즉 5장에서 보게 되듯이, 하나님을 향하거나 멀리하는 것을 의미한다. 바울의 입장과 유대교적 전통의 입장에서, 피조 세계와 신체를 지닌 인간은 인간성이 거기로부터 구조받아야 하는 감옥이 아니라 하나님의 구속의 현장들이다.

　바울은 역사 속에서 이루어지는 하나님의 활동이 특정 백성의 중개를 통하여 전해진다고 생각한다. 하나님은 모든 민족들을 보살피지만, 이 보살핌은 이스라엘을 통하여 표현된다(사 42:6; 49:6 참조). 이 통로와 종으로서 이스라엘은 특별한 지위를 갖는데, 그것은 이스라엘의 공로 때문이 아니라 도리어 하나님의 은혜로운 결정 때문이다(신 7:6-8 참조). 메시아 예수는 그 결정의 성취로서 이 선택된 백성에게로 들어오셨다: "저희에게는 양자 됨과 영광과 언약들과 율법을 세우신 것과 예배와 약속들이 있고 조상들도 저희 것이요 육신으로 하면 그리스도가 저희에게서 나셨으니"(롬 9:4 이하). 그 자신의 백성이 예수를 메시아로 받아들이기를 거부한 것은 유대인 기독교인인 바울에게 고민스러운 문제들을 야기시켰다(롬 9-11장을 보라).

    토라(처음에는 오경에 포함된 것으로서 율법과 전통들)는 언약과 선택으로부터 결코 분리될 수 없었다. 이것은 바울에게는 있어서 주요한 문제였는데, 만약 그가 믿었던 대로 이방인들이 이제 하나님의 백성 안으로 부름을 받았다면, 그들 또한 저 언약의 백성의 율법에 복종하도록 부름을 받았는가 하는 의문 때문이었다. 그는 그들은 그렇지 않다고 확신했지만, 그러면 하나님의 백성을 위하여 하나님으로부터 제시된 지침인 율법은 어떻게 되는가? 바울은 지극히 진지하게 율법에 순종했으며, 설명과 해석의 과정을 통하여 율법을 새로운 상황과 새로운 질문들에 적절하게 유지시키려고 애썼던 대규모 평신도 집단이었던 바리새파의 일원이었기 때문에, 그 질문은 더욱 심각했다. 바울의 시대에 이것은 완전히 구전에 의존했지만, 결과적으로는 미쉬나와 관련 저작들로 기록되었다. 정적이고 현실과 동떨어진 율법은 쓸모가 없었을 것이다. 만일 어떤 사람이 "안식일을 거룩하게 지킬 것을 기억해야 한다"면, 그 사람은 지침을 필요로 한다. 우리가 어떻게 그 날을 거룩하게 지킬 것인가? 전혀 일하지 않음으로. 그 일이란 무엇인가: 요리, 빨래, 걷는 것? 그 질문들은 끝이 없지만, 특히 본래의 명령의 정신 안에서 세밀하게 그것을 준수하려고 할 때 그것은 중요하다. 바리새파의 구전 전승은 삶을 짐스럽게 만들려는 것이 아니라, 일반인이 하나님의 뜻 안에서 어떻게 살아야 하는지를 알도록 돕기 위하여 고안되었다. 그 의도는 특정 집단 아니라 대중 지향적이었는데, 그것은 바울이 갈라디아서 1:13 이하에서 "내 조상의 유전"에 대하여 얼마나 열심이었는가를 말할 때 이야기하고 있다.

    바울 시대에, 바리새파는 사두개파, 에쎄네파, 또는 단순히 이런 종교적 진지함을 회피하려는 집단과는 다른 한 선택이었다. 바리새파는 "팔일 만에 할례를 받고 이스라엘의 족속이요 베냐민의 지파요 히브리인 중의 히브리인이요 율법으로는 바리새인이요 열심히는 교회를 핍박하고 율법의 의로는 흠이 없는 자"(빌 3:5-6)였던 바울과 같은 부류의 유대인 집단이었다. 그가 기독교인들을 박해한 것은 이처럼 율법 향한 그의 관심으로부터 야기되었다. 율법에 관하여 엄격하지 않은 유대인들은 국가를 위태롭게 했는데, 국가의 건강과 성공은 율법의 준수에 달려 있다고 생각했기 때문이다.

바울의 유대교적 국면은 또한 더 구체적인 방면에서도 나타난다. 대부분의 랍비들처럼, 그는 직업을 가지고 있었고, 늘 그런 것은 아니지만 수시로 직업을 통하여 자신의 생계를 유지했다(살전 2:9를 고후 11:7-9과 빌 4:15, 18과 비교하라). 그가 그의 직업이 무엇인지 결코 말하지 않지만, 사도행전 18:3은 그가 천막을 만들었다고 말한다. 더욱 중요한 것은 그가 구약의 구절들을 권위 있는 것으로 대우할 뿐 아니라 그것들을 서로 연결하면서, 마치 랍비처럼 그것들을 취급한다는 것이다(예. 롬 3:10-18, 또 자주 롬 9-11장에서). 인용문들을 소개하는 그의 모든 방법들은 초기 유대교 저작들과 유사하다: 예를 들면, "기록된 바"(갈 3:13) 또는 "성경이 말한다"(롬 4:3).

바울이 그의 바리새파 유대교의 유산에 진 빚은 더 이상 강조할 필요가 거의 없다. 바울 자신의 말과 신학적 사안들을 위하여 그가 분명히 그것에 의존했다는 것이 그의 유대교적 국면을 나타낸다.

헬레니즘의 유산

우리는 로마 시대까지 팔레스틴의 귀족 계층뿐 아니라 평민들에게 영향을 끼친 이 복합적인 현상 중에서 몇 가지만 언급할 수 있다. 종교적으로, 헬레니즘에는 강한 유일신적 흐름들도 있었지만 그럼에도 불구하고 다신론과 우상 숭배의 경향이 있었다. 다신론적 종교는 경기 대회와 경기장과 같은 문화 제도와 밀접하게 연결되어 있어서, 거기에 참여하는 것은 그 종교에 대한 시인을 암시하는 경향이 있었다. 철학적으로, 헬라적 사고 방식과 히브리적 사고 방식을 더 이상 선명하게 구별할 수 없지만, 거기에는 전통적인 유대 문화에서보다 추상적 개념을 사용하는 더 탁월한 기술이 있었다. 개략적으로 말해서, 유대인들은 하나님이 무엇을 행하시는가의 견지에서 하나님을 생각한 반면에, 헬라인들은 하나님의 본질, 즉 하나님이 어떤 존재인가라는 견지에서 생각했다. 더욱이, 신성이 인성의 고상한 혹은 한층 더 격상된 형태라는 점에서, 인성과 신성을 근본적으로 그렇게 다르지 않은 것으로 간주하는 헬레니즘적 전통이 있었다. 따라서 반신반인(半神半人)들과 신적 인간들(divine men)이 존재할 수 있었고, 또한 황제와 같은 위대한 인물이 그가 죽은 후에 심지어 죽기 전에도 신성시될 수 있었다.

바울은 얼마나 많은 헬레니즘에 영향을 받았을까? 첫째, 그는 헬라어로 매끄럽고 자연스럽게 글을 쓴다. 그의 언어는 인용과 암시와 단어들에 주어진 의미들에 있어서 자주 70인역 성서를 반영하지만, 대체로 그 시대의 보편적인 헬라어에 잘 맞는다. 헬레니즘의 유명한 중심지 중 하나인 다소에서 출생한 사람으로서 또한 로마의 시민으로서 그는 당시의 이방 문화에 익숙하게 성장했음이 분명하다고 자주 언급된다(행 9:11; 21:39; 22:3; 또한 16:37

이하; 22:25-9; 23:27을 보라). 그렇지만 만일 이 요소들이 그토록 중요하다면, 바울이 그것들에 관하여 전혀 언급하지 않는 것이 이상하며, 어쨌든 문화적 중심지에서 태어나고 성장한 것이 꼭 그 문화의 풍요함을 공유한다고 의미하지는 않는다. 지금처럼 그 때에도 경건한 유대인들은 그들이 불경건하게 생각하는 것으로부터 그 자신들을 격리시킬 수 있었지만, 바울이 실제로는 다소가 아니라 예루살렘에서 양육되었을 가능성이 있다. 사도행전 22:3은 그런 방식으로 이해될 수 있으며, 또한 그가 그의 배경에 관하여 말할 때마다 그것이 전적으로 유대적이고 팔레스틴적이었다는 인상을 준다(예로서, 빌 3:4-6을 보라). 그러므로 우리는 그가 유대교와 헬레니즘의 두 세계에 속한 사람으로 자라났다는 것을 확신할 수 없지만, 우리는 그가 헬레니즘 세계를 상당히 많이 돌아다녔고 또 그의 편지들이 그가 그 문화를 알고 있음을 보여주는 그런 사람이 되었다는 점은 알고 있다. 몇몇 사소한 지적들이 있다: 그는 고린도전서 15:33에서 비록 그 말들이 속담처럼 되었지만, 시인 메난더(Menander)를 인용하는 것으로 나타난다: 고린도후서 4:18은 보이지 않는 것들이 보이는 것보다 더 실제적이라는 플라톤적 관점을 반영할 수도 있다. "양심"(약 14회 나옴)은, 당시의 유대교 문헌에서도 드물게 발견되지만, 적어도 대중적 형태의 스토아 철학으로부터 그의 어휘 속에 적절하게 들어갔을지도 모른다. 빌립보서 4:11의 "만족한"(헬라어로 αὐτάρκης, "자족하는")이 스토아 철학에서 유래한 것일 수도 있는데, 바울에게 있어서 만족은 우리 자신 안이 아니라 하나님 안에 있는 것이다. 그러나 어떤 경우에도 우리는 그가 그것에 빚지고 있음을 의식하고 있다고 확신할 수가 없고, 그 어디에도 그에게 중심적 영향을 준 어떤 표시도 없다. 이제 우리는 이러한 중심적 영향이 가정되어 온 몇 가지 영역으로 관심을 돌린다.

신비 종교들

모든 가능성에 비추어 보면 다소 더 후기에 로마 세계에서 유행의 절정에 이르렀음에도 불구하고, 바울 시대에 시비 종교들은 이미 번성하고 있었다. 비록 우리가 본질적으로 신비한 문제들을 다루고 있기 때문에 그 특징들의 윤곽을 잡기 위해서는 신중해야만 하지만, 그들은 상당히 다양하면서도 다소 공통적인 특징들을 가지고 있었다. 공인된 종교가 형식화되는 경향이 있고 또 주로 그 사회의 복지를 유지하는 데 목적을 두는 경향이 있는 사회에서, 신비적 교리는 그들의 신입 회원들에게 풍부한 종교적 체험을 제공하는 데 이바지했다. 그들은 어떤 *신과 함께 하는* 죽음과 재생(rebirth)을 통하여 그 신과의 합일을 제시했으며, 또한 그들이 현재는 물론 죽음 이후에도 주어질 삶의 질적 향상을 약속했다는 점이 자주 언급되어 왔다. 분명히 죽음을 통한 삶의 개념은 결코 신비 종교에서만이 아니라 고대 세계에서의 입교 의식들과 통과 의례들에서 보편적이었다. 그러나 지금은 신과 함께 하는 죽음과 그 후에 이루어지는 중생(부활은 말할 것도 없이)의 개념이 적어도 1세기의 이런 의식들 속에서 발견되지 않는 것으로 나타난다. 실제로 신비 종교들은 어떤 신과의 합일은 말할 것도 없이 입교 의식을 위한 부활의 언어를 전혀 사용하지 않았던 것으로 보인다. 그들이 약속한 것은 신의 권능 아래서 사는 삶, 즉 현세와 내세의 삶이었다. 이런 종파들이 많이 있었지만, 우리는 그들에 대하여 아쉽게도 매우 조금 밖에 알지 못한다. 그들 중에 가:잘 알려진 것들은 키벨레(Cybele), 엘레우시스(Eleusis), 이시스(Isis), 미트라(Mithras) 숭배들이다. 대부분의 이러한 신비 종교들은 다음 해의 수확을 보증 받기 위한 다산 의식으로서 동방에서 유래했을 가능성이 많지만, 그러한 기원들은 잊혀진 지 오래되었다.

바울이 고린도전서 8:5 이하에서 "많은 신과 많은 주"에 관하여 말할 때, 그가 이런 종파들을 생각하고 있는지도 모르고, 또 침례와 성만찬의 기독교 성례전들은 어쩌면 그들의 영향을 보여줄 수 있을지도 모른다. 특히 로마서 6장에서와 같이, 그리스도와 함께 죽고 다시 살아나는 데 관한 언급에서, 그는 기독교를 그런 종파처럼 소개하고 있다는 주장이 있어 왔다. 그러나 그 유사점들은 처음에 연결되어 보이는 만큼 그렇게 밀접하지는 않다. 그 종파들과는 달리, 바울은 중생보다는 부활에 관하여 주로 이야기한다. 그들과는 달리, 그는 가까운 과거의 실제 사건, 즉 초시간적인 것이 아니라 언제나 참된 죽음과 중생에 참여하도록 초대한다. 그러나 무엇보다도 기본적인 방향이 다르다. 침례에 있어서, 근본적인 점은 메시아 예수의 죽음과 부활에 의하여 시작된 새 세대로 들어가는 것인데, 그것은 예수에게 속한 자들이 그 새 세대의 권능과 실재를 미리 맛보고 있다는 것을 의미한다. 이와 유사하게 성만찬이 이교의 신적 존재에 대한 제의적 참여처럼 보일 수도 있겠지만, 그것은 메시아적 연회, 즉 새 세대의 잔치를 미리 맛보는 것으로 해석되는 것이 더욱 타당하며, 그 잔치는 옛 세대를 폐기하고("죽음") 새 세대를 앞당겨서 받아들이는("살아남") 자들이 누리는 것이다. 침례에 관한 로마서 6장과 성만찬에 관한 고린도전서 11장은 둘 다 헬레니즘적인 신비적 교리들로부터 유래된 구조보다는 종말론적이고 유대교적인 구조에 더 자연스럽게 들어맞는다. 그럼에도 불구하고 유사성들은 존재하며, 바울이나 그의 독자들이 그 사상을 전혀 고려하지 않았다고 믿기는 곤란하다.

영지주의

이것은 단순히 신념들의 특정한 체계가 아니라 하나의 운동,

즉 하나님과 자신과 세계를 고찰하는 한 방식인데, 이 운동은 여러 가지 형태를 띠었고, 그 뿌리들은 적어도 부분적으로는 유대교에 있었다. 아마도 핵심적인 것은 물질 세계와 신체적 인간에 대하여 기본적으로 그리고 항구적으로 이질적인 것으로서 더 고등한 자아에 관한 그들의 관점이었다. 영지주의자들("지식을 가진 자들")은 그들 자신이 기필코 탈출해야 하고 또 탈출할 수 있는 감옥 속에 갇혀 있다고 느꼈다. 그들은 많은 사람들이 전적으로 이질적인 물질 세계와 육신 안에 옮겨지고 갇혀 있는 신성의 것의 조각이나 불꽃으로 이루어져 있다고 믿었다. 그들 안에 신성의 불꽃을 갖지 않은 다른 사람들은 단지 이성적이기는 하지만 짐승에 지나지 않는다. 그 조각들은 서로 간의 재결합 뿐만 아니라, 그들이 우주 창조 이전의 타락 때 떨어져 나왔던 최고의 신성 혹은 최초의 신적 안드로포스(인간)와의 재결합을 갈망하고 있다. 그 최고의 신은 분명히 창조자가 아닌데, 왜냐하면 창조는 어떤 열등한 신에 의해 무지함에서 행해진 끔찍한 대 실수이거나 어떤 악의적인 권능자의 일이기 때문이다. 최고의 신이나 계몽된 인간(영지주의자) 어느 누구도 절대로 창조자나 그의 일에 관계하지 않는다.

   어떻게 이 비극적 상태의 사건들이 발생되었는가를 설명하기 위하여 다양한 이야기들("신화들")이 제시되었다. 더 나아가서 혹자는 사람들에게 그들의 참된 본질에 관하여 말해 주고 또 죽음 이후에 그들의 진정한 집으로 올라가도록 준비시키기 위하여, 그 자신에 대한 큰 위험에도 불구하고 그 조각들이 유래한 순수한 영의 영역으로부터 보냄을 받은 천상적 구속자에 관한 이야기들이 바울 시대에 이미 존재하고 있었다고 생각했다. 때때로 이 구속자는 그 조각들이 분리되어 나온 최초의 안드로포스로 간주되는데, 어쨌든 그의 기능은 그의 청자들에게 그들의 참된 본질에 관한 지식(헬라어 $\gnosis$)을 계시하고, 또 그의 본래적 온전함을 회복함으로써 그 자신을 다시 하나로 모으는 것이다. 이리하여 그 조각들은 신성의 충만과 합일의 구성 요소들로서 빛과 영의 세계로 올라 갈 수 있다.

그런데, 이 이야기가 구속자로서의 그리스도에 관한 바울의 묘사, 특히 빌립보서 2:6-11(고전 1:15-20 참조)의 기초가 된다고 제기되어 왔다. 하지만 그런 견해들은 특히 고린도에서 그의 반대자들에 의해 제기된 것이지, 바울에게 있어서는 창조주와 구속자가 아버지와 아들로서 연결되었으며, 또한 그는 신체적 몸과 물질 세계가 근본적으로 하나님과 참된 인성에 대해 적대적이라고 간주할 수 없었기 때문에, 바울이 그러한 견해들을 거부했다고 생각하는 것이 더 일반적이다. 더 나아가서 그는 결코 신자들이 그 구속자 안에 있는 그들의 정체성을 상실한다고 생각하지 않았다. 그렇지만, 전반적으로 AD 3세기 이전에는 이 구속자 신화에 관한 증거가 거의 없고, 영지주의가 바울 이후 한 세기가 지날 때까지 정교한 체계를 구축했을 가능성도 희박하다. 그러므로 우리는 더 확실한 증거 없이 그의 서신들 속에 더 후기의 체계를 집어넣어 해석해서는 안 된다.

헬레니즘이 바울에게 끼친 영향을 의심하는 사람이 아무도 없다고 할지라도, 그 영향을 정확하게 지적하기는 매우 어렵다. 다른 사례를 들면, 그는 때때로 사탄과 귀신들 사이의 어딘가에 등급이 매겨지는 악한 세력들에 대하여 언급한다. 당시에는 그런 세력들과 세상사에 끼치는 그들의 영향에 대한 신념이 널리 퍼져 있었다. 국가들과 사회 집단들은 그들을 보호하고 그들의 운명을 지배하고 그들의 적들을 대적하는 자신들의 "수호 천사들"을 가지고 있다. 적어도 기독교인들이 관련된 곳에서 이 세력들은 이제 효력이 없는데, 왜냐하면 그리스도께서 십자가 위에서 그 세력들을 정복했기 때문이다(롬 8:38 이하; 고전 2:6, 8; 갈 4:3, 8 이하를 보라; 롬 13:1; 골 2:20 참조). 이 사상은 바울의 헬레니즘적 환경에서 유래했는가? 그렇지는 않은 것 같은데, 왜냐하면 유대교도 역시 구약 성서 안에 유사한 사상을 가지고 있었고(신 32:8; 단 10:13, 20 이하; 12:1를 보라), 또 유대교가 바울의 개념에 보다 가까운 근원이기 때문이다.

물론 그는 그의 헬레니즘적인 독자들에게 익숙한 문학적 장치들을 사용한다. 예를 들면, 몇몇 경우에 그는 가상의 반대자들과 더불어 그들의 주장들과 이의들을 즉각적으로 되받아 치는 연속적인 논쟁을 벌인다(특히 롬 2장과 3장을 보라). 몇 가지 의문들이 일어나기는 했지만, 그가 비난 연설(diatribe)로 알려진 헬레니즘적 장치를 사용하고 있다는 가능성이 있다. 저술할 때 보여지는 그의 자유로움과 기술에는 확실히 수사학(rhetoric)이 포함되어 있었다.

헬라계 유대교

바울에게 끼친 헬레니즘의 영향에 관한 명확한 실례들을 확인하기가 그렇게 어려운 주된 이유는 유대교 자체가 팔레스틴에서조차 이미 동일한 영향을 느끼고 있었다는 것이다. 따라서 그의 신학적 지식의 어떤 주어진 부분이 중 어느 근원에서 유래되었는가의 여부를 결정하는 것은 종종 불가능하다. 유대교 전체가 헬레니즘적이라고 말하는 것은 과도한 것일 수 있지만, 팔레스틴의 전통적 유대교와 디아스포라의 헬라계 유대교 사이를 뚜렷하게 구분하는 것은 더 이상은 쓸모가 없을 것이다. 아마도 팔레스틴 밖의 유대교는 팔레스틴 안의 유대교만큼 매우 보수적이었고, 또한 팔레스틴 안에는 헬레니즘의 영향으로부터 전적으로 무관한 것은 거의 없었다. "시나고그"(회당)와 "산헤드린"이란 단어들조차도 헬라어이고, 외국 사상의 침투에 맹렬히 저항했고 여호와 하나님께 철저히 헌신했던 쿰란 분파도 헬레니즘으로부터 받은 영향의 표시들을 드러낸다.

그럼에도 불구하고 특히 알렉산드리아와 필로(Philo)에 관련된 유대교의 한 지류가 있었는데, 거기에서 일어난 변천은 가장 급격하고 가장 뚜렷하게 보인다. 여기에서 유대교 사상은 현저하게 헬레니즘적인 옷을 입고 나타난다(아니면 반대로). 그의 매우 방대한 문학 작품에서 필로는 때때로 전통에 익숙한 유대인으로 보이지만, 때로는 근본적으로 플라톤적 특성을 가진 철학자로 보인다. 그는 구약 성서 이야기들을 고쳐 말하면서 그 이야기들을 철학적 사상을 가진 알레고리로 만들었다. 예를 들면, 아브라함이 하나님께서 그에게 약속하신 새 땅을 향하여 그의 고향을 떠날 때, 이것은 영혼이 참된 영적 실재의 세계를 향하여 육신과 감각의 세계를 떠나는 것을 묘사한다(*de Migr*. Abr. 1ff.). 필로는 비록 이스라엘의 종교적 전통과 헬라의 철학을 결합시키는 경향의 주된 인물이고 가장 많은 작품을 낸 대표자이지만, 그렇다고 해서 유대교에서 격리된 인물은 아니었다. 그 목적은 부분적으로는 헬라어 사용자들이 이해할 수 있는 표현을 통하여, 유대교를 비이성적이고 야만적이라는 비난으로부터 옹호하고, 그래서 유일신교로 기울어진 뜻 있는 이교도들에게 유대교를 추천하는 것이었지만, 어쩌면 또 한 부분으로는 유대인들에게 지적 빈곤으로부터 벗어나는 길을 제공하는 것이었다.

그런 유대인들은 토라를 헬라어 번역본으로 읽었고, 분명히 바울도 그러했다. 그가 성서를 인용할 때 히브리어 성서보다는 항상 70인역 성서(Septuagint)나 그것과 매우 유사한 것을 사용했을 가능성이 많다. 이 사실 자체가 그를 헬라계 유대인으로 만드는 것은 아니고, 단지 헬라어 구약 성서를 알고 있던 사회에서 그가 활동하였다는 것을 보여줄 뿐이다. 그의 인용은 대부분 기억에 의존해야만 했는데, 왜냐하면 부피가 많이 나가고 값이 비싼 사본을 휴대하고 다니기가 거의 불가능했기 때문이다. 그러므로 그가 기억하는 것이 70인역 성서라는 사실은 특별히 흥미롭다. 또한 그의 단어 사용과 그가 거기에 부여하는 의미들에 있어서, 그는 70인역 성서의 영향 아래 있다. 그러나 우리가 알 필요가 있는 것은 그의 사고가 필로 같은 사람이나 또는 헬라계 유대교의 작품인 "솔로몬의 지혜서"로부터 영향을 받았다는 증거가 있느냐는 점이다. 그것은 확신하기 어렵다. 로마서 1:18-32에서 우상 숭배에 대한 그의 공격은 오히려 지혜서 12-14장에 나오는 공격과 흡사하지만, 거기에는 차이점들이 있고, 직접적인 의존 관계도 불확실하다. 갈라디아서 4:21-31의 하갈과 사라와 그 아들들에 관한 그의 알레고리적 예에서, 그는 어느 정도 필로처럼 기술하고 있지만, 헬라계 유대교가 알레고리를 독점하고 있었던 것은 아니다: 알레고리는 구약성서(겔 15-17장)와 후기 팔레스틴계 유대교에서도 발견될 수 있다. 그가 그리스도에 관한 가르침을 전달하기 위하여 지혜라는 인물을 사용하는 것 자체가 팔레스틴계 유대교보다는 디아스포라 유대교와 헬레니즘 세계에 대한 의존을 보여주는 것은 아니다.

바울이 빌립보서 3:5 이하와 갈라디아서 1:14 이하에서 그가 그 속에서 살았던 유대교의 국면에 관하여 말할 때, 그 모든 것이 전적으로 팔레스틴적이고 전통적인 것으로 들린다는 점은 주목할 만한 가치가 있다.

기독교의 유산

비록 그가 헬레니즘적 환경에서 사역하고 자주 헬레니즘적 도

구들을 사용하는 한 사람의 유대인이었지만, 아주 젊었을 때 부름 받은 것이 분명한 사람으로서 바울은 기독교 전통에 속한 인물이었음에 분명하다. 갈라디아서 1:11 이하에서 그는 기독교 메시지에 관한 그의 지식이 전적으로 하나님의 계시에 의해 왔으며, 또한 그가 다른 사람들로부터 어떤 기독교 교훈이나 전승도 받지 않았다고 말하는 것처럼 보인다. 이것은 수긍이 가지 않는다. 몇 절 다음에 그 자신이 예루살렘에서 게바(베드로)와 함께 두 주간을 지냈다고 말하는 것으로 보아, 그들이 예수에 관한 전승이나 예루살렘 교회의 설교에 관하여 전혀 언급하지 않았다는 것은 불가능하다. 그가 갈라디아서 1:11 이하에서 기독교 메시지에 관한 그의 특정한 이해, 특히 이방인 회심자들이 지킬 필요가 없는 것으로써 율법에 관한 그의 태도를 언급하고 있다는 것이 더 적절하다. 확실히 그는 침례와 성만찬의 의식들을 물려받았으며, 그것들을 그의 교회들 내에 확립된 것으로서 당연시했다(고전 1:13-17; 롬 6:3; 그리고 고전 10:16-21; 11:23-6).

   수시로 그는 초기 기독교 전승을 특별하게 인용하거나 언급한다. 고린도전서 11:23-6에서 성만찬을 논의하면서 그는 이렇게 시작한다: "내가 너희에게 전한 것은 주께 받은 것이니 곧 주 예수께서 잡히시던 밤에 떡을 가지사…" "받았다"와 "전했다"는 단어들은 전승의 전달에 사용되는 것들이며, 그러므로 바울은 그가 사람들이 보통 사용하는 방식으로 이 전승을 받았으며, 그러나 그 궁극적 기원이 주 예수 그리스도라는 것을 의미한다. 분명히 그가 이 전승에 관하여 하나님의 특별한 계시를 받았다는 의미로 말한다고 보기는 어렵다: 그가 할 필요가 있는 모든 것은 질문을 던지는 것이었다. 또한, 우리는 그가 고린도전서 15:3 이하에서 기독교 전승을 인용하고 있는 것을 이미 알았고, 로마서 1:3 이하, 3:21-6 그리고 믿음과 희망과 사랑의 삼 요소를 포함하여 개연성의 정도 차이가 있는 다른 구절들을 추가시킬 수 있다: 고린도전서 13:13과 데살로니가전서 1:3을 베드로전서 1:21 이하와 히브리서 10:22-4과 비교하라. 빌립보서 2:6-11에 나오는 "그리스도-찬송"은 바울이 해석을 붙인 인용문일 수 있으며, 또한 그가 데살로니가전서 4:1 이하와 고린도전서 11:2과 로마서 6:17에서 암시하는 바와 같이 설교적이면서도 윤리적인 전승이 심지어 그 앞에 있었다. 게다가 동시대의 스토아 철학과 헬라계 유대교의 저작에서와 마찬가지로 신약 성서에서 윤리적 교훈은 가정과 관계된 양식들, 덕과 악덕의 목록들, 그리고 한 사람의 사회적 위치 내에서 행동하는 법을 말하는 법조문들 속에서 나타나는 경향이 있다: 아내들과 남편들, 부모들과 자녀들, 종들과 주인들(그리고, 교회 안에서 지도자들과 지도 받는 자들). 이러한 전통적인 양식들은 더 후기의 기독교 저작들에서 더 명백하게 나타나는데, 우리는 갈라디아서 5:19-23에서 목록들을, 그리고 로마서 13:1-7과 고린도전서 7:17-24에서 법조문들의 시작을 발견한다(골 3:18-4:1도 보라).

    그는 예수의 행적과 말씀에 관한 전승에 어느 정도까지 빚지고 있는가? 양식비평은 초대 교회가 논쟁과 증거와 설교와 교훈의 구체적 필요들을 충족시키기 위하여 예수-자료를 채택하고 창조하기까지 하면서 계속적으로 그 자료를 사용했다고 가정한다. 우리는 바울에게서 이 자료의 뚜렷한 메아리를 인식하기를 기대해야 하지만, 놀랍게도 그는 예수에 관한 전승들을 거의 알지 못했거나 심지어 관심조차 갖지 않았음을 나타낸다. 이것은 초기 기독교 역사에 대한 가장 낯설고 가장 난해한 영역들 중의 하나이다. 물론 그는 빈번하게 십자가와 부활에 관하여 말하지만, 예수의 생애에 관하여는 단지 다음의 사실들만 우리에게 말할 뿐이다:

    예수는 유대교의 율법 아래 한 여인에게서 태어난 한 사

람의 유대인이었다(갈 3:16; 4:4);

그는 다윗의 혈통이었다(롬 1:3);

그의 사역은 본래 이스라엘을 위한 것이었다(롬 15:8);

그는 죽기 전날 밤에 배반자를 포함하여 그의 제자들과 함께 식사를 했는데, 그 때 그를 기념하여 그런 의미의 식사를 계속할 것을 그들에게 명령했다(고전 11:23-5).

마찬가지로 예수의 가르침도 거의 나타나지 않는다. 고린도전서 7:10에서 (그가 주께 받은 명령이 없다고 말한 12, 25과는 달리) 남편들과 아내들이 그들의 배우자들과 함께 지내라고 명령한 분은 바울이 아니라 주님이다. 이것은 보통 마태복음 19:6, 마가복음 10:9, 누가복음 16:18에서 다양하게 발견되는 이혼에 관한 가르침을 언급하는 것으로 여겨진다. 그러나 그는 그 교훈을 문자적으로 따라야 할 의무가 있다고 간주하지 않으며, 또한 예외들을 허용한다(고전 7:11). 고린도전서 9:14에서 "주께서 복음을 전하는 자들이 복음으로 말미암아 살리라 명하셨다"는 것은 "일꾼이 그 삯을 얻는 것이 마땅하니라"는 마태복음 10:10과 누가복음 10:7의 전승을 반영한다고 생각된다. 그러나 여기서도 역시 바울은 그것을 실행해야 할 의무가 있다고는 생각하지 않는다(12). 데살로니가전서 4:15 이하와 마가복음 13:26 이하 사이의 가능하기는 하지만 매우 모호한 관련은 별개로 하고, 바울 서신들에서 예수의 말씀들에 관한 그 밖의 다른 직접적인 언급은 전혀 없다.

그러나, 기원을 알 수 없는 인용문들이 있을 수 있고, 또 일부 윤리적 교훈의 구절들에는 복음서 자료에 대한 몇몇 분명한 평행 구절들이 확실히 존재한다. 유명한 한 가지 예는 로마서 12-13장인데, 거기에서 "너희를 핍박하는 자를 축복하라…"(롬 12:14; 마 5:44와 눅 6:28을 비교)와 "악으로 악을 갚지 말고…"(롬 12:17; 마 5:39 참조)와 "…사랑은 율법의 완성이니라"(롬 13:8-10; 마

22:34-40과 그 평행 구절들 참조)와 같은 많은 암시들이 발견되어 왔다. 그 표현은 결코 동일하지 않고, 거기에는 출처에 관한 분명한 언급도 없으며, 또한 "복음서" 자료와 그 밖의 것들 사이의 구별도 전혀 없다. 복음서 자료와 평행한 구절들의 또 다른 풍부한 출처, 즉 "너희끼리 화목하라"(살전 5:13; 막 9:50 참조)와 "삼가 누가 누구에게든지 악으로 악을 갚지 말게 하고"(살전 5:13; 마 5:39과 롬 12:17 참조)를 포함하여 데살로니가전서 4-5장에서도 이런 점들은 마찬가지로 나타난다. 그 유사성들과 평행성들은 논쟁의 여지가 없다. 더 나아가서, 아무도 바울의 태도가 복음서들에서 표현된 예수의 태도에 가깝다는 것을 의심하지 않는다: 우리는 기도에서 그가 "아빠"를 사용한 것을 생각할 수도 있고(롬 8:15 및 갈 4:6을 막 14:36과 비교하라), 또는 바울이 갈라디아서에서 할례에 관하여 말한 것과 마가복음 7:14-23의 음식법들에 대한 거부를 비교할 수도 있다.

참으로 이상한 점은 거의 모든 경우에 바울은 그가 예수 전승을 반영하고 있다는 것을 모른다거나, 설령 알고 있더라도 그가 빚지고 있다는 사실을 인정하지 않으려 한다는 것이다. 많은 사람들이 생각하는 것처럼, 만일 로마서 12장에서 그가 마태복음 5장으로부터 우리가 알고 있는 자료에 크게 영향받고 있다면, 왜 마태복음 5장처럼 말함으로써 그의 호소의 영향력과 권위를 높이지 않는가? 우리는 매우 드물게(고전 7:10; 9:14) 그가 주님의 권위에 호소할 있다는 것을 보았는데, 하지만 왜 자주 그렇게 하지 않는가? 이것이 바울 연구에 있어서 커다란 난제들 중에 하나이다.

바울은 그의 설교에서 예수의 말씀과 행적을 다루었기 때문에, 그것들을 그렇게도 적게 언급하는가? 심지어 사도행전에서도 그렇게 말하는 적이 거의 없다: 사도행전 13:16-41이 가장 좋은 예인데, 여기에서조차 많지는 않다. 여하튼 이것은 왜 그가 예수의 행적을 인정하지 않으면서 인용한 것이나 다름이 없는 이유를 설명하지 않는다. 고린도후서 5:16("…비록 우리가 그리스도도 육체대로 알았으나 이제부터는 이같이 알지 아니하노라")은 그가 역사적 예수에 대한 모든 선입견을 의도적으로 거부하고, 올리우신 주님께만 관심을 가진다는 것을 보여주는가? 반대로, 이 구절은 지식의 대상이 아니라 지식의 종류에 관한 것이다. 그것은 그 헬라어가 가진 의미처럼 더 이상 단순히 인간적인 혹은 "육적"이지 않다는 관점이다. 혹자는 빌립보서 2:6-11, 고린도후서 8:9; 10:1; 로마서 15:3, 8에서와 같이, 바울이 예수의 성품, 즉 하나님께 대한 그의 겸손과 순종을 잘 알고 있음을 보여준다고 지적한다. 그러나 그 언급은 일반적으로 예수의 생애에 대한 그런 것이 아니라 그가 십자가를 참으신 것에 대한 것이다.

결국 우리는 두 가지의 대안적 설명들로 좁혀서 말할 수 있다. 첫째로, 바울이 예수-전승을 상세히 알지 못했다는 것이다. 그는 어떤 교훈들은 예수에게서 기원했다고 생각되어지며, 다른 것들은 그렇지 않다는 것을 몰랐기 때문에, 인용들과 암시들의 출처를 밝히지 않았다. 만약 이 설명이 옳다면, 바울이 베드로와 두 주간을 지낸 점으로 보아(갈 1:18) 원시 교회가 예수-전승의 사용과 전달에 강하게 몰두하지 않았다고 생각해야 한다. 예수-전승을 습득할 기회가 있었음에도 불구하고, 만일 바울이 그 전승에 관하여 거의 알지 못했다면, 그것이 예루살렘 교회의 삶에서 중심적 위치를 차지할 수 없었을 것이다.

그 대안적 설명은 바울이 예수-전승에 관하여 거의 관심을 갖지 않았다는 것이다. 그는 십자가에 못 박히고, 부활했으며, 올리우신 예수, 곧 이제는 성령을 통하여 활동하시는 분으로서 현재 통치하고 구원하는 주님께 관심을 집중했다. 예수와 그의 교훈에 관한 이야기들이 아니라 중요한 것은 바로 이것이었다. 교훈을 전달함에 있어서, 그는 과거 예수의 말씀들보다는 교회 안에서 활동하시는 성령의 현재적 지시에 더 많이 의존했다. 교회의 권위는 갈릴리의 교사가 아니라 성령을 통하여 말씀하시는 부활의 주님이었다. 그는 인용들의 출처를 밝히지 않았는데, 그것은 그렇게 하는 것이 중요하지 않기 때문이다. 중요한 것은 하나님께서 지금 말씀하신다는 것이다. 많은 점에서 이것은 신학적으로 흥미롭지만, 바울이 극소수의 경우에만 예수의 말씀들을 확신을 가지고 인용할 수 있었기 때문에, 그런 견해에 전적으로 만족하는 사람은 별로 없다.

문제는 미해결의 상태지만, 그것은 어쨌든 우리가 기대한 것보다 예수―전승에 대한 아주 다양한 태도들이 있었다는 것을 보여준다. 위대한 랍비 또는 교사로서의 예수에 관한 마태복음의 강조가 바울에게는 사실상 없다. 그리스도의 구속적 죽음과 부활과 현재의 주되심이 바울의 지평을 가득 채우고 있다. 의도되었든 아니면 우연이든 간에, 나사렛 예수의 가르침과 행위는 사실상 무시된다.

바울은 헬레니즘 세계에 익숙한 한 사람의 유대인으로 남아 있었다. 그는 이미 존재하는 한 전통 안으로 들어감으로써 한 사람의 기독교인이 되었다. 그러나 우리가 그의 편지들에서 보는 바울을 형성하는데 있어서 결정적 순간은 그리스도 자신과 대면이라고 그가 믿었던 체험이었다.

제3장

예수 그리스도의 중심성

　바울은 유대인으로서 그의 한계에 이르렀기 때문에 기독교인이 된 것이 아니었다. 그는 만족스럽고 열성적인 유대인이었는데, 예수가 인간 궁지의 대한 해답이라는 그의 새로운 신앙은 그로 하여금 지금까지 그를 만족시켜 왔던 유대교 안에서 부적합함을 발견하게 했다. 유대교의 적합성을 의심하게 된 주된 이유는, 그 단락을 자전적인 것으로 또 그가 율법을 준수하려고 노력했을 때 경험했던 도덕적 무기력을 묘사하는 것으로 간주하는, 로마서 7장, 특히 13-24의 특별한 이해에서 발견하게 된다. 이러한 이해에 따르면, 바울은 율법으로부터 그가 마땅히 해야 하는 것을 알았고, 그것을 행하려고 노력했으며, 또한 실패했다. 그리스도가 그에게 오신 바로 그 때에, 그는 이 무기력으로부터 탈출하여 새로운 삶으로 들어갔다(25). 7절부터 계속되는 구절 전체를 통하여 나오는 "나"(I)는 그 구절 전체를 자서전적으로 간주하는 것을 자연스럽게 만드는데, 당연히 그렇지 않은가?

　로마서 7:13-24이 한 사람의 기독교인으로서, 한 사람의 유대인으로서, 혹은 기독교인 관점을 가진 유대인으로서 분열된 삶을 묘사하는지 매우 불확실하지만, 우리는 첫째 견해보다는 마지막 견해가 가장 개연성이 있다고 생각한다. 그 편지에 따르면, 7장에서 바울은 사람들이 그리스도를 통하여 그곳으로부터 구원받는 것들 중 하나에 관하여 말하고 있는 것으로 보여지며, 7장이 묘사하는 바와 같이 기독교인들은 죄악됨으로 인하여 무력하게 되고 갇히게 되었다고 바울이 생각하고 있다고 가정하기는 어렵다. 그러나 이것을 받아들인다 하더라도, 바울이 특별히 자신에 관하여 또는 율법 아래의 삶이 그때에 어떠한가에 관하여 말하고 있다는 것은 분명하게 언급되지 않는다. 바울은 속박이나 자유를 그때의 상태로가 아니라 지금의 상태로 말하고 있는 것처럼 보인다. "나"라는 1인칭 대명사의 사용은 일반적으로 인간을 가리키는 수사적 용법이지, 한 사람의 특정 개인에 집중하는 것은 아니다. 더구나 다른 증거는 그가 전통적인 유대인이었을 때 그가 그런 궁지를 전혀 경험하지 않았던 것을 보여준다. 이것은 공개적으로 언급된 자서전적인 구절들에서 확인된다: "내가 내 동족 중 여러 연갑자보다 유대교를 지나치게 믿어 내 조상의 유전에 대하여 더욱 열심히 있었으나"(갈 1:14): "율법으로는 바리새인이요 열심히는 교회를 핍박하고 율법의 의로는 흠이 없는 자로라"(빌 3:5 이하). 따라서, 로마서 7장에서 바울 자신의 경험에 관한 모든 회상을 전적으로 배제시킬 수 없을지라도, 그 구절은 일차적으로는 자서전적이 아니다(더 자세한 논의는 다음 6장을 보라).

한 사람의 기독교인으로서 회고할 때, 그는 그의 열심과 의가 충분히 선한 것이 아님을 발견하지만, 그러나 빌립보서 3:6의 끝부분에 따르면 바울은 그때에 죄책감으로 과도하게 짐을 진 것이 아니라, 한 사람의 유대인으로서 만족하고 있었다는 것을 명백하게 말하는 것으로 보인다. 사실 그는 절실하게 인식된 문제로부터 그리스도 안에 있는 해답으로 나아간 것이 아니라, 그 반대였던 것으로 보인다: 그는 먼저 그리스도를 중심과 해답으로 받아들였고, 그 다음에 새로운 눈으로 그 문제가 무엇인지를 바라보았다. 그가 그의 속박을 깨달았던 것은 그가 해방되었을 바로 그 때였다.

소명

바울은 처음에 기독교의 반대자로서 기독교를 만났다. 사도행전과 그의 편지들은 이것을 분명하게 지적한다. 바울은 기독교인들이 유대교인들의 유산과 그들의 하나님을 배반하는 나쁜 유대인이라고 믿었기 때문에 유대인 공동체로부터 "하나님의 교회"(갈 1:13)를 근절시키기를 원했다. 빌립보서 3:5 이하에서 "열심으로는 교회를 핍박하고"는 "율법으로는 바리새인이요"와 "의로는 흠이 없는 자로라"의 사이에 끼어 있다. 예수는 메시아일 수 없었는데, 왜냐하면 나무에 달린 사람은 하나님의 저주 아래 있으며(신 21:23; 갈 3:13), 또한 십자가에 못 박힌 메시아라는 사상은 따라서 신성모독적이었기 때문이다. 갈라디아서 1:13 이하도 또한 조상들의 전통에 대한 그의 열심과 그가 기독교인들을 핍박한 것 사이의 관계를 보여준다. 간단히 말하면, 그들이 기독교인들이기 때문이 아니라 나쁜 유대인이기 때문에, 바울은 기독교인들을 공격했다.

아마도 이방인 기독교인들은 그를 거의 괴롭게 하지 않았을 것이다. 팔레스틴은 인종적으로 또한 문화적으로는 물론 종교적으로 다원적이었고, 또 그들이 유대인이 아니라는 이유로 바울이 사람들을 공격한다는 것은 터무니없고 불가능했을 것이다. 그가 핍박할 수 있었던 사람들은 그가 배신자들로 간주할 수 있었던 사람들뿐이었다. 물론 몇몇 초기 팔레스틴 기독교인들, 즉 율법을 충실하게 지켰던 야고보 같은 사람들은 배신자들로 간주되지 않았다(사도행전, 갈 2장, 요세푸스와 유세비우스의 증거, 유대교 및 기독교 역사가들 각각에 나오는 일관된 묘사를 보라). 사도행전 6-7장(특히 6:11-14의 고소를 보라)의 스데반과 다른 "헬라계 유대인들"과 같은 그런 사람들은 흔히 율법에 덜 헌신적이라고 여겨졌다. 만일 그렇다면, 그때에 바울이 핍박했던 사람들은 이 부류의 기독교인들이라는 가능성이 가장 크다(비고. 행 7:58).

여러 차례 그로 하여금 마음에 그렇게 급진적인 변화를 일으켜 율법에 신실한 채로 남아 있는 그런 종류의 기독교인이 아니라, 그의 복음이 적어도 상대적으로는 율법에 자유한 사람이 되게 한 것은 그리스도 자신과의 대면이었다고 우리에게 말한다.

"내가… 예수 우리 주를 보지 못하였느냐?"(고전 9:1)

"맨 나중에 만삭 되지 못하여 난 자 같은 내게도 보이셨느니라 나는 사도 중에 지극히 작은 자라 내가 하나님의 교회를 핍박한 고로 사도라 칭함을 받기에 감당치 못할 자로다."
(고전 15:8 이하)

"…내 어머니의 태로부터 나를 택정하시고 은혜로 나를 부르신 이가 그 아들을 이방에 전하기 위하여 그를 내 속에 나타내시기를 기뻐하실 때에…"(갈 1:15 이하)

이제 사도행전은 세 번이나(9, 22, 26장) 바울이 다메섹 도상에서 체험했던 그의 "회심" 이야기를 말하며, 또한 이 기사들이 서로 간에나 혹은 바울 자신이 말하는 것 간에 정확하게 일치하지 않는다는 사실들은 그 이야기가 여러 판으로 존재한 잘 알려진 이야기였다는 것을 제시한다. 사도행전(26:19)의 저자와는 달리, 바울은 그가 환상을 보는 것이 아니라 부활하신 그리스도와 실제로 만났다는 것과 이것이 그로 하여금 사도가 되게 할 수 있었다는 것(고전 9:1)을 확신한다. 더구나, 그것이 그의 소명(회심보다 더 좋은 단어)을 구성했는데, 왜냐하면 그는 자기 자신이 한 종교를 떠나 다른 종교로 갔다고 간주하지 않았기 때문이다. 기독교는 새로운 나무가 아니라 이스라엘의 과거와 완전한 연속성을 가진 오래 된 나무이다(롬 11장); 오래되고 열매맺지 못하는 가지들이 잘려 나가고 동시에 새로운 이방인 기독교인의 가지들이 접목되었지만 그 나무는 계속 존속한다. 그러므로, 아브라함의 참된 씨인 그리스도께 응답하지 못하는 유대인들은 더 이상 참된 이스라엘이 아니다(또한 롬 4장과 갈 3장을 보라). 기독교는 새로운 종교가 아니라 옛 것의 성취이다. 따라서 우리는 예수의 대적자였던 사람이 이제는 그의 종이 되었다는 관점에서만 회심을 이야기해야 한다. 바울 자신은 그의 "소명"을 말하고 있다.

그의 소명은 단순히 그리스도의 추종자가 되는 것이 아니라 이방인들을 위한 사도가 되는 것이었다. 이것이 그 자체로서는 두드러지게 보이지 않을 수도 있다; 아무튼 사도행전은 이방인 고넬료의 요구에 응답하고 하나님의 강권에 따라 그를 기독교 공동체 안으로 받아들인 베드로를 보여준다. 바울은 아마도 사도행전 8장에 내포되어 있는 것과 같은 기존의 이방인 선교에 단순히 합류했는가? 우리는 그러한 초기 선교에 관하여 거의 아무 것도 알지 못하지만, 두 가지 사실이 우리로 하여금 이방인들에게 교회를 개방하는데 있어서 바울의 역할을 경시하기보다는 오히려 강조하게 한다. 첫째로, 바울에게 있어서 그 개방은 단순히 이방인들을 유대교 우리 안으로 모아들이는 문제가 아니었는데, 어떤 유대인 기독교인도 그것을 반대하지는 않았을 것 같다. 오히려 이방인 선교는, 그 자체로는 주요한 활동이 되었는데, 진실로 그것은, 비록 결국에는 모든 이스라엘이 구원받을 것이지만(롬 11:26), 중간기에는 유대인을 향한 선교보다 더 중요한 것으로서 당분간은 중심적인 사역이라는 것이다(롬 9-11장을 보라). 둘째로, 이방인 선교에 관한 그의 개념은 심지어 할례를 받는 것과 같은 기초적인 문제들에 있어서도 먼저 율법 준수를 요구하지 않고 이방인들을 하나님의 백성 안으로 편입시키는 것을 의미했다. 입교의 유일한 필요 조건은 믿음이었으며, 이교도 회심자들은 이스라엘의 율법적 의무들을 받아들일 필요도 없고 또 그래서도 안 된다. 만일 그들이 그렇게 한다면, 인간의 구원을 위한 그리스도의 충분성이 위태롭게 된다. 그의 선교에 관한 그리고 개심자에게 요구되는 것에 관한 이런 견해는, 갈라디아서 1:12에서 그가 그의 복음은 사람에게 배운 것이 아니라고 말할 때 의미하는 것이 마땅한데, 그것은 이미 우리가 언급한 바다.

우리는 4장과 6장에서 그의 소명에 관한, 특히 하나님의 백성인 이스라엘과 율법에 관련하여, 이 견해의 몇몇 반향들을 과제로 삼을 것이다. 우리는 이제 기독교인이 되는 것과, 이방인들을 위한 선교 사명을 받는 것과, 그리고 하나님의 백성으로 들어오는 이방인 신입자들에게 요구되었던(요구되지 않았던) 것에 관한 급진적 견해에 이르는 것이 바울에 의하여 모두 그가 예수 그리스도와 대면과 연결되어 있다는 점을 간단하게 관찰한다. 간단히 말하여, 그 대면은 그의 제자도 뿐만 아니라 그의 신학을 위하여도 결정적이었거나 혹은 결정적인 것이 되었다. 다시 말하지만, 그는 예수의 율법의 준수와 성전에 대한 헌신에 메시아 되심에 대한 믿음을 추가했던 그런 종류의 기독교인이 되지는 않았다. 그는 그의 시각을 급진적으로 바꾸어서, 한 때 그에게 중심적이었던 것이 이제는 주변적인 것이 되었다: "할례나 무할례가 아무 것도 아니로되 새로 지으심을 받은 자뿐이니라"(갈 6:15).

우리가 그의 기독론(예수 그리스도의 본질과 사역에 관한 그의 이해)에서부터 시작할 것은 그의 모든 신학적 관심사들이 이러한 중심의 변경으로 일어나기 때문이다. 이것은 유일하게 가능한 출발점은 아니다. 어떤 연구들은 그의 (과거와 현재와 미래의) 구원의 교리를 하나의 좌표로 간주한다. 특히 종교개혁의 전통 안에 있는 어떤 사람들은 이신칭의를 중심적이고 핵심적 요소로 간주한다. 어떤 사람들은 그의 신학을 인간이 되는 진정한 길과 진정하지 않은 길과 관련된 본질적으로 인간학이라고 생각했다. 다른 사람들은 그 중심을 그리스도 안에 있는 새로운 존재에 관한 그의 사상이라고 생각한다. 확실히 각각의 견해가 중요한 어떤 것을 제시하기 때문에, 각각의 경우를 위하여 충분한 설명이 제시될 수 있지만, 바울 사상의 참된 중심이 무엇인가를 결정하기는 어렵다. 참으로, 중심이 있다는 것은 자명하지 않은데, 특별히 그 중심의 위치에 관한 의견의 불일치가 있을 때 그러하다. 기독론에서부터 시작하는 한 가지 이유는 바울 자신이 거기서부터 출발했다는 것이다; 이것은 다른 모든 변화들이 거기로부터 흘러나온 중심에서의 변화이다. 바울은 어떤 체계를 채택하지는 않았다; 그는 하나님의 계시를 세상에 전달했을 뿐만 아니라 계시 그 자체였던 주님을 섬기는 봉사의 삶을 시작했다. 특별히 한 사람의 유대인에게 그 계시에 관하여 충격적인 것은 메시아가 자기 자신의 백성에게 거부당하여 십자가에 못 박혔다는 것인데, 그것은 결코 우리가 기대할 수 있는 그런 종류의 계시가 아니었다. 그러나 바울에게 있어서 메시아는 율법의 저주를 받았음에도 불구하고 실재에 대한 열쇠였다. 따라서 바울은 이점을 어떻게 설명할 수 있으며, 또한 그는 메시아를 어떻게 묘사하고 있는가?

예수는 누구인가? — 종말을 가져오는 자

한 가지 명백한 사실은 그를 메시아(문자적으로는 "기름 부음 받은 자," 헬라어로 "그리스도")라고 부른다는 것이다. 예수가 자기 자신을 위하여 메시아 되심을 주장한 적이 있는가는 논란이 있지만, 확실히 그의 추종자들은 즉시로 예수의 메시아 되심을 주장했다. 비록 그러한 주장 자체가 우리에게 많은 것을 말해 주지는 않지만, 그들은 그를 메시아로 알았다. 모든 유대교 집단들이 하나님의 목적들의 성취를 중심적으로 감당할 기름 부음 받은 인물을 기대한 것은 아니라는 것이 분명한 것처럼 보인다. 제사장적 메시아와 또한 왕적 메시아를 희망했던 쿰란에서와 같이 한 사람 이상의 메시아를 기대했던 사람들이 있었다. 그에게 어떤 다른 칭호가 주어지거나, 또는 다윗적이고 왕적인 기능과 다른 기능을 가진 성취의 성취로 오는 인물을 기대하는 사람들도 있었다. 어떤 사람들은 일상적으로 메시아로 불러지는 존재가 아닌 내세적 인물을 희망했다.

그럼에도 불구하고, 만일 우리가 많은 사람들이 정치적이고 민족주의적이며 심지어 군사적인 기능을 가진 메시아를 갈망했다고 생각한다면, 그때는 바울이나 대다수의 초기 기독교인들은 그러한 기대들을 이어받지 않았을 것이다. 심지어 그들이 예수를 다윗의 자손으로 언급했을 때에도(예, 롬 1:3), 사실상 그들은 예수의 기능들을 다윗 왕의 기능처럼 생각한 것은 아닌 것 같다. 바울은 진실로 그가 분명히 예수의 메시아 되심을 믿고 있음에도 불구하고, 놀랍게도 그것을 많이 다루지 않는다. 그는 규칙적으로 칭호를 이름 정도로 사용하는데, 칭호의 의미를 부각시키지 않는다: 그가 칭호에 관한 어떤 신학적 중요성을 말하는 곳은 거의 없다(예외들은 아마도 그가 전승 자료를 인용하는 곳인 롬 1:3과,

롬 9:5). 이 상대적 침묵의 이유는 발견하기가 어렵지 않다. 심지어 팔레스틴에서도, 예수가 메시아라는 선포의 의미는 복잡하고 설명을 필요로 했다. 유대교 집단들 밖에서 그것은 당혹함의 원인이었거나 매우 이해하기 어려웠을 것이다. 메시아가 무엇을 하는 사람인가를 아는 사람들은 거의 없었을 것이고, 그러므로 예수가 메시아라는 선포에 응답하는 것이 기대될 수도 없었을 것이다. 메시아에 관하여 조금 밖에 알지 못한 사람들은 피델 카스토로(Fidel Castro) 유형의 혁명가적인 정치적 인물로 생각했을 것이며, 그러므로 기독교가 정치적 전복 운동이라는 것을 당연시했을 것이다. 이것이 팔레스틴에서는 동조자들을 얻었겠지만, 잠재적 이방인 개종자들을 멀어지게 하고 로마 당국의 적대적인 주목을 끌었을 것이다.

만일 한쪽 방향에서 위험한 면을 지나치게 많이 이야기했다면, 또 다른 방향에서는 지나치게 적게 말했다. 왜냐하면 그것은 근본적으로 인간의 칭호였기 때문이다. 메시아는 하나님이 세우신 그의 대리자이지만, 그는 여전히 한 사람의 인간이다. 그러나 바울은 예수에 관하여 유대교적인 것들 그 이상으로 말하고 싶어했던 것처럼, 그에 관하여 인간적인 것들 그 이상으로 말하고 싶어했다. 다시 말해서, 예수는 메시아를 훨씬 능가하는 존재였다: 그는 주님이셨다.

그럼에도 불구하고 바울은 그 용어를 계속 사용하며, 또한 그가 두 가지 주요한 방식으로 그렇게 한다는 점이 흥미롭다. 첫째로, 그리스도라는 칭호는 어떤 명백한 내용 없이 거의 두번째 이름으로서 단순하게 나온다(예수 그리스도, 또는 그리스도 예수). 둘째로, 그리스도라는 칭호는 예수의 구원하는 죽음과 부활을 믿고 그것에 참여하는 것과 관련되어 나온다. 그러한 문맥들에서는 "주"라는 용어는 나오지 않고, "예수," "예수 그리스도," 또는 "그리스도"가 나온다(예로서, 롬 6:1-11; 고전 15:1-5, 12-19을 보라).

이것과 유사하게, 구원받은 공동체에 소속된 신자들은 "그리스도 안에" 있다(예, 고전 15:22). 이것은 바울이 믿고 있는 그러한 그리스도(메시아)는 근본적으로 거부당하고 십자가에 못 박히고 그리고 나서 하나님의 인정하심을 받은 분으로서, 그를 믿는 사람들이 그의 죽음과 새로운 생명에 참여하게 될 것을 제시한다. 어떤 전통적인 메시아관이 아니라 바로 이것이 메시아를 이해한 방식이다.

우리는 그가 왜 구태여 그 칭호를 사용하는가에 대하여 호기심을 가질 수 있다. 단순히 그것을 무시하고, 그리고 "주"와 같은 더 직접적으로 적합한 칭호들을 선택하지 않았는가? 상당 부분 그는 바로 그렇게 하지만, 그는 또한 아마도 예수가 *약속의 성취로* 오는 인물이라는 것을 강조하기 위하여 "그리스도"를 계속 사용한다. 메시아는 일반적으로 옛 세대의 끝과 새 세대의 시작-혹은 적어도 시작의 약속-을 표시한다고 일반적으로 믿어졌다. 묵시적 체제에서 메시아의 모습이 항상 동일하지는 않았다는 것은 사실이다; 그 모습은 실제로 우주적인 묵시적 희망보다는 더 오래되고 민족주의적인 희망에 더 자연스럽게 부합된다. 그러나 쿰란에서, 다소 더 후기의 에스드라 2(IV)에서, 그리고 물론 바울의 저작들에서도 혼합이 일어났다. 그래서 예수가 그리스도라는 사실은 마지막 때가 세상에 임했음을 의미한다: 그가 죽음에서 일어났다는 것은 보편적 부활의 시작이고(첫 열매, 고전 15:23을 보라), 따라서 종말의 시작이다.

그러나 종말이 오지 않았다는 것은 확실했다. 세상 전체가 이전과 마찬가지로 계속 하나님께 죄를 짓고 대적하며, 의로운 자들을 억압하고, 또 영원한 것보다 일시적인 것에 더 탐닉했다. 예수 그리스도로 말미암아 종말은 여기에 있으며, 또한 여기에 있지도 않다. 이러한 예외는 전적으로 새로운 것만은 아니었다: 메시아의 강림과 심판을 위한 보편적 부활 사이의 기간에 관한 생각은 유대교에서 알려져 있다(이를테면, 그것은 에스드라 2(IV)에서 발견된다). 바울은 그 문제를 기독교 전승에서 예수의 재림 사상을 수용함으로 해결했는데, 이 재림의 때는 흔히 필연적 영광 중에 이루어질 것이며, 때때로 $παρουσία$("임재" 또는 "도래"의 헬라어)로 언급되었다(예로서 살전 4:13-18; 고전 11:20-28을 보라). 죽었다가 다시 살아난 그 동일한 예수 그리스도가 종말에 심판자가 될 것이고(고후 5:10, 비록 롬 14:10에서는 심판자가 될 분이 하나님이심에도 불구하고), 자기에게 속한 사람들을 함께 모을 것이며, 또한 종국에는 아버지께 권능과 권세를 넘겨 줄 것이다(고전 15:23-5).

바울은, 로마서 13:11 이하에서와 같이, 그리스도의 $παρουσία$를 종말의 일부분으로 구체적으로 언급하지 않으면서 종말에 관하여 말하기도 한다. 그 동일한 구절에서 제기된 질문, 즉 종말이 아주 가까웠다고 어느 정도까지 생각했는지는 논쟁의 대상이다. 그가 원래는 종말을 보기까지 살 것이라고 기대했지만, 아마도 매우 비참한 어떤 경험을 하고 난 후에는 결과적으로 재림 전에 죽을 것이라고 생각함으로써, 그 주제에 대하여 마음을 바꾸었는가? 비록 그의 가장 초기의 편지인 데살로니가전서에서 종말에 대한 기대가 로마서 같은 후기의 편지들에서보다 더 지배적이고 더 긴박하다는 것이 대체로 사실이지만, 그러한 지적들이 모두 한 방향을 향한 것은 아니다(실제로 골로새서와 에베소서에서는 그 기대가 완전히 없지는 않지만 거의 침묵하고 있다; 골 3:4를 보라). 로마서보다 더 늦거나 또는 십 년 정도 더 빠른 작품일 수도 있는 빌립보서 1:21-3에서 그는 그리스도의 $παρουσία$ 이전에 죽음을 맞을 가능성에 직면하지만, 2:16, 3:20 이하와 4:5에서 그는 자기 독자들과 함께 그 위대한 사건에 참여하기를 기대하는 것 같이 보인다. 그의 기대에 어떤 변화가 있었는지 확인하는 것은 불가능하다.

우리는 이미 그가 그리스도의 부활을 신자들의 부활의 시작으로 보았다는 것을 말했다. 이것이 의미하는 바를 우리는 5장에서 논의해야 하지만, 그 동안에 παρουσία 전에 죽는 신자들의 문제에 관하여 언급해야 한다. 그 원래적인 기대는 매우 임박한 강림이었음이 분명한 것을 보여준다. 그들이 종말이 오기 전에 죽음으로서 παρουσία를 놓치지 않게 된다는 어떤 재확신을 필요로 했는데, 그래서 데살로니가전서 4:13-18에서 우리는 살아 남은 신자들과 이미 죽은 신자들이 동시에 구름 속에서 주님을 만날 것을 제시하는 해답을 발견한다(고전 15:51에 이 해답의 반향이 있다). 그럼에도 불구하고 기초를 이루는 가정은 여전히 종말이 현재 세대의 많은 사람들이 살아 있는 동안에 있게 된다는 것이다.

상당히 혼란스러운 이 문제를 너무 많이 다루는 것은 실수를 낳을 수도 있다. 바울은 앞으로 일어날 일이 아니라 이미 일어난 일에 함축된 의미를 밝히기 위하여 더 많은 노력을 기울인다. 그의 독자들은 "말세를 만난" 사람들이다(고전 10:11). 그리스도의 부활이 일어났고, 또 성령도 주어졌다. 결정적인 종말론적 사건들이—물론 모든 종말론적 사건들은 아니지만— 이미 일어났다. 신자들의 부활이 어떻게(고전 15장) 그리고 언제(살전 4장) 일어날 것인가에 대한 의문들은 있을 수 있지만, 그 사실에 대한 의심은 결코 없다. 성령의 나타남에 관한 논쟁은 있을 수 있지만(고전 14장), 성령의 임재가 새 세대에 있을 권세 있는 활동의 표징이라는 것에는 의심할 여지가 없다(욜 2:2:28 이하). 우리는 바울이 두 세대의 구조 안에서 기술하고 있음을 되풀이하여 보게 될 것이며, 그것은 사람들이 그 아래서 살게 되는 두 종류의 권세 속에서 반영된다: 다음에 제시되는 미래의 백성에 관하여(4장), 구원에 관하여(5장), 그리고 윤리와 종말의 가까움과 새 세대의 윤리에 관하여(6장) 보라.

예수는 메시아로서 인간 역사의 종결과 관련하여 핵심 인물인데, 그는 하나님이 세상을 다루시는 형태와 목적을 나타내며 구현한다. 과거의 모든 것이 그 안에서 성취되었거나 혹은 성취될 것인데, 왜냐하면 그는 구원의 핵심이기 때문이다. 묵시가 일반적으로 오는 세대에 관하여 엄격하게 국가적인 관점보다는 우주적인 관점을 취했기 때문에, 바울이 예수의 종말론적 중요성을 유대인들은 물론 아니라 이방인들을 포함하는 것으로 이해하는 것은 크게 놀랄 일이 아니다. 그러나 차이는 있다: 일반적인 묵시의 경우와는 다르게 바울에게 있어서 하나님은 유대인들과 이방인들을 동등하게 돌보신다. 유대인은 연대기적으로는 앞서 있지만(롬 1:16), 하나님께 대한 중요함에 있어서는 결코 차별이 없다(갈 3:28).

예수는 누구인가?—지혜

메시아적 성취-인물로서, 예수는 세상을 향한 하나님의 영원한 목적을 이해하는 열쇠다. 그러므로, 그들이 특별한 통찰력과 지혜를 갖고 있다고 믿는 사람들을 대면할 때(그들이 영지주의자들이든지 아니든지 간에), 바울은 고린도전서 1 4장에서 참된 지혜가 오직 그리스도 안에서만 발견되는 것이라고 주장한다. 그는 하나님의 지혜이자 또한 하나님의 비밀의 계시이다.

지혜(헬라어 $\sigma o \phi \iota \alpha$)는 일반적인 영지주의의 주제였지만, 헬레니즘적 집단에서도 역시 특별한 철학적 주장 없이 존중되었고, 유대교에서도 그러했다(이 시리즈의 책들 중에서 J. Blenkinsopp, Wisdom and Law를 보라). 지금 바울의 용례를 이해하는 열쇠라고 일반적으로 간주되는 것은 지혜에 대한 유대교적 용례이다. 잠언서 만큼이나 일찍이, 지혜는 인간이 소유할 수도 있고 혹은 소유할 수도 없는 하나님의 속성 그 이상의 존재로 이해되는 경향이 있었다. 오히려 그것은 신인동형동성론에 빠져 하나님을 인간의 차원으로 환원시키지 않으면서 하나님의 활동에 관하여 말하는 방식이었다. 지혜는 하나님과 나란히 존재하는 하나의 존재로 간주되었다고 말하고 싶지만, 비유적인 의인화 그 이상의 어떤 것을 의미했던 것 같지는 않다. 우리는 잠언 8:22 이하, 29-30에서 이와 같이 읽는다: ("지혜"가 말하기를)

"여호와께서 그 조화의 시작 곧 태초에 일하시기 전에
　　나를 가지셨으며,
만세 전부터 상고부터
　　땅이 생기기 전부터 내가 세움을 입었나니,
…땅의 기초를 정하실 때에
　　내가 그 곁에 있어서 창조자가 되어,
날마다 그 기뻐하신 바가 되었으며…(욥 28장 참조)

　보다 후기의 작품들은 하나님과의 관계에 있어서 지혜의 역할에 대한 이런 묘사의 발전을 보여준다. 집회서에서, 지혜는 거처를 찾기 위하여 하나님으로부터 땅으로 내려오지만, 모든 나라들 중에서 오직 이스라엘만 지혜를 환영한다. 결과적으로 하나님의 진리는 이스라엘에서만 들려지고 알려진다. 실제로 지혜는 토라와 동일시되는데, 하나님을 아는 지식이 발견되는 곳이 토라이기 때문이다(집회서 24:23).
　몇몇 유대교 집단들에서 지혜 사상은 더 멀리 나아갔다. 헬라계 유대교의 작품인 솔로몬의 지혜서에서, 지혜는 실제로 하나님으로부터 나왔으며 또 하나님과 나란히 존재하는 또 하나의 천상적 존재, 즉 그의 창조의 대리자이며 또한—지혜를 기꺼이 받아들이려는 사람들을 위하여—계시에 있어서 하나님의 대리자로서 나타난다(7장과 8장). 에녹1서 42장에서 지혜는 하나님의 진리를 계시하기 위하여 하나님으로부터 나오지만 그러나 거부당하고 하늘로 돌아가는데, 42:3에는 선택된 소수의 사람들이 그 지혜를 영접하는 것으로 나타난다. 필로는 $\sigma o\phi i\alpha$보다 오히려 $\lambda \acute{o}\gamma o\varsigma$·("말씀")를 사용하면서 유사한 묘사를 제공한다. 지혜에 관한 이 이야기가 아마도 문자적으로 이해되지 않았다는 것은 반복하는 것이 좋겠다: 그것은 신인동형동성론을 사용하지 않고 또 유일신론을 침해하지 않으면서 하나님의 활동을 묘사하는 한 방식이었다. 빌립보서 2:6-11과 골로새서 1:15-20의 그리스도-찬미가와, 요한복음 1:1-18과, 또 많은 흩어져 있는 진술들과 같이, 일반적으로 또한 때로는 구체적으로, 이 이야기가 예수에 관한 많은 신약 성서 사상의 기초가 된다는 것이 점점 더 인식되고 있다.

 고린도전서 1-4장에서 바울은 분명하지 않게 제시된 "세상의 지혜"를 반대한다. 그것이 무엇이든지 간에, 참된 지혜는 오직 그리스도 안에서만 발견되며(고전 1:20, 27; 2:5, 13; 3:18-20), 또 자신들의 지식을 자랑하는 사람들은 하나님 편에서는 어리석은 사람들이라고 바울은 대답한다. 그는 한 걸음 더 나아가, 그리스도가 단순히 하나님의 지혜를 계시하는 것만 아니라 그가 바로 그 지혜라고 말한다(고전 1:24): "…부르심을 입은 자들에게는 유대인이나 헬라인이나 그리스도는 하나님의 능력이요 하나님의 지혜니라." 태초부터 하나님과 함께 있었던 이 비밀스럽고 숨겨진 지혜는(고전 2:7) 이와 같이 그리스도의 활동에서 뿐만 아니라 그리스도의 인성에서도 나타난다. 그리스도와 지혜를 동일하게 간주하는 것은 바울로 하여금 그리스도에 관하여 보다 더 인간적 용어들을 사용하여 말하게 한 중대한 것들 중 하나라고 해도 무방하다: 그리스도는 태초부터 아버지와 함께 있었으며, 아버지를 계시하고 인간을 구속하기 위하여 아버지에 의해 보냄을 받았으며, 거부당한 후에 아버지께로 돌아갔다. 그렇게 동일하게 간주하는 것이 고린도전서 8:5 이하에서 발견되고, 또한 로마서 11:36에서도 발견된다: "이는 만물이 주에게서 나오고 주로 말미암고 주에게로 돌아감이라"(33절 참조). 이제 지혜는 하나님의 활동을 중심적으로 감당하는 존재는 추상적 인물인 지혜가 아니라 예수 그리스도라는 구체적 인물이다.

고린도전서 2:7은 하나님의 지혜인 그리스도에 관하여 숨겨지고 신비로운 어떤 것이 있다고 말한다. 이것은 비밀스럽고 또한 선택된 소수에게만 주어지는 어떤 것을 의미하지 않고, 오히려 지금까지 세상에 대하여 숨겨졌으나 이제는 그것을 기꺼이 보고 영접하려는 모든 사람들에게 계시된 하나님의 영원한 목적임을 의미한다. 따라서 그 지혜의 숨겨짐은 묵시에 속하며, 신비종교 집단들의 사상은 아니다(단 12장; 2(IV) 에스드라 14장 참조). "비밀"(헬라어 $\mu\nu\sigma\tau\acute{\eta}\rho\iota o\nu$)은 특별히 하나님께 관한 어떤 것으로서, 무언가 이해하기 어려운 것을 의미한다(롬 11:25; 고전 13:2; 14:2). 그러나 흔히 로마서 16:25 이하에서와 같이 그것은 지금 예수 그리스도 안에서 밝혀진 하나님의 목적을 의미한다. 그리스도가 그 영원한 목적을 구현하기 때문에, 고린도전서 2:1의 몇몇 사본들에서처럼, 또 바울의 진술이 문자적으로는 "오직 비밀한 가운데 있는 하나님의 지혜를 말하는 것이니 곧 감취었던 것인데 하나님이 우리의 영광을 위하사 만세 전에 미리 정하신 것이라"와 같이 번역되는 고린도전서 2:7에서처럼, 그리스도는 "비밀"이라고 불려질 수 있다. 때때로 기독교 이야기 전체를 하나의 비밀 또는 비밀들로 부르는데, 다시 말하지만 그것이 비의적이기 때문이 아니라 이제는 그것이 밝혀져서 접근할 수 있기 때문이다(고전 4:1; 15:51). 그리스도를 그 비밀로 간주하는 것은 골로새서에 더 뚜렷한데(1:26 이하; 2:2; 4:3), 에베소서에서는 그 비밀이 교회와 그리스도 안에서 이방인과 유대인의 일치를 가리키는 것으로 나타난다(3:3ff., 9; 아마도 6:19, 그러나 1:9와 대조).

지혜와 비밀은 밀접하게 연결된 개념들이며, 고린도전서 2:7에서는 사실상 병치되어 있다(골 1:26-8; 2:2 이하 참조). 지혜와 비밀 둘 다 예수 그리스도를 세상과 관계하는 하나님의 활동에서 결정적 사건, 중심점, 그리고 결정적 계시와 활동으로 간주한다. 비록 그러한 단어들의 연결이 "메시아"와 관련된 단어들의 연결과 크게 다르다 할지라도, 그것들 역시 예수의 중심성과 최종성을 전달하는 데 사용된 모델들 혹은 전형들이다.

예수는 누구인가?—주

'주'(Κύριος)는 바울 서신들에서 예수를 언급하는 가장 빈번하고 가장 중요한 방식이다. "예수는 주"라는 고백은 기독교인의 두드러진 표시다(롬 10:9; 고전 12:3). 바울은 그것을 통하여 무엇을 의미하며, 그는 그것을 어디로부터 얻었는가?

이것은 고린도전서 8:5 이하를 검토함으로써 시작하는 것이 좋겠다: "비록 하늘에나 땅에나 신이라 칭하는 자가 있어 많은 신과 많은 주가 있으나 그러나 우리에게는 한 하나님 곧 아버지가 계시니 만물이 그에게서 났고 우리도 그를 위하며 또한 한 주 예수 그리스도께서 계시니 만물이 그로 말미암고 우리도 그로 말미암느니라." 하나님과 주는 동일하지는 않지만, 여호와와 지혜가 앞부분에서 논의된 일부 구절들에서 나오는 것만큼 많이 관계되어 있다. 모든 것이 아버지로*부터(from)* 나오는데, 즉 그의 안에서 시작되고 그로부터 유래되지만, 아들을 *통하여(through)*, 즉 그의 대리자를 통하여 온다. 그는 지혜의 임무를 수행하는데, 실제로 이 구절은 그리스도가 지혜의 역할을 감당하는 구절들 가운데 포함되어야 할 것이다. 그러나 거기서는 또한 그리스도에게 주되심(lordship)의 칭호가 부여되는데, 그것은 명백하게 주되심의 이교적 찬미들의 빛에서 그렇게 한다. 분명히 바울은 신비 종교들을 포함하는 이방 종교들의 신들과 숭배 인물들을 마음에 두고 있는데, 그 신들은 관례적으로 "주들"로 불려졌었다. 따라서 예수는 이 많은 주들에 대한 기독교인들의 대응으로서 나타나는데, 그것은 마치 아버지 하나님이 많은 신들에 대한 기독교인들의 대응인 것과 같다. 그 구절은 이교의 제의 식사들에 대한 기독교인들의 관계성의 문제를 다루는 문맥에서 나온다. 다소 덧붙여 말하면, 바울은 물론 세상에 많은 신들과 주들이 있다고 말하지만, 그들이 반드시 실제로 존재한다는 의미로 말한 것은 아니다. 바울의 요점은 그 신들과 주들은 그들을 인정하고 섬기는 사람들을 위하여 존재한다는 것이며, 또한 4절에 의해 판단한다면 그가 그들의 실재적 존재를 거부하겠지만, 그는 궁극적인 질문에는 관심을 갖지 않는다. 더구나 이교 신앙에서 다수의 신들에게 예배하거나 다수의 제의들에 참여하는 것이 드문 일은 아니지만, 그런 다원성은 기독교인들에게는 있을 수 없는 일이었다. 유대교의 전통에서 기독교인들은 유일신론자들이다: 모든 피조물이 그로부터 유래한 아버지 하나님 오직 한 분만 존재한다.

　이제 이교 신앙이 신들과 주들 사이를 구별했든지 혹은 그렇지 않든지, 바울은 그것들을 구별한다. 예수는 주(Lord)이며, 아버지는 하나님(God)이시다. 이것은 주를 과소 평가하려는 것이 아니라, 오히려 주는 창조("만물이 그로 말미암고")와 구속("우리가 그로 말미암는다", 아마도 "우리"는 기독교 신자들을 의미함) 모두의 대행자임을 분명히 하려는 것이다. 이 구절에서 "주"는 이와 같이 "하나님"과 밀접하게 관련되어 있지만, 동일하지는 않다. 더 나아가서, 이렇게 이교 신앙과 아주 분명하게 비교되는 "주"의 사용은 바울이 기독교인들이 속했고, 그들이 섬겼고, 그들의 삶에 형태와 의미와 중심을 제공했던 한 분을 생각하고 있음을 보여준다. 그러므로, 이 구절들이 아버지와 주 사이의 관계에 대해 필연적으로 의문들을 일으키지만, 그 구절의 일차적 목적은 이교적인 것과 기독교적인 것을 대비시키고, 또한 하나님께 대한 그리스도의 관계보다는 신자들에 대한 그의 관계를 역설하는 것이다. 그럼에도 불구하고, 이 이교적 문맥에서 "주"는 확실히 신적인 관념들을 가지고 있으며, 또한 헬레니즘적 환경에서 예수에게 주되심을 부여하기 시작했던 곳이 바로 이 구절이라고 흔히 주장되어 왔다. 그런 칭호 부여가 오직 여호와만이 주님이실 수 있었던 유대교적 배경에서 일어나지는 않았을 것이라고 생각되어 왔다. 그러나 신격이 분리될 수 없는 것이 아니었고 신격의 더 높고 더 낮은 등급이 있을 수 있었던 헬레니즘적 세계에서는 신적 경의를 예수께 돌리는 것이 더 쉬웠을 것이다. 그 주장에는 일리가 있다. 확실히 그런 칭호 부여는 특별히 로마 황제들의 신성 주장을 제기했던 그런 집단들 안에서 더욱 손쉽게 만들어질 수 있었을 것이다. 로마 황제들은 자신들을 우주의 주들로 인정해 주기를 주장하게 되었고, 결국 "가이사는 주이시다"고 선언하는 것이 훌륭한 시민됨과 정치적 충성의 요구 사항이 되었지만, 이것은 바울의 생애 이후의 일이었다.

만약 "주" 칭호의 기원에 관한 이 "헬레니즘적" 견해가 옳다면, 두 가지 중요한 사실들이 뒤따른다. 첫째로, 주 칭호는 교회가 팔레스틴계 유대교 모태로부터 독립되어 나온 이후에 일어난 상대적으로 후기의 발전임에 틀림이 없는데, 그것은 바울의 가장 최초의 편지에서(살전 1:1과 자주) 이미 당연하게 수용되고 있었다. 둘째로, 주 칭호는 신성을 내포했음에도 불구하고, 다소 축소된 의미에서 신성을 의미했을 수 있고, 예수에 대하여 반드시 유일하거나 지극히 비범한 어떤 것을 말하지는 않았을 것이다.

이 이론에 반대하여, 다른 학자들은 유대교와 팔레스틴적 기원에 찬성하는 주장을 했다. 그들의 논거의 주요 부분은 고린도전서 16:22인데, 문자적으로 번역하면 다음과 같다: "만일 누구든지 주를 사랑하지 아니하거든 저주를 받을지어다 주께서 임하시느니라($\mu\alpha\rho\alpha\nu\alpha\ \theta\alpha$)." $\mu\alpha\rho\alpha\nu\alpha\ \theta\alpha$는 아람어이며, "우리 주께서 임하신다"는 의미일 것이다. 왜 바울은 거의 확실히 아람어 단어를 하나도 알지 못했을 고린도의 기독교인들에게 아람어 어구를 사용하는가? 일반적으로 제시되는 대답은 이 표현이, 가장 두드러진 *Amen*과 같은 매우 소수의 다른 아람어 단어들처럼, 특히 성만찬과 같은 의례적 사용을 통하여 매우 친숙해졌다는 것과 그것은 특히 헬라어-사용 교회에서 보편화된 신조어였다는 것이다. 이 대답은 그 단어가 상당히 오래되었고, 초기 예루살렘 교회로부터 기원한 것을 제시한다. 그것은 아람어—사용 기독교인들이 초기부터 예수를 "주"로 불렀다는 것을 보여 준다. "오소서"라는 기원의 관점에서 보거나, 또 "아멘, 주 예수여 오시옵소서"라는 요한계시록 22:20의 평행적 기도에 나타나는 예수에 대한 명백한 언급의 관점에서 보면, "주"는 예수를 가리키는 것이 아니라 여호와를 가리킨다는 제안은 타당성이 거의 없다. 게다가 고린도전서 16장의 문맥은 예수를 그 간청의 대상으로 가리킨다.

그것이 기원이지 선언이 아니라는 것, 즉 오셔서 주님이 되어 달라는 요청이지 그가 이미 주님이라는 인정이 아니라는 사실은 초기 팔레스틴계 교회가 예수를 향하여 오셔서 주님이 되어 달라고 요청했다는 제안으로 이어졌지만, 헬레니즘계 교회는 처음부터 예수를 이미 통치하시는 분으로 선언했다. 이 경우에 고린도전서 10:22은 보다 초기의 팔레스틴적 단계를 나타내고, 고린도전서 8:5 이하는 하나님의 기능들을 공유하지만 하나님께 종속된 관계를 이루면서 하늘에서 하나님과 함께 통치하는 보다 후기의 헬레니즘적 단계를 나타낸다.

그러나 이것을 구별하는 것은 쉽지 않다. 첫째로, 인용된 두 구절 모두 보다 초기의 동일한 편지에서 왔고, 또한 바울 자신은 어떤 불일치나 발전에 관하여도 알지 못했던 것으로 보이는데, 아무튼 그런 발전은 아주 빠르게 진행되어서 "보다 초기의"것과 "보다 후기의"라는 구분이 거의 의미하게 된다. 둘째로, 묵시적 구조에서는, 하나님이 의도하시는 실재들은 하나님과 함께 하늘에 이미 존재하고 있는 것으로 간주된다; 이것은 만일 하나님이 그리스도가 다시 돌아와서 주(Lord)가 되도록 의도하신다면 그리스도는 사실상 이미 주이심을 의미한다. 미래의 주에 대한 기원은 현존하는 주에 대한 선언을 내포한다. 셋째로, 시편 110:1의 광범위한 사용이 고려되어야 한다: "여호와께서 내 주께 말씀하시기를 내가 네 원수로 네 발등상이 되게 하기까지는 너는 내 우편에 앉으라 하셨도다." 이 구절은 신약 성서에서 빈번하게 인용되거나 암시되는데, 고린도전서 15:25에 나오는 바울의 인용이 가장 명백하다: "저가 모든 원수를 그 발 아래 둘 때까지 불가불 왕 노릇하시리니." 이 시편에서 첫번째 나오는 "주"(Lord)는 분명히 여호와이시고, 두번째 나오는 "주"는 예수인 것으로 간주되며, 따라서 그 인용 구절은 하나님이 완성하실 때 완결될 그리스도의 현재적 통치에 대한 확정적 언급이다. 이것은 이미 제시된 기원과 선언 사이의 관계를 확증하며, 또한 매우 독립적인 저작들에서 시편이 광범위하게 사용되고 있다는 것은 그것이 초기에 유포되어 있었음을 암시한다(많은 경우 중에서 막 12:36; 행 2:34; 히 1:13을 보라). 만일 발전이 있었다면, 그것은 바울의 시대 이전에 일어났을 것이다. 바울에게 있어서 그리스도는 현재와 미래 모두의 주님이다.

최근에는, 예수가 심지어 그의 공생애 동안에도 주님으로 불려졌을 뿐만 아니라 그렇게 묘사되었다는 견해가 확실한 기반을 얻었다. 비록 우리가 호격 κύριε(영어의 공손한 "sir"에 상응하는)의 가치를 줄인다 하더라도, 카리스마적이고 기적을 행하는 랍비적인 인물로서, 그는 주님으로 간주되었다. 이것은 어떤 신적이거나 반(半)-신적인 의미는 아니었겠지만, 이미 그것은 출발점을 제공한다. 아람어 상응어 μαρ는, 우리가 지금 알기로는, 신적인 인물과 숭배되는 인간 양자에게 적용될 수 있었다.

우리가 "주"의 사용이 어떻게 발전했는가를 검토하면 할수록, 그것을 사용했던 사람들과의 관계는 물론 주 여호와와 관련하여 그런 주되심이 무엇을 의미하는 가를 이해하는 것이 더 중요하다. 때때로 잘못 이해된 점이 제기되었는데, 그것은 70인역 성서에서 κύριος가 전혀 언급되지 않았고 그 대신 아도나이(Adonai)가 사용된 거룩한 이름 YHWH에 대한 헬라어 상응어였기 때문에, 그러므로 초기 기독교인들이 예수를 κύριος 즉 주님이라고 불렀을 때, 그들은 그에게 여호와와 동일한 신분을 부여했다는 것이다. 만일 더 나가면, 이 주장은 예수가 여호와였다는 것, 즉 초대 교회에서 결코 수용한 적이 없는 동등성을 너무 과도하게 제시하는 것이다. 더구나, 지금은 κύριος가 70인역 성서의 기독교 사본들에서만 YHWH를 대체했던 것으로 보이는데, 왜냐하면 우리가 가지고 있는 소수의 유대교 사본들의 단편들이 YHWH를 대체적으로 그것에 상응하는 헬라어 문자들로 바꾸고 그 목적을 위하여 κύριος를 사용하지 않기 때문이다. 그 사실은 헬라어-사용 회당에서 낭독자가 실제로 낭독한 것이 무엇인가에 관한 의문을 남기는데, 그 낭독자는 신성한 이름을 그대로 발음하지는 않았을 것이고, 그래서 어떤 헬라어로의 대체를 필요로 했을 것이기 때문에, 당연히 그것을 κύριος라고 읽었을 것이다. 더구나 바울 자신은 구약 성서 인용문들에서는 κύριος를 사용하지만, 그가 인용하지 않을 때는 그것을 예수를 가리키기 위하여 사용하는 것을 유보한다. 그가 하나님과 예수를 동등시하지 않으면서 둘 모두에게 동일한 칭호를 사용할 수 있다고 말하는 것은 문제를 다시 되풀이하여 말하는 것이지, 그것을 해결하는 것은 아니다.

그가 구약 성서의 구절들을 여호와로부터 예수에게로 전가시킬 수 있다는 것이 더 중요하다. 예를 들면, 로마서 10:13에서 "누구든지 주의 이름을 부르는 자는 구원을 얻으리라"는 그 전가의 한 실례로서 널리 받아들여진다(욜 2:32에서 주는 여호와이다). 우리는 또한 유사하게 여호와로부터 그리스도에게로 언급이 바뀌는 빌립보서 2:10 이하와 이사야 45:23을 비교할 수 있다. 두 인물 사이에는 적어도 밀접한 관련이 있지만, 사실상 그들은 결코 동일시되지 않는다(다시 고전 8:5 이하를 보라). 고린도전서 15:24, 28에서 그리스도는 종말에 나라를 아버지께 바치며, 궁극적으로 만물이 하나님께 복종하는 것은 그리스도 자신의 복종을 포함한다. 그것은 자주 인용되는 "그리스도는 하나님께 속한 권능을 행사하는 하나님의 부-집정관이기 때문에 주님이다"는 커폭스(L. Cerfaux)의 말에 힘을 실어주는 구절이다. 이것이 정확하게 바른 견해라고 생각된다. 하나님의 권세와 통치는 하나님의 전권 대행자인 그리스도를 통하여 행사되지만, 그리스도가 하나님과 동등하지는 않다. 하나님에 대하여 전통적으로 언급되던 것들이 이제 그리스도에 대하여 적절하게 언급될 수 있지만, 복종의 요소가 남아 있기 때문에 그가 하나님인 것은 아니다. 물론 교회는 오랫동안 그를 단순히 하나님의 기능을 수행하는 존재로 보는데 만족할 수 없었고, 그의 본질에 관한 의문들이 일어나야 하는 것은 당연하지만, 바울의 생각에서 그 초점은 여전히 확고하게 하나님의 부-집정관으로서 그리스도의 기능들에 관한 것이었다.

"주"는 권위를 가진 분을 의미하며, 그것은 관계적 용어이다. 권위는 반드시 구체적인 것, 즉 어떤 사람이나 어떤 것에 행사되어야 한다. 그리스도의 주권은 개인들과 교회와 초자연적 권세들을 포함하는 온 우주 위에 행사된다. "예수는 주님이다"는 고백은 개별적인 문제이며, 또한 확실히 바울에게 있어서 기독교인이 된다는 것은 모든 삶을 그의 주권 아래에 두면서 예수를 그 자신의 주로 인정하는 것이다. 그 주권은 그의 부활 내지는 올리우심을 기초하여 확립된다(롬 10:9; 빌 2:9을 보라). 부활하신 그리스도가 바로 주님이다. 부활하신 그리스도는 자기의 백성을 하나로 묶는 교회의 주인데, 그것은 고기를 먹어야 하는가 말아야 하는가, 어떤 날들을 지켜야 하는가 말아야 하는가, 술을 먹어야 하는가 말아야 하는가의 실제적 문제를 다루면서, 바울이 각 사람이 주 아래 있고 그에게 신실해야 한다고 반복하여 강조하는 로마서 14:1-9에서 우리가 보는 바와 같다. 그러나 그는 모든 논의를 연대적 의미에서 교회에 대한 그리스도의 주권에 집중시킨다: 교회의 회원들은 그리스도 아래에서 책임감을 가지고 함께 살아야 한다. 다시 말하여, 비록 바울이 "예수 그리스도의 종/노예"(빌 1:1; 롬 1:1; 고후 4:5 참조)라는 자기-묘사와 더불어 편지들을 시작할 때 그 자신에 대한 그리스도의 주되심이 늘 시인되고 있지만, 그 주되심의 연대적 본질은 그가 그의 독자들에게 "주 안에서" 어떤 것을 행하라고 명령할 때 표현된다(예, 빌 4:2, 4, 그리고 골 2:6 참조).

   이 주되심은 또한 우주적이고 보편적이다. 이것은 특별히 후기 바울 편지 혹은 바울-이후의 골로새서와 에베소서에서 분명한데(특히, 골 1:15-20과 엡 1:19-23을 보라), 거기에서 우리는 하늘과 땅의 모든 권위자들과 권세 위에 계시는 주로서 그리스도에 대한 선언의 점진적 강조점을 발견한다. 만일 그리스도가 하나님의 부-집정관이라면, 그는 모든 것을 지배하는 부-집정관이다. 그러나 이 생각은 이러한 후기 편지들에 한정되지는 않는데, 왜냐하면 그것이 덜 정교하지만 오류는 없는 형식으로 초기의 저작이자 바울의 진정한 편지들에서 나타나기 때문이다. 그것은 고린도전서 8:6에 나오는데, 거기서 그리스도는 만물을 존재하게 하는 그분, 즉 모든 피조물의 중보자다. 더구나 그리스도는 초자연적 권세들의 머리이며, 따라서 신자들은 그들의 지배로부터 해방된다.

이러한 사상이 로마서 8:38에 놓여 있다: "내가 확신하노니 사망이나 생명이나 천사들이나 권세자들이나 현재 일이나 장래 일이나 능력이나 높음이나 깊음이나 다른 아무 피조물이라도 우리를 우리 주 그리스도 예수 안에 있는 하나님의 사랑에서 끊을 수 없으리라"(골 1:20; 갈 4:3 참조). 그러나, 비록 "그리스도께서 죽었다가 다시 살으셨으니 곧 죽은 자와 산 자의 주가 되려 하심이라" (롬 14:9)고 언급된다 하더라도, 이 승리는 종말에 되어서야 비로소 완결될 것이다(고전 15:24 이하 참조). 비록 그의 통치가 현재에는 완성되지는 않았지만, 그것은 이미 그에게 우주적 지위를 부여하면, 또한 확실히 우리는 단지 인간 예수로부터 확고하게 옮겨가고 있다.

예수는 누구인가?—하나님의 아들

'주'와 비교하면, 바울은 이 칭호를 드물게 사용한다(그러나 예들로서 롬 1:3ff., 9; 고전 1:9을 보라). 2세기경에 그 칭호는 신적 존재로서의 예수 그리스도를 언급하게 되었지만, 원래 그것은 특별히 매우 높은 칭호가 아니었다. 그것은 삼위일체의 제 2 위격인 성자 하나님과 같지 않았다. 그것은 특별히 일상적이지는 않았지만, 유대교와 헬라 세계 양쪽 모두에서 그것은 인간들과 관련하여 사용될 수 있었다.

구약 성서 전승에서, 호세아 11:1의 "내 아들을 애굽에서 불러 내었다"와 같이, 이스라엘은 하나님의 아들이었다(또한 출 4:22; 사 43:6 등을 보라). 사무엘하 7:14; 시편 2:7에서와 같이, 국가의 대표자로서 왕은 하나님의 아들이었다. 천사들(창 6:2, 4; 신 32:8)은 하나님의 아들이었고, 더 후기에 가서는 두드러지게 의로운 사람들이 하나님의 아들이었다(솔로몬의 지혜 2:10-20; 5:1-5). 비록 사해 사본들 안에 어떤 사례가 있을 수 있다 하더라도 메시아가 그 칭호로 불렸다는 증거는 거의 없지만, 새롭고 더 위대한 다윗으로서 메시아를 그렇게 기술하는 것이 자연스러웠을 것이다(또 마 16:16을 보라).

그런 칭호-부여가 국가나 왕이나 의로운 사람이 태생적으로 하나님과 관련되었다는 것을 의미하지는 않는다. 이스라엘은 그러한 어떤 사상도 거부했다. 오히려, 하나님의 아들이 되는 것은 한편으로는 하나님께 대한 순종적인 봉사를 의미했고, 다른 한편으로는 하나님의 위임과 보증을 의미했다. 우리 사회에서는 우리는 한 아들에게 있어서 첫번째 일이 그의 아버지에게 순종하는 것임을 잊어 버리는 경향이 있다; 그러므로 예수 그리스도를 하나님의 아들로 부르는 것은 무엇보다도 그가 하나님이 원하시는 바를 행했다는 것을 의미한다. 그는 순종하는 아들이었다.

헬레니즘 세계에서 그 칭호는 특별히 강력하고 카리스마적인 사람에게 부여될 수 있었다: 왕들, 철학자들, 영웅들, 기적-이행자들; 그들 속에 비상한 능력이 함께 함을 나타낸 어떤 사람. 아우구스투스 이후로, 로마 황제들은 신들로 간주되었는데, 처음에는 주로 동방 제국에서 일어났던 일이 결국은 로마에서도 일어났고, 심지어 그들 자신의 생애 동안에도 그렇게 간주되었다. 우리는 일부 헬레니즘계 집단들에서 신들과 사람들 사이의 한계가 유대교에서 여호와와 인간 사이의 한계만큼 그렇게 크지 않았으며, 또한 반신, 즉 반인반신(半神半人)의 개념이 가능했음을 상기한다. 분명히 평민들은 그런 표현을 문자적으로 수용했던 반면에, 더 많은 교육을 받은 사람들은 흔히 에누리해서 듣거나 기껏해야 은유적으로 받아들였지만, 적어도 그런 인물들이 낯설지는 않았다. 그런 집단들에서 예수를 하나님의 아들로 부르는 것은 반드시 매우 높여진 존재를 말하는 것이 아니었다. 아마도 이것이 왜 바울이 그리스도를 하나님의 아들(the Son of God, 고전 15:28; 고후 1:19)로 또는 자기 아들(his own Son, 롬 8:3)로 또는 단순히 그의 아들(his Son, 갈 4:4)로 부르는가 하는 이유일 것이다.

바울의 그 칭호 사용은 이교적 배경보다는 유대교의 배경을 반영한다. 그는 그 칭호를 그리스도가 하나님의 목적을 수행한다는 것을 전달하기 위하여 사용한다: 우리를 위하여 그는 하나님에 의하여 버림을 받는다(롬 8:32; 갈 2:20); 그의 죽음은 하나님과 우리를 화해시킨다(롬 5:10; 골 1:13 이하 참조); 실제로 하나님의 모든 약속들이 그를 통하여 성취된다(고후 1:9 이하). 놀랄 것도 없이 부활은, 그것이 그의 아들됨이 시작되는 때이든지 혹은 그의 아들됨이 확인되고 명백하게 되는 때이든지 간에, 그가 그 아들이 되는 결정적 순간이다. 로마서 1:3 이하에 관한 많은 해석이 이 질문을 중심으로 이루어지는데, 왜냐하면 RSV에서 "인정되었다"(designated)로 번역된 단어가 어느 쪽의 의미도 가질 수 있기 때문이다. 그 논의는 바울이 전통적인 공식적 표현을 인용하고 있다는 개연성에 의하여 복잡하게 되는데, 그 공식적 표현에 담긴 기독론은 반드시 그의 기독론과 세부적으로 동일하지는 않았다. 바울이 원래는 예수가 재림($\pi\alpha\rho o \upsilon \sigma \acute{\iota} \alpha$) 때에 하나님의 아들이 된다고 기대했다고 때때로 제시되기도 하지만(살전 1:9 이하), 그러나 이러한 견해는 모호한 한 구절에 너무 많이 의존하고 있다.

다른 구절들은 아들이 되는 다른 시점들을 가리키는 것으로 보인다. 어떤 사람들은 심지어 그의 출생 이전에 개별적 존재로서 그가 존재하고 있었다는 것을 지적한다: 빌립보서 2:6-11은 그렇게 이해될 수 있으며, 그것이 얼마나 문자적으로 수용되는가에 따라서 지혜 언어의 사용이 그것을 암시할 수도 있다. 확실히 그 구절은 그리스도 안에서 성취된 하나님의 목적들이 선재했다는 것을 내포하지만, 그리스도 그 자신이 선재했다는 것을 반드시 내포하는 것은 아니다. 하나님이 그 아들로서 그리스도를 *보내셨다는 것*(갈 4:4 이하; 롬 8:3)은 그 자체가 그리스도의 선재를 의미하는 것은 아닌데, 왜냐하면 선지자들도 또한 보냄을 받았고(사 6:8; 렘 1:6; 겔 2:3), 또 모세, 아론, 미리암도 그렇기 때문이다(미 6:4). "보냄"의 언어는 오히려 아들의 위임, 순종, 하나님과의 특별한 관계를 강조한다.

간단히 말하여, 그리스도가 그 아들이 되는 때에 관한 바울의 견해를 일방적으로 단정할 수 없다. 분명한 한 가지 사실은 그리스도의 아들됨이 그를 믿는 사람들의 아들됨을 가능하게 한다는 것이다: "때가 차매 하나님이 그 아들을 보내사 여자에게서 나게 하시고 율법 아래 나게 하신 것은 율법 아래 있는 자들을 속량하시고 우리로 아들의 명분을 얻게 하려 하심이라…"(갈 4:4 이하). 비록 순종이 여기서 주도적인 의미이지만, 친밀한 관계성도 역시 포함된다: "너희가 아들인 고로 하나님이 그 아들의 영을 우리 마음 가운데 보내사 아바 아버지라 부르게 하셨느니라 그러므로 네가 이 후로는 종이 아니요 아들이니 아들이면 하나님으로 말미암아 유업을 이을 자니라"(갈 4:6 이하; 또한 롬 8:14 이하를 보라, 롬 8:29; 9:26; 고후 6:18; 갈 3:26을 비교하라). 신약 성서에서 오직 이곳, 즉 로마서 8:15과 마가복음 14:36에 나오는 겟세마네 일화에서만 발견되는 "아빠"(Abba)는 세상에서 자녀와 그 아버지의 관계와 같은 일면을 가리키는데, 왜냐하면 그것은 엄숙한 예배의 언어라기보다는 친밀한 가족 언어이기 때문이다. 그 언어의 사용은 한 때 생각했던 것처럼 전례가 없는 것일 수도 있지만 그것이 일상적이지는 않았던 것 같이 보이며, 그리고 바울에 의하면, 그것은 그리스도가 누렸던 하나님께 대한 친밀한 관계가 지금은 그를 통하여 그의 추종자들에게 유효함을 제시한다. 다른 사람들로 하여금 아들들이 될 수 있게 하는 이 역할은 그를 유일한 존재로 구분 짓는다.

주님이신 그리스도에 대한 찬미가

여호와에 대한 그리스도의 관계의 질문에 직면해서, 우리는 증거를 넘어가지 말아야 하고, 또한 아버지와 함께 동등하고 함께 영원히 공존하며 아버지와 한 실체이신 성자 하나님으로서의 그리스도에 관한 4세기의 정의를 가지고 바울의 언어를 해석하지 말아야 한다. 바울의 언어는 그러한 정의로 이끄는 요소들 중의 하나이며, 또한 그것이 해결하려고 시도했던 문제의 일부분이지만, 바울의 언어를 그러한 후기의 개념들을 가지고 해석하는 것은 시대착오적일 것이다. 아마도 바울은 칭호로서 그 모호성 때문에 "주"를 선호했을 것인데, 왜냐하면 그것이 여호와에 대한 그리스도의 관계를 너무 밀접하게 정의하지 않으면서 인간, 교회, 우주에 관한 그리스도의 관계를 정립했기 때문이다. 한 사람의 유대인 유일신론자로서 바울은 두 분의 하나님을 믿는다고 고소 당하거나, 여호와께서 십자가 상에서 죽으셨다는 주장을 한다고 고소 당하는 것 모두를 원하지 않았을 것이다. 바울의 진정한 편지들에서, 그가 그리스도를 하나님과 동등하게 간주하는 것으로 보이는 유일한 구절은 로마서 9:5인데, 만일 "그리스도" 다음에 마침표를 찍지 않는다면, 다음과 같이 읽을 수 있다: "조상들도 저희 것이요… 그리스도가… 만물 위에 계셔… 하나님이시니라." 보다 더 개연적으로는 그것은 "…그리스도가 저희에게서 나셨으니, 하나님은 세세에 찬양을 받으실 것이다"고 읽어야 할 것이다. 더욱 확실한 것은 바울에게 있어서 "하나님은 그리스도 안에 계셔서 세상을 자기와 화목하게 하신다"(고후 5:19)는 사실이다. 이것은 그리스도의 활동이 하나님의 활동을 전달하며, 또한 중요한 것은 그리스도가 행하는 것이라는 바울의 신앙을 정확하게 반영한다.

이 많은 주제들은 빌립보서 2:6-11의 "그리스도-찬미가" 안에 집중된다:

> …그는 근본 하나님의 본체시나 하나님과 동등됨을 취할 것으로 여기지 아니하시고 오히려 자기를 비어 종의 형체를 가져 사람들과 같이 되었고 사람의 모양으로 나타나셨으매 자기를 낮추시고 죽기까지 복종하셨으니 곧 십자가에서 죽으심이라 이러므로 하나님이 그를 지극히 높여 모든 이름 위에 뛰어난 이름을 주사 하늘에 있는 자들과 땅에 있는 자들과 땅 아래 있는 자들로 모든 무릎을 예수의 이름에 꿇게 하시고 모든 입으로 예수 그리스도를 주라 시인하여 하나님 아버지께 영광을 돌리게 하셨느니라.

번역문보다 헬라어에서 더 분명하게 나타나는 이 구절의 요약적이고 암기하기 쉬운 양식 때문에, 이 구절은 바울이 인용한 초기 의례적 전승의 한 부분이라고 널리 간주된다. 이 찬미가는 그리스도의 낮아지심을 묘사하는 6-8절과 그의 올리우심을 묘사하는 9-11절의 두 절로 구분된다. 한 두 군데에서, 특히 8절에서 "곧 십자가에 죽으심이라"를 추가시킴으로써, 바울은 그것을 확장시켰을 수도 있다. 바울이 그것을 인용한 이유는 특히 교회 안에서 (5절) 거만하거나 이기적인 것보다는 다른 사람들을 돌보는 태도를 권하는데 있지만, 그러나 그리스도는 따라야 할 본보기보다는 그 속에 들어가야 할 삶의 형태와 주되심을 제공한다. 따라서 이 찬미가는 어떻게 살 것인가에 관한 충고로 결론을 내리지 않고, 신자들이 그 아래에서 살아야 하는 주님으로서의 그리스도를 선언하는 것으로 결론을 맺는다.

비록 주요한 강조점이 분명하다 할지라도, 그 찬미가의 많은 세부 사항들은 우리에게 결코 분명하지 않으며, 또 사상의 배경도 마찬가지로 불확실하다. 아마도 영지주의 구속자 신화가 그 구조인 것으로 보이는데, 그래서 그리스도는 그의 사명을 수행하기 위하여 세상에 내려오고, 그후에 그의 신적 기원으로 돌아가는 천상적 인물로 묘사된다. 그런 구조는 그 찬미가가 선재, 화육, 천상적 그리스도의 올리우심에 관한 것임을 제시할 것이다. 만약 내려오고 올리우는 지혜 이야기가 그 구조라면 유사한 결론이 뒤따른다. 그렇지만 그리스도와 아담 사이의 대비가 그 배경이라는 것도 가능한데, 본인은 다음 항에서 그러한 대비가 결정적 방향이라고 주장하지는 않지만 그러한 노선을 따라서 그 찬미가의 해석을 제시한다. 우리가 많은 표현들을 어떻게 번역하는가는 전체적 모습에 관한 우리의 시각에 의존한다: 다른 시각은 그 자체들로서 매우 모호한 많은 세부 사항들을 아주 다르게 처리하도록 만들 것이다.

비록(6절) 그리스도가 아담처럼 하나님의 형상("모양": '형상'과 '모양'은 헬라어에서 동의어적일 수 있다)으로 존재하지만, 아담과는 달리 그는 하나님과 동등됨(즉 하나님과 같이 되는 것, 창 3:5를 보라)을 가로채야 할 문제(혹은 잡아채야 할 상급)로 생각하지 않았다. 진실로 아담과 달리(7절) 그리스도는 종의 신분과 십자가상의 굴욕적인 죽음에까지 이르는 숙명을 자발적으로 받아들였다(8절). 그는 자만심으로 가득 차서 불순종한 아담과는 대조적으로 하나님께 순종했다. 아담이 형벌로서 억지로 견디었던 인간성과 제한성을 그리스도는 자진하여 받아들였다. "자기를 비움"(7절)은 그러므로 지금까지 가지고 있던 것을 저버리는 것이 아니라, 겸손함의 길과 인간이 되는 것(RSV가 7절에서 "태어남"으로 묘사하는 단어는 동일하게 "되어짐"을 의미할 수 있다)에 만족하는 길을 선택하는 것을 의미한다.

이 모든 것이 첫째 절의 주제이다. 둘째 절은 하나님의 목적 안에서 낮아짐의 길이 올리우심의 길임을 보여준다. 하나님은 아담이 가로채려고 노력했던 것을 그리스도에게 값없이 주시며, 그에게 "모든 이름 위에 뛰어난 이름," 즉 "주"의 칭호를 수여하신다 (9절). 이 주되심은 우주적이고 전체적이다. 그의 이름에 "모든 무릎을 꿇게 하시고…"라는 이사야 45:23, 25로부터의 인용은 구약성서에서 여호와를 가리키는 구절이 바울에게서는 그리스도를 가리키고, 또 여호와에게 적합한 신적 경의들이 그리스도에게 부여되는 또 다른 실례이다. 그 요점을 절대적으로 명백하게 하기 위하여 그 인용은 "하늘과 땅과 땅 아래"라는 단어들에 의하여 확장되며, 따라서 어떤 것도 결코 것도 그의 주되심으로부터 제외되지 않는다. 마땅히 여호와 한 분께만 속하는 통치 기능이 이제는 그리스도의 것이기도 하다; 그는 우주의 주님이고 또 그와 같은 자격으로 이제까지 여호와께만 주어졌던 경의를 부여받는다.

그러나 우리가 두 분이 단순히 동일하게 되었다고 경솔하게 결론을 내리기 전에, 종속의 요소를 주목해야 한다. 그 모든 것은, 심지어 그리스도의 올리우심까지도 "아버지 하나님의 영광을 위하여"(11절) 일어나는 것이며, 그리스도는 스스로 높아진 것이 아니라 하나님이 높이셨고, 하나님이 "주"라는 칭호를 주신 것이다 (9절). 그리스도는 하나님의 능력의 소유자, 그리고 하나님의 경의를 받은 분이 되었지만(10절), 그는 여전히 하나님과 별개이며 그에게 종속된다.

그 찬미가의 둘째 절에 관한 이 결론은 우리가 받아들이는 그 찬미가 전체의 배경에 관한 어떠한 견해도 지지한다. 만일 우리가 영지주의적 배경이나 지혜 배경에 반대하는 입장에서 그 찬미가를 다루었다면, 우리는 첫째 절에 관한 사실들을 다르게 말했어야 하는데, 그러나 실질적으로는 둘째 절에 관하여도 동일하다.

예수는 누구인가?―예수와 성령

올리우신 주로서, 예수 그리스도는 이제 성령이다: "마지막 아담은 살려주는 영이 되었다"(고전 15:45). 더구나 성령은 이제는 단순히 하나님의 영만이 아니라 그리스도의 영이기도 하다. 고린도후서 3:16 이하에서 바울은 그리스도와 성령을 동등시하는 것으로 보인다: "주는 영이시니 주의 영이 계신 곳에는 자유함이 있느니라." 이것은 혼란을 일으킨다: 만일 주가 영이라면 우리가 어떻게 주의 영을 또 소유할 수 있는가? 아마도 그 대답은 첫번째 "주"가 출애굽기 34:34을 암시하는 16절의 "그러나 언제든지 주께로 돌아가면 그 수건이 벗겨지리라"에 관하여 가리킨다는 것이며, 또한 바울이 그 구절에서 주는 성령임을 의미한다는 것이다. 그러나 두번째 주는 그리스도인데, 왜냐하면 바울이 14절에서 옛 계약을 덮고 있는 수건을 벗길 수 있는 분은 그리스도라고 말하기 때문이다. 그렇다면 여기서, 영은 그리스도의 영으로 정의된다(영이 하나님의 영이기도 하고 그리스도의 영이기도 한 롬 8:9도 보라; 빌 1:19 참조).

그러면 어떻게 바울은 고린도전서 15:45에서 마지막 아담이 영이 되었다고 말할 수 있는가? 무엇보다도 그는 그리스도가 더 이상 신체적 존재가 아님을 의미한다: 이것은 그 이전의 논의로부터 분명하다. 그것은 또한 그리스도가 이제 세상과 교통하고 또 영으로서의 그의 새로운 존재 양태에서 새 생명을 창조한다는 것을 의미한다. 무엇을 위한 영인가? 근본적으로 바울은 구약 성서의 사상과 일치한다: 그것은 한 헬레니즘적 관점에서와 같이 아마도 천한 신체적 실체 안에 스며들어 있는 거의 무한히 고상한 실체하고 생각되는 인간의 자연적 요소인 영(spirit)에 관한 문제가 아니라, 영 곧 하나님 자신에 관한 문제다. 영은 세상에서 활동하시는 하나님의 임재와 능력의 양태이며, 다른 말로 하면 특별히 인간을 향하여 활동 중에 계시는 하나님 자신을 가리킨다. 그래서 그는 생명의 대행자이며(창 1:2), 삼손의 경우에서와 같이 (삿 13:25) 모든 비범하고 능력 있는 인간 활동의 대행자이며, 또한 사실상 하나님의 영에 관하여 말하는 것은 신인동형동성론에 빠지지 않으면서 하나님의 활동에 관하여 이야기하는 한 방식이며, 그것이 나타내려고 하는 바는 어떤 부가적 실체나 존재가 아닌 하나님 자신이다.

요엘 2:28 이하에 따르면, 종말에 영이 선택된 소수의 사람들에게만 아니라 보편적으로 나타날 것이다. 기독교인들은 그 종말의 때가 시작되었고 따라서 영이 온갖 종류의 방식으로 그들 가운데 활동하고 있다고 믿었다(특히 고전 12장). 이 점에서, 기독교인들은 쿰란 공동체와 유사한데, 쿰란 공동체의 사람들에게 있어서 다가오는 새로운 세대는 영의 세대가 되는 것이었다(IQS 4, 11; 갈 4장의 하갈-사라 알레고리에서 바울이 사용한 이 개념의 용례를 참조하라). 영 안에서 사는 것은 이와 같이 새 세대의 권능 안에서 사는 것이었으며, 또 이것은 삶의 목표와 표준과 보증을 이 세대에 집중하는 일상적 삶과는 정반대의 삶이었다.

그러므로 바울이 그리스도와 영에 관하여 말하고 있는 것은 이중적이다. 한편으로 그리스도는 이제 영인데, 특히 그가 그의 백성에게 오는 방식과 그들과 관계하는 방식에 있어서 그렇다. 이제 그리스도는 나사렛 예수라는 역사적 인간으로 오지 않고, 하나님이 행하시는 방식으로 오시는데, 그것이 로마서 8:9에서 하나님의 영과 그리스도의 영이 동등하게 사용되는 이유다. 다른 한편으로, 영은 이제 그리스도에 의하여 정의된다: 그는 단지 하나님의 영만이 아니라 그리스도의 영이며, 그 단어를 채우는 내용은 그리스도가 활동하는 내용이다. 이것은 우리가 단순히 영과 그리스도를 동일시할 수 있다는 것을 의미하지는 않는데, 왜냐하면 영가 그리스도는 정확하게 동일한 존재가 아니기 때문이다: 영은 근본적으로 하나님의 일하심을 가리키는 이름이지만, 그리스도는 (비록 지금은 올리우셨고 하늘의 존재이지만) 한 사람의 역사적 인물을 가리키는 이름이다. 실제로, "그리스도의 영"이라는 표현은 그 둘의 직접적인 동일시를 불가능하게 한다.

영과 그리스도가 혼동되지 않아야 하지만, 신자의 관점에서 볼 때 실제적으로 성령과 그리스도는 구별될 수 없다. 영이 그리스도, 즉 그의 지상 사역과 그의 현재적 권위를 소통하기 때문에, 바울은 거의 구체적인 언급 없이 영과 그리스도를 교대로 사용할 수 있다. 그리스도가 우리 안에 있으며, 또한 영도 우리 안에 있다(롬 8:9 이하); 우리는 그리스도 안에 있으며, 도한 영 안에 있다(롬 8:1, 9); 성령 안에서 누리는 기쁨과 주 안에서 누리는 기쁨이 있으며(롬 14:17; 빌 4:4), 성령 안에서 누리는 평화와 주 안에서 누리는 평화가 있으며(롬 14:17; 빌 4:7) 등등. 그러한 일련의 진술들이 작성될 수 있는 것은 영이 지금 그리스도를 전달하며, 또한 역으로 그리스도가 이제 영으로서 인간을 만나기 때문이다. 실제로 바울에게 있어서 중요한 것은 영을 체험하는 것이 그리스도를 체험하는 것, 즉 그것이 그리스도의 구체적 인성과 역사에 바탕을 둔다는 것이다(롬 8:14 이하; 고전 12:3; 고후 3:8을 보라). 사실상 그리스도와 영은 서로를 정의한다.

확실히, 우리는 여기서 그리스도가 확고하게 신적 범주 안에 있는 바울 기독론의 절정에 도달한다. 그리스도는 하나님처럼 영으로서 또 영을 통하여 우리와 만난다. 더구나, 이것은 바울이 부활의 기간을 늘리지 않고서 그리스도의 현존 방식과 기능들에 관하여 말할 수 있게 해준다. 그리스도는 올리우신 존재이며, 또한 어떤 의미에서는 부재한다. 그러나 그가 지금 영으로서 이해되고 체험되기 때문에, 그리스도는 주되심 안에서 현존하며 활동하고 있다. 다시 한번 말하지만, 바울의 일차적 관심사는 한 분 하나님과 관련한 그리스도의 위치에 관한 정의가 아니라, 그의 활동에 관한 것임이 분명하다.

제4장

그리스도와 그의 백성

그리스도에 대한 바울의 이해는 단순히 개인주의적인 것이 아니다. 오히려, 그리스도는 옛 백성으로 출발하여 역사적 이스라엘의 성취이면서 동시에 그리스도를 거부한 당대 이스라엘을 대체하는 새 백성의 중심이다(참고. 로마서 11장의 감람나무 비유). 교회와 이스라엘간의 관계를 고려하기 전에, 먼저 우리는 바울 연구에서 가장 해결하기 어려운 것 중의 하나를 논의해야만 한다: 바울이 개인적 용어 이상으로 그리스도를 언급하는 방식, 즉 소위 밀하는 '연대적 그리스도'(corporate Christ)이다. 이것은 세 개의 주요한 영역에서 발견되는데, 세 영역 모두가 신자들이 그리스도 안에 어떤 모양으로든 참여하는 것을 분명히 포함한다.

연대적 언어: 1. '그리스도 안에'

바울은 자주 기독교인들을 '그리스도 안에,' '주 안에,' '그 안에' 있는 존재들로서 개인적이면서 또한 집합적으로 말한다. 가령 의미가 '그리스도의 도움으로'(예. 고전 1:2, '그리스도 예수에 의해 거룩하게 된'?), 혹은 '그리스도의 권위에 따라'(예. 살전 4:1)와 같은 것을 직접적으로 의미하는 경우들과, 또한 하나님과 그리스도 안에 있는 하나님의 사랑을 말하는 구절들(예. 롬 8:39; 고후 5:19)을 제한다 할지라도, 상당히 많은 구절들이 남아 있다. 가장 중요한 구절들 중에서 다음과 같은 것들이 있다:

> 너희는 유대인이나 헬라인이나 종이나 자주자나 남자나 여자 없이 다 그리스도 예수 안에서 하나이니라.(갈 3:28)

> 그러므로 이제 그리스도 예수 안에 있는 자에게는 결코 정죄함이 없나니.(롬 8:1)

> …그리스도를 얻고 그 안에서 발견되려 함이니…(빌 3:8f)

바울이 또한 그리스도께서 신자들 안에 거한다고 그 반대의 경우를 말할 수 있다고 우리가 알 때, 문제는 더욱 어려워지는데, 예를 들면, 로마서 8:10이다: "또 그리스도께서 너희 안에 계시면 몸은 죄로 인하여 죽은 것이나 영은 의를 인하여 산 것이니라." 가장 주목을 받는 다른 경우는 갈라디아서 2:20이다: "내가 그리스도와 함께 십자가에 못 박혔나니; 그런즉 이제는 내가 산 것이 아니요, 오직 내 안에 그리스도께서 사신 것이라…" 이 구절은 '그리스도 안에 있는 신자들'과 '신자들 안에 계신 그리스도'를 교차적으로 사용하는 유일한 본문인데, 왜냐하면 그는 신자들이 그리스도 안에서 의롭게 되었다고 방금 말했기 때문이다(17절). 그러나 이것은 그리스도와 신자들 간의 '상호 연합'(mutual penetration)의 개념을 세우기에는 불충분한 기초이지만, 아무튼 그것이 의미하는 바를 아는 것은 어렵다.

일반적으로 신자들은 그리스도 안에 *존재하지만*, 그리스도는 신자들 안에서 *활동하시기*에, 두 개념이 정확히 같은 것은 아니다. 두번째 개념에 나오는 활동의 성격은 '안에'라는 단어가 분리 전치사가 아니라 동사의 접두사인 경우에 특히 명백하다(참고. 갈 2:8; 빌 2:13; 비고. 골 1:29). 더 나아가 그리스도께서는 항상 신자 안에 개별적으로 존재하는 반면에, 신자들은 앞서 인용한 갈라디아서 3:27 이하에서처럼 종종 한 백성으로서 그리스도 안에서 연대적으로 존재한다.

그리스도 안에 있는 것과 주 안에 있는 것 사이에 별 차이가 없는 것 같이 보이는데, 주(主) 안에 있다는 것은 교훈과 권면을 제공하는 권고적 문맥에서 나오며, 그리스도 안에 있다는 것은 복음에 관하여 진술($\kappa\acute{\eta}\rho\upsilon\gamma\mu\alpha$)하는 복음 선포적 문맥에서 나오는 경향이 있다. 따라서 '주 안에'는 종종 동사가 명령형인 문장에 사용되고, '그리스도 안에'는 직설법인 문장에 사용되지만(비고. 빌 4:2, 4; 고전 4:15), 그 구분이 결코 일정하게 유지되지는 않는 것과 같이 그 구분을 강조할 수 없다. 로마서 16장에서 두 표현 모두가 의미상 분명한 차이 없이 빈번하게 나온다.

이전 장의 마지막 부분에서 그리스도와 성령간의 관계에 대하여 우리가 고찰한 것을 통해 기대할 수 있듯이, 그리스도 안에 있는 것과 성령 안에 있는 것 사이에 어떠한 차이기 기의 없다. 그 표현들은 상호 교환적인 것으로 나타난다. 로마서 8장은 이런 종류의 언어에 대한 주요 자료인데, 거기서는 그것들의 동의성(同意性)이 분명히 나타난다. 1절에서 신자들은 '그리스도 예수 안에' 있고, 아마 2절에서도 마찬가지인데, 4절에서 신자들은 '성령에 따라' 행하고, 5절 이하에서는 '영의 일을 생각한다.' 그렇지만 9절에 따르면, 무엇보다도 그들은 성령 안에 있으며, 또한 역시 9절과 11절에서는 성령이 그들 안에 있다. 이러한 동의성이 혼란을 일으키는 것이 아니라, 오히려 바울의 참여적 언어의 의미에 대한 한 단서일 수도 있다. 반면에, 우리는 성령 안에 있다는 것과 그 자신 안에 성령이 있다는 것 사이에 아무 인식의 차이가 없다는 것을 알 수 있다.

이 언어를 검토하는 데 있어서, 주된 어려움은 바울 자신이 그 어느 곳에서도 그것을 설명하지 않으면서도, 그의 독자들이 그것을 쉽게 이해할 것을 가정하고 있다는 것이다. 실제로 그는 다른 것을 설명하려고 그 언어를 사용한다: 고린도전서 6:13-18에서 창기와의 성관계를 반대하는 자신의 논증을 설명하기 위하여 그 언어를 사용하고, 또 그와 비슷하게 고린도전서 10:14-21에서 기독교인이 이교도 예배에 참여하는 것을 반대하는 그의 논증을 설명하기 위해서도 사용한다. 그 언어는 또한 갈라디아서 3:14-16의 기초를 이루는데, 그 언어가 없다면 그 구절들은 의미가 통하지 않는다. 갈라디아서 3:6-9에서 바울은 아브라함의 참된 씨(후손)가 믿음을 가진 사람들이며, 또 "모든 이방이 너를 인하여 복을 받으리라"는 약속(8절, 비고. 창 18:18)이 육신의 후손들이 아니라 신자들에게 적용된다고 주장한다. 그들은 계약이 체결되기 이전에 그리고 그가 하나님께 드릴 수 어떤 선한 행위들을 하기 이전에, 아브라함으로 하여금 하나님의 인정을 받게 만든 믿음을 공유하고 있다. 따라서 이제 이방인들은 그리스도를 믿는 그들의 믿음으로 말미암아 참된 아브라함의 자손들이다(7절).

10-13절에서 바울은 그리스도의 죽음에 관하여 언급하는데, 모든 율법을 준수하지 않은 사람들이 바울이 말하는 것과 같은 율법의 저주를 받는 것과 같이(10절; 비고. 신 27:26), 그리스도는 십자가에 못 박힘으로써(나무에 달림으로써) 불순종하는 사람들에 대한 율법의 저주를 받았다(신 21:23). 그리스도의 경우에 그 저주는 무효로 판명되었는데, 왜냐하면 하나님께서 그를 죽은 자 가운데서 살리심으로 그리스도의 의로움을 입증하셨기 때문이다. 그러나 그리스도의 죽음에 관하여 말할 때, 바울은 그 주제를

바꾸지 않고, 계속하여 이방인들과 그들의 믿음에 관해 언급하는데, 왜냐하면 14절에서 그는 "이는 그리스도 예수 안에서 아브라함의 복이 이방인에게 미치게 하고 또 우리로 하여금 믿음으로 말미암아 성령의 약속을 받게 하려 함이니라"고 말하고 있기 때문이다.

핵심은 약속이 아브라함과 *그의 자손*에게 주어졌다는 점이다(16절). 여기서 '자손'이라는 용어는 단수인데, 바울은 그것이 다수가 아니라 한 자손을 가리킴이 마땅하며, 그 자손이 바로 그리스도라고 주장한다. 그러나 그 자손은 많은 사람들을 포함하며, 그래서 바울은 그리스도라는 말을 또한 그 안에 있는 사람들, 즉 믿음을 가진 이방인들을 가리키는 의미로 사용한다. 바울은 계속하여 이방인들이 하나님의 백성이 되는 방식에 대해 말한다: 아브라함처럼 믿음으로. 우리는 14절에서 그리스도가 단지 한 개인이 아니라 어떤 면에서는 연대적 인물인데, 그래서 그리스도에게 적용된 것이 또한 그에게 속한 사람들, 즉 그 안에 있는 사람들에게도 적용된다는 것을 알 수 있다. 만일 참된 자손으로서 그리스도가 그 약속의 상속인이라면, 이방인 신자들도 역시 상속인들이다. 이러한 연대적 개념이 암시된 것에 불과함으로 논증의 과정과, 또한 하나님의 백성이 되는 것이 인종이나 율법의 순종에 의하지 않고 믿음과 그리스도 안에 있는 것을 통하여 된다는 결론을 설명하는 것이 요구된다.

이 모든 것들은 난제다. 이러한 연대적 언어를 통해 바울은 무엇을 의미하고, 어떻게 바울의 뜻이 이해될 것을 당연하게 여길 수 있는가? 대답을 시도하기 전에, 우리는 이 낯선 언어의 다른 표현들을 고찰해야 한다.

연대적 언어: 2. 두 사람의 아담

적어도 중요한 두 구절들인 로마서 5:12-21과 고린도전서 15:20-3, 45-9에서, 바울은 그리스도 안에 있다는 것과 아담 안에 있다는 것을 대조시킨다. 그 두 사람은 평행하면서도 대조적인 인물들이다. 바울은 그리스도를 둘째 아담이 아니라 마지막 아담으로 부른다(고전 15:45). 만일 이제 우리가 아담 안에 있다는 것이 무엇을 의미하는지를 발견할 수 있다면, 우리는 그리스도 안에 있다는 것이 무엇을 의미하는 가를 발견하는 적합한 길에 서 있는 셈이다. 우리는 먼저 고린도전서 15장에서 적합한 구절들을 살펴본다:

> 사망이 사람으로 말미암았으니 죽은 자의 부활도 사람으로 말미암는도다. 아담 안에서 모든 사람이 죽은 것 같이 그리스도 안에서 모든 사람이 삶을 얻으리라. 그러나 각각 자기 차례대로 되리니 먼저는 첫 열매인 그리스도요 다음에는 그리스도 강림하실 때에 그에게 붙은 자요.(21-3절)

> 기록된바 첫 사람 아담은 산 영이 되었다 함과 같이 마지막 아담은 살려 주는 영이 되었나니. 그러나 먼저는 신령한 자가 아니요 육 있는 자요 그 다음에 신령한 자니라. 첫 사람은 땅에서 났으니 흙에 속한 자이거니와 둘째 사람은 하늘에서 나셨느니라. 무릇 흙에 속한 자는 저 흙에 속한 자들과 같고 무릇 하늘에 속한 자는 저 하늘에 속한 자들과 같으니 우리가 흙에 속한 자의 형상을 입은 것 같이 또한 하늘에 속한 자의 형상을 입으리라(45-9절).

위 구절들에서 한 가지는 분명하다: 바울은 인간 존재의 두 가지 다른 길에 대하여 말하고 있다. 그리스도는 단순히 새로운—

혹은 갱신된—하나의 새로운 종교의 개시자가 아니라 새로운 인간, 즉 인류의 새로운 시작의 개시자이다. 아담은 첫 시작이고, 그리스도는 새로운 시작이다. 둘 중에 어느 누구도 독자적으로 존재하지 않는다는 것 역시 분명하다: 다소 설명되지 않은 면에서 아담과 그리스도 모두가 그들 안에 다른 사람들을 포함하고 있다. 이것은 그들의 숙명, 죽음이나 삶(21-3, 45절), 심지어 그들의 본질 내지 '형상'(image)의 관점에서도 사실인데(47-9절), 그것은 창세기 1:27에 언급되어 있다.

이처럼 아담과 그리스도는 대표자적 인물들이다. 바울은 단순히 두 사람의 개인들이 아니라 모든 사람들에 관하여 말하고 있다. 지금까지는 인간 존재의 오직 하나의 길, 즉 아담의 길만이 존재해 왔다: 이 길은 필연적으로 죽음에 이르며(고전 15:21), 순전히 자연적 인간, 즉 창세기 2:7에 언급된 '생령'(a living being)이며, 창세기 2:7 상반절에 언급된 '흙의 사람'을 가리킨다. "사망이 한 사람으로 말미암았으니"라는 21절의 암시가 없다면, 여기서 죄에 대한 언급은 전혀 없다. 오히려 강조점은 아담-유형 인간의 한계, 즉 단순히 본래적 사람됨에 있다. 자연인이 연대기적으로는 영적 인간에 앞선다는 그의 요점, 예를 들면 그리스도가 연대기적으로는 아담에 앞서지 않고 그 후에 온다는 것은, 타락에 의하여 분산되어, 그 부분들이 결과적으로 사람들 안에 존재하게 되었지만, 마지막에는 회복되고 재구성될 원시적 인간(primeval Anthropos, Man)에 대한 당대의 상상을 뒤집는 시도일 수 있다. 이와는 대조적으로 바울은 새로운 인간이 최초의 존재(primordial entity)로 복귀하는 것이 아니라, 그리스도에게서 시작된 완전히 새로운 존재가 되는 것이라고 말한다. 이것이 46절의 의미이든 아니든 간에, 그리스도에게 속하며, 아담에게 속한 인간과는 달리, 삶에 있어서는 물론 영적(예, 특별히 하나님에게 기초하고 있으며, 하나님에 의하여 능력을 받는) 특성에 있어서 놀라운 새로운 종류의 인간을 바울이 강조한다는 것은 분명하다. 새로운 인간은 마지막 아담에게서 기원하는데, 그 마지막 아담은 단순히 살아 있는 존재가 아니라, 다른 사람을 위한 생명의 근원이 되었으며(45절), 또한 새로운 인간은 마지막 아담의 형상을 공유할 것을 고대한다(49절).

확실히 이 모든 것은 '그리스도 안에'라는 언어의 의미를 조명하는데, 왜냐하면 우리가 옛 창조와 새 창조의 시각에서 그리고 참된 인간을 발견하는 견지에서 그 언어를 이해하기 때문이다. 그럼에도 불구하고 '안에'(in)라는 전치사는 여전히 난제이다. 만일 바울이 '~에 속하는'의 의미로 사용했다면, 그가 23절에서 사용하는 것처럼 왜 단순히 속격을 사용하지 않았는가? 그렇다면 '아담에게 속한다'는 것은 무엇을 의미하는가? 그것이 아담이라는 범주에 속한다는 것과 같은 어떤 의미였을 것이지만, 이것 역시 설명이 필요하다. 사실 여기에는 일종의 연대적 혹은 참여적 개념이 있어야 하는데, 왜냐하면 고린도전서 15장에서 논의 핵심이 그리스도께서 죽은 자 가운데서 부활하셨기에 신자들도 죽은 자 가운데서 부활하게 될 것이기 때문이다. 그의 부활은 그 안에 있는 모든 사람들을 위한 부활을 의미한다(18절 이하). 그리스도의 부활은 단지 연대기적으로 첫번째 부활, 즉 일반 부활의 시작만이 아니라, 시간 간격에도 불구하고 신자들의 부활을 수반한다(17, 20-3절).

그렇다면 바울이 아담에 대한 관점으로부터 출발하는 것이 아니라, 새로운 아담 안에서 인간의 궁지와 죽음에 대한 해답을 발견하는 것으로 보인다. 오히려 바울은 그리스도 부활과 및 그것에 기초한 신자들의 부활에 대한 신념으로부터 출발하고, 부활에 대한 배경으로 아담을 사용한다. '그리스도 안에'를 설명하기 위하여 '아담 안에'를 사용하는 대신에 우리는 정반대의 방식을 연구해야만 하고, 우리가 '그리스도 안에'를 이해할 할 때 '아담 안에'를 이해하는 방식을 배워야만 하는 충분한 이유가 있다. 종합해보자면, 고린도전서 15장이 '그리스도 안에'를 많은 부분 명백하게 설명한다 할지라도, 전치사 '안에'(in)가 포함하는 문제를 아직 해결하지는 못한다.

로마서 5:12-21에서 아담-그리스도 대조는 다르게 사용되는데, 왜냐하면 여기서는 아담의 죄와 그 죄의 결과인 죽음이 일차적으로 부각되며, 또 그리스도가 영광을 받으시고 올리우신 존재라기보다는 훨씬 더 세상에서 죽기까지 복종한 인물이기 때문이다. 고린도전서 15장의 경우처럼, 여기서도 아담과 그리스도는 평행적이지만 정반대의 인물이고, 양자는 숙명과 본질을 그들 안에 포함하고 있는 대표자들이다. 아담은 죄와 불순종을 통한 죽음의 길이다. 그리스도는 순종과 의를 통한 생명의 길이다: "그런즉 한 범죄로 많은 사람이 정죄에 이른 것 같이 의의 한 행동으로 말미암아 많은 사람이 의롭다 하심을 받아 생명에 이르렀느니라. 한 사람의 순종치 아니함으로 많은 사람이 죄인된 것 같이 한 사람의 순종하심으로 많은 사람이 의인이 되리라"(18-19절). 그리스도의 순종의 행위는 그의 십자가상의 죽음인 것이 분명하다. 게다가, 아담의 죄는 사망의 보편적 통치를 초래했지만, 그리스도의 죽음의 결과는 그에게 속한 사람들을 생명 안에서 통치하는 것이다. 그러니 이떻게?

여기서 '대표자'라는 용어는 부적합하게 보일 수도 있다. 후대의 기독교인들이 그렇게 했던 것처럼, 바울은 아담이 범죄하여 징벌로써 죽음이 선고되었는데, 죄의 경우에 일종의 유전적 상속이나 전염병으로써, 혹은 죽음의 경우에 징벌로써 그의 자손들에게 죄와 죽음을 함께 전가시킨다고 주장할 수 있었을 것이다. 이러한 주장 배후에는 아담의 자손들이 아담 안에서 배태되었고, 따라서 아담과 같이 죄가 있다는 사상이 놓여 있다. 우리에게 그 책임이 없는 죄의 개념이 다소 이상하고, 오늘날 그것을 주장하는 사람이 별로 없지만, 생각건대, 바울은 죄를 아담이 세상에 퍼뜨린 감염으로써 이해했다. 이런 종류의 설명이 가지는 진짜 문제는 그 설명이 그리스도와 비교하는 점에서는 실패한다는 것이다. 바울은 확실히 유전적으로든 감염으로든, 그리스도로부터 그 안에 있는 신자들에게로 어떤 종류의 전가도 주장하지 않고 있다. 따라서 특별히 하나님께 대한 순종과 관련하여 아담과 그리스도를 두 가지 종류의 인간의 대표자들로서 간주하는 것이 훨씬 더 의미가 통하고, 이러한 견해는 RSV의 12절에서 '왜냐하면'으로 번역되는 표현에 의해서 입증될 수 있다. 이 어구($\epsilon\phi'\hat{\omega}$)는 '때문에' 혹은 '그 사람 안에서'를 의미할 수 있는 모호한 것으로 이해되어 왔다. 만일 이 어구가 '그 사람 안에서'를 의미한다면, 그것이 의미하는 바를 말하기가 어렵겠지만(출생의 의미에서, '그의 허리에서'?), 그 구절은 모든 사람들이 아담 안에서 범죄했다는 의미의 언급이 될 수 있다. 그러나 사실상 RSV의 번역이 적절하며, 그 헬라어 어구가 '…하는 한' 혹은 '때문에'를 의미하고, 또 사실은 모든 사람이 범죄 했기 때문에 죄와 불순종으로 인하여 죽여야 하는 모든 자들을 대표한다는 의미에서 아담이 모든 인간(everyone)이라고 바울이 말하고 있는 것은 틀림없다.

　죄와 죽음은 분리될 수 없다. 바울은 두 용어를 거의 상호 교환적으로 사용하고 있는데, 이것은 아마도 하나가 다른 것을 불가피하게 초래하기 때문이거나, 혹은 하나님과의 관계에서 죄가 죽음을 의미하기 때문일 것이다. 사실 (롬 8:10의 경우처럼) 그가 어디까지 신체적 죽음이나 '영적 죽음' 혹은 양쪽 모두를 의미하는 가를 확신할 수 없으며, 결과적으로 죄는 언젠가는 명백하게 나타나게 될 끔찍스러운 위협을 포함한 '삶 속에 존재하는 죽음'(death-in-life)이다. 하여튼 우리는, 어떤 감염이나 전가에 의해서가 아니라 모든 인간으로서의 아담의 역할로부터 일어나는 것으로서 아담의 범죄로 말미암아, 죽은 존재들이다. 아담은 단순히 오래 전에 살았던 어떤 사람이 아니다; 그는 모든 인간이며, 그가 죄와 죽음에 속박됨은 모든 인간의 속박됨이다. 그럼에도 불구하고, 새로운 아담 때문에, "한 사람의 범죄를 인하여 사망이 그 한 사람으로 말미암아 왕 노릇 하였은즉 더욱 은혜와 의의 선물을 넘치게 받는 자들이 한 분 예수 그리스도로 말미암아 생명 안에서 왕 노릇하리로다"(17절). 고린도전서 15장에서와 같이, 여기에서도 중심 인물은 그리스도이고, 아담은 그 배경인데, 아담 안에 있다는 것이 그리스도 안에 있다는 것을 완전하게 설명하는 것은 아니다.

유대교 전승에서 사용된 아담을 검토함으로써 어떤 도움을 얻을 수 있는가? 창세기 이야기에서 아담은 인간을 의미하는 히브리어 단어다. 적어도 다소 후기 유대인 사회에서, 아담을 인간과 동일시하는 것이 매우 심각하게 고려되었다. 시리아어 바룩의 묵시서에서 자주 인용되는 말(2 Apoc. Bar. 54:19)은 다음과 같다: "따라서 아담은 원인도 아니고 그 자신의 영혼도 아니고, 오히려 우리 각자가 그 자신의 영혼을 가진 아담이 되었다." 그러나 후대의 유대인 사회에서, 모든 사람들이 아담에게 특별한 관심을 기울였던 것은 아니며, 분명히 모든 사람들이 아담을 인간 죄에 대한 책임자로 혹은 심지어 죄의 대표자적 본보기로 간주한 것도 아니다. 죄가 세상에 들어온 것에 대한 책임을 결코 아담이 아니라 천사적 존재들이 인간 여자들을 취한 것으로 돌리는 한 유형의 사상도 있다(창 6장). 일반적으로 아담의 죄보다는 종말에 회복될 아담의 영화로운 완전함이 더 강조되었다. 여기서 그는 아주 명백하게 인류를 의미한다; 그의 개별성은 거의 완전하게 사라진다. 때로 그는 거인 같은 크기로 묘사되는데, 이것은 아마도 그가 모든 인간을 의미하기 때문이다.

하여튼, 바울 전후로 두 세기 동안에, 일부 집단에서 아담에 집중하는 유대교 사상이 있었는데, 그것은 타락 이전에 가졌던 그의 완전함과 오는 세대에서 이루어질 그 완전함의 회복에 초점이 맞추어졌다. 그는 단순히 첫번째의 사람이 아니라 대표자적 인물로서의 인간이었다. 회복된 아담에 대한 희망은 회복된 인간에 대한 희망이었다.

   바울은 두 가지 중요한 면에서 이 전통과는 다르게 보인다. 첫째, 전체적으로 그 전통과 달리, 바울은 아담의 본래적 완전함이 아니라 그의 죄를 강조한다. 둘째, 우리가 알고 있는 한 그 전통과는 달리, 바울은 인간을 아담 안에 있는 존재로 생각한다. 이 차이점들 모두가 아마 바울의 일차적 관심이 첫째 아담이 아니라 마지막 아담에 있다는 사실로부터 기인한다. 우리가 아담 안에 있는 존재로 간주될 수 있는 것은 우리가 그리스도 안에 있는 존재할 수 있기 때문이지, 그 반대는 아니다. 그러므로 두 아담-그리스도 본문에 대한 우리의 연구는 한정된 범위에서만 도움을 주었다. 그것은 바울이 두 가지 가능한 모습의 인간 존재에 관하여 말하고 있다는 것을 우리가 알고 있다는 점에서 도움을 주었다. 우리는 또한 그리스도 안에 있다는 것이 생명과 의를 의미한다는 것을 알고 있다. 그러나 이러한 도움은 한계가 있는데, 왜냐하면 우리는 전치사 '안에'(in)를 충분히 이해하지 못하기 때문이다. 로마서 1:18-25, 7:7-11, 14-25, 그리고 우리가 고찰한 빌립보서 2:6-11과 같은 구절들에서 아담-그리스도 대조를 발견할 수 있다는 충분한 근거가 있다는 것을 우리는 추가적으로 고찰해야 한다. 불행하게도 이 구절들 중 어디에서도 명백하게 우리의 관심을 끄는 연대적 언어는 없다.

연대적 언어: 3. '그리스도의 몸'

바울은 신자들의 공동체, 즉 교회의 의미로 '몸'(헬라어 'σῶμα;')을 사용한다. 골로새서와 에베소서 같은 후기 서신들에서 그 사상은 의미심장하게 발전되지만, 당분간 우리는 진정한 서신들만 고찰할 것이다. 또한 우리는 인류학적 의미에 관한 논쟁에 깊이 관여하지 않고, 가능한 한 교회에 적용된 '소마'(σῶμα)에 연구의 범위를 국한시킬 것이다.

그 사상은 세 개의 주요 구절에서 약간 다른 형태로 나타난다. 로마서 12:4 이하부터 시작하기로 하자: "우리가 한 몸에 많은 지체를 가졌으나 모든 지체가 같은 직분을 가진 것이 아니니 이와 같이 우리 많은 사람이 그리스도 안에서 한 몸이 되어 서로 지체가 되었느니라." 그 구절은 계속하여 공동체 내에서 다른 은사들의 열거하고, 사랑에 대한 호소로 이어진다(6-10절). 여기서 바울은 교회를 그리스도의 몸이라고 말하지 않지만, 그리스도 안에서 한 몸이라고 말한다. 그러므로 이 본문은 그 자체가 일반적 언어인 '그리스도 안에'와 동일한데, 우리는 그 언어가 주로 연대적인 것임을 보아 왔다. 게다가, 우리는 여기서 기본적으로 직유의 범위를 넘지 않으면서 몸과 교회를 비교를 한다. 교회는 그리스도 안에서 다양한 지체를 지닌 몸과 같다.

두번째 본문—연대기적으로 로마서 12장보다 앞선다—은 고린도전서 12:12-30이다: "몸은 하나인데 많은 지체가 있고 몸의 지체가 많으나 한 몸임과 같이 그리스도도 그러하니라. 우리가 유대인이나 헬라인이나 종이나 자유자나 다 한 성령으로 침례(세례)를 받아 한 몸이 되었고 또 다 한 성령을 마시게 하셨느니라"(12절 이하). 다음에는 다양하고 상호 의존적인 몸의 지체들의 상세한 목록이 나오고(14-26절), 그 후에 28-30절에서는 "…너희는 그리스도의 몸이요 지체의 각 부분이라"(27절)는 진술로 연결된 교회 내에서의 상호 의존적이고 다양한 은사들이 제시된다. 바울이 교회의 통일성을 당연시하고 그 다양성을 변호하든 혹은 그 다양성을 가정하여 그 통일성을 주장하든 간에, 전체적인 묘사는 분명히 다양성 속에서의 통일성이다.

세번째 본문은 같은 서신의 조금 앞부분에서 나오는데, 바울은 고린도전서 10:16 이하에서 기독교인 성만찬과 이교적 제의에 결코 참여할 수 없다는 것에 대해 진술한다: "우리가 축복하는바 축복의 잔은 그리스도의 피에 참예함이 아니며 우리가 떼는 떡은 그리스도의 몸에 참예함이 아니냐? 떡이 하나요 많은 우리가 한 몸이니 이는 우리가 다 한 떡에 참예함이라." 비록 이 본문이 주로 그리스도에게 속한다는 배타적인 성격에 관심을 두고 있을지라도, 그것은 또한 연대적 통일체로서 기독교인들이 그리스도의 몸(과 피)에 참여한다는 사상을 담고 있다. 그 구절은 단순히, 로마서 6장에서와 같이, 신자들이 그리스도의 죽음과 부활에 참여한다는 것만은 아니다. 신자들이 그리스도의 몸이라는 암시가 포함되어 있다.

이 세 구절들에서 바울은 기독교인들이 연대적 존재를 구성한다고 생각하는데, 이것은 그 자체로 충분히 이해되지만, 그 이상의 것이 있다. 로마서 12장에서 신자들은 그리스도 안에서 한 몸이다. 고린도전서 10장에서 신자들은 한 떡에 참여하고 있기 때문에, 그들은 한 몸이다. 이 말은 자동적으로 다음을 의미하지는 않는다: 그들이 한 잔에 참여하기 때문에 한 피인가? 한 몸이 된다는 개념은 논리적 비약을 설명하기 위하여 이미 그 배경에 포함되고 있음이 분명하다. 가장 놀라운 것은 바울이 '교회도 그러하다'고 바울이 말할 것으로 기대되는 고린도전서 12:12에서 그는 오히려 '그리스도도 그러하다'고 말한다. 그리스도 자신이 인간의 몸과 유사한 연대적 존재로 나타난다. 다시 한 번 여기서 우리는 부활하여 영화롭게 되신 그리스도에 관한 분명한 연대적 언어를 만난다.

바울이 σῶμα를 사용하여 무엇을 의미하려고 하는지에 관한 많은 논의가 있는데, 특히 그가 일반적으로 단순히 신체, 혹은 전체로써 전인(全人), 혹은 신체로 제시된 전인을 의미하는지에 관한 많은 논의가 있다. 우리가 현재 던지는 질문과 관련하여 이 모든 것들은 동일하게 어렵다. 어떻게 사람들의 모임이 그리스도의 전인과 동일할 수 있는가를 이해하는 것은 어떻게 그들이 그리스도의 신체적 몸과 동일할 수 있는가를 아는 것만큼 어렵다. 바울에게 있어서 몸이 주로 상호간의 관계의 수단을 나타내는 반면, 우리에게는 몸이 주로 우리의 개별성, 우리의 독립성을 가리키는 것으로 우리가 말한다 할지라도, 어려움은 *신자들은 그리스도의 몸*이라고 그가 여전히 말한다는 점이다. 그리스도 안에서 하나가 되는 것(갈 3:28)과 그리스도 안에서 한 몸이 되는 것(롬 12:5)은 동일한 것이겠지만, 이것도 역시 문제를 해결하지는 못한다.

한 집단의 사람들을 한 몸과 일치시키는 것이 얼마나 혁신적인 개념이었는지는 논쟁의 대상이다. 그 개념은 바울이 새롭게 제시한 것일 수 있지만, 확실히 바울은 한 집단의 사람들을 한 몸, 즉 상호 의존의 관계로 결속된 존재*처럼* 이해한 첫번째 사람이 아니었다. 그 비교의 언어는 혁명의 결과로 형성된 옛 로마의 평민(plebs) 집단을 말하기 위하여 메네니우스 아그립바가 사용한 그 용례에 대하여 말하는 리비(Livy, ii. 32)의 시대로부터 알려져 왔다. 그것은 스토아 철학자들과 영지주의자들 중에서 잘 입증된다. 비록 바울이, 그렇게 큰 진전이 아닌 비교에서 동일시에로의 전환을 시작한 사람이라 하더라도, 사실 그 비교의 언어가 좀더 일반적으로 사용되는 방식이므로 우리는 바울이 사용한 것의 어떤 특정 자료를 생각할 필요가 없다. 보다 문제가 되는 것은 그가 공동체를 한 사람, 즉 그리스도와 그리고 한 특정한 역사적 개인의 몸과 동일시한다는 것이다. 어떻게 이것이 가능한가?

많은 해답들 중에서, 가장 많은 지지를 받는 네 가지 견해가 있다. 첫째는 특별히 스토아적 사상에 있는 것으로써 인간 사회는 하나의 몸, 즉 그 부분들이 통합적으로 연결되었으며 서로를 필요로 하는 전체적 존재라는 것이다. 이 개념은 특별히 유기체적 상태를 염두에 두었다. 이러한 용례가 바울의 개념을 촉진시켰음이 분명하지만, 그것이 바울의 개념을 충분히 설명하지 못하는데, 왜냐하면 그것은 한 공동체가 특정 개인의 몸이 되다는 것을 설명하지 못하기 때문이다. 바울이 처음에 스토아적 개념에 따라 교회를 한 몸으로 생각했으며, 그 다음에 복합적인 '그리스도의' 혹은 '그리스도 안에'를 본래의 개념에 추가했다는 증거는 없다.

두번째 제안은 고린도전서 1:16 이하가 핵심 구절이라는 것과, 또한 공동체를 그리스도의 몸과 동일시하게 한 것이 성만찬의 행습이었다는 것이다. 한 떡에 참여하는 것은, 아마 본래는 예수의 공생애 시절의 공동체와의 연대와 그의 죽음과 부활에 참여하는 것을 설명하기 위한 것이었는데, 그 개념으로 발전되었던 것 같다. 성만찬의 행습이 분명히 그러한 동일시를 강화시켰을 것이지만, 이미 우리가 고찰하였듯이 어떤 것에 참여하는 것(sharing in)과 그 어떤 것이 된다는 것(being) 사이의 논리적 비약은 우리로 하여금 그 사상이 이미 존재하였다는 것에 의구심을 갖게 한다.

셋째 제안은 바울의 언어와 그 이전 혹은 당대의 사상 사이에 정확한 유비가 없을지라도, 우리가 확보할 수 있는 가장 근사한 것이 아담의 몸에 관한 랍비적 교훈이라는 것이다. 우리는 이 랍비적 교훈을 바울 시대의 것으로 자신 있게 소급시킬 수는 없지만, 출생할 모든 영혼(soul)을 포함한 아담이라는 거인의 몸에 관한 사상을 곧바로 만난다. 일단 출생하면 그 영혼들은 더 이상 아담 안에 있지 않기 때문에, 두 사상은 적확하게 평행하지는 않지만, 이러한 설명에는 분명한 장점들이 있다. 그것은 로마서 5장과 고린도전서 15장의 아담-그리스도 대조와 연결된다; 그것은 하나의 연대적 용례를 다른 연대적 용례와 연결시킨다; 그리고 그것은 그 안에 일치가 존재하는 특정 개인의 몸을 제시한다. 그러나 그 마지막 장점은 또한 한 약점일 수 있는데, 왜냐하면 이 랍비적 교훈에서 개인으로서의 아담은 인류로서 아담 속에 거의 완전히 감추어져 있기 때문이다. 다시 말해서, 아담의 몸이라는 언어에서 한 집단의 개인들이 또 다른 개인 안에 포함된다고 우리는 생각할 수 없기 때문이다.

네번째 제안은 영지주의에서 해결의 열쇠를 찾지만, 이것이 우리로 하여금 그리스도의 몸 개념을 넘어서 전체적인 연대적 사상으로 이끌기 때문에, 다음 부분에서 그것을 다루기로 하자. 사실 연대적 언어가 의미하는 바를 알기 위하여, 그 연대적 언어를 총괄적으로 검토해야 할 시점이다. '그리스도의 몸'의 경우에 구체적으로 설명하는데 실패했지만, 아마 위의 세 가지 설명 모두를 통하여 연대적 언어를 설명하는 어떤 길이 있다.

그리스도에 관한 연대적 언어의 의미

우리들에게 완전히 이해되는 않는 것이 바울 시대의 사람들에게는 충분하게 이해되었을 가능성이 얼마든지 있다. 바울이 진실로 그리스도를 그 자신 안에 다른 개인들을 연합시키는 한 사람의 개인으로 이해한다는 가정 위에서 여러 가지 설명들이 제시되었지만, 그 전제를 거부하는 한 견해가 있다. 불트만(Rudolf Bultmann)은 그의 유명한 저서 『신약성서신학』(*The Theology of the New Testament*, vol. I)에서 몇몇 언어('그리스도의 몸')가 영지주의적 관점으로 제시되었으며, 또한 '그리스도 안에' 라는 어구는 단순히 교회에 관하여 언급하는 방식이라고 주장한다. 바울이 진정으로 관심을 가진 모든 것은 복음이 가져온 개인에 대한 새로운 자기-이해이다. 그러나 이러한 방식으로 이해하기에는 너무 많은 증거들이 있다. 특별히, 연대적 언어가 표면상으로는 거의 나타나지 않지만, 언급된 진술의 의미 소통을 위하여 요구되는 그런 구절들은 설명하기가 가장 어렵다.

일종의 '연대적 그리스도'를 가정하는 설명들 중에서, 가장 주목할 만한 두 가지가 있다. 첫째는 영지주의적인 설명인데, 바울이 의식적으로든 혹은 무의식적으로든 구속자가 구속받은 자들 없이는 불완전하다는 사상, 창조 이전 타락 이래로 인간 안에 갇힌 신성의 조각들이 본래의 온전함으로 회복되는 것을 필요로 한다는 사상을 차용한다는 것이다. 선택된 사람들이 그들 자신의 참된 본질을 알고 구속자에게로 돌아갈 때, 그들은 그 구속자 안으로 들어가는 것이며, 또한 문자적 의미 그대로 그 구속자 안에(*in*) 있으며, 혹은 적어도 회복이 완성될 때 그 안에 있게 될 것이다. 때때로 그들은 구체적으로 구속자의 몸(*body*) 안에 있다. 왜 이 모든 것은 바울이 염두에 두고 있는 것이 될 수 없는가?

첫째, 만일 바울이 이것을 믿는다면 그는 영지주의자들과 더불어 싸우는 것이 아니라, 그들 중의 한 사람이었을 것이기 때문이다. 그러나 그의 일부 서신에서 (예를 들면, 고린도전서와 및 그가 기록하였다면 골로새서에서도) 그는 초기 영지주의에 반대하여 논증하는 것으로 보인다. 둘째, 바울이 천상에 계시는 그리스도와 신자와의 관계를 논의할 때, 그는 신자들이 그리스도 안에 있는 것이 아니라 그리스도와 함께(*with*) 있다는 것을 언급하고 있는데, 따라서 그 그리스도는, 비록 신자들에게 매우 밀접하게 연합되었다 하더라도, 그의 백성으로부터 분리된 한 인격적 존재로 남아 있다(참고. 빌 1:23). 기독교인들의 미래에 관한 진술로 가득한 고린도전서 15장에서, 부활 후에 그들이 그리스도 안에 있게 된다고 바울이 말하는 유일한 경우는 22절이다: "…같이 그리스도 안에서 모든 사람이 삶을 얻으리라." 그러나 이 구절은 결과적인 상태가 아니라, 부활이 일어나는 방식에 관한 것이다. 49절에서 바울은 신자들이 그리스도 안에 있게 될 것이 아니라 그 분의 형상을 입을 것을 말하고 있다(참고. 고후 5:1-10). 셋째, 우리가 이미 고찰하였듯이, 구속자 신화가 바울 이후 두 세기까지 존재하였는지는 매우 의심스럽다.

'연대적 그리스도' 언어에 관한 두번째 주목할 만한 설명은 연대적 인격에 히브리적 개념이다. 이 견해는 자기 자신 안에 다른 사람들을 포함하기도 한 한 개인(족장들 혹은 메시아 같은)을 나타내는 것으로 생각되며, 또 이러한 견해는 이스라엘 백성의 연대에 관한 강경한 견해 위에 기초했다. 우리는, 심지어 우리의 개인주의적 문화의 관점으로부터 이것을 어느 정도까지는 이해할 수 있는데, 왜냐하면 우리가 우리 자신을 가족, 도시, 단체, 혹은 국가와 동일시하는 것이 어떤 것인지를 알고 있기 때문이다. "우리가 승리하였는가?"는 질문은, 비록 "우리"가 승리와는 무관할지라도, 의미 있는 질문이다. 우리는 심지어 우리의 연대의 연대를 위하여 'Uncle Sam'과 'John Bull'와 같은 대표자를 가진다는 것이 무엇을 의미하는가를 안다. 우리가 가지고 있지 않은 것은 그러한 대표자적 인물들이 실질적으로 존재하며, 또—어느 편외 정체성도 상실하지 않으면서—그들이 대표하는 사람들을 연합시킨다는 개념이다. 다시, 우리는 다른 사람들과 매우 밀접한 관계를 맺을 수는 있지만, 특별히 개별성을 상실하지 않으면서 그들 안에(*in*) 존재할 수는 없다. 하지만 우리에게 불가능한 것은 다른 시대와 다른 문화권의 사람들에게는 완전하게 가능했을 수도 있다. 이스라엘이 연대적 인간이라는 함축적 사상을 발견했으며, 바울이 그것을 당연시한다고 제시된다.

어느 누구도 히브리적 사상이 우리의 사상보다는 더 연대적이고 또한 연대성에 더 관심을 지니고 있다는 것을 부인하지는 않을 것이다. 종종 여호수아 7장에 있는 아간의 이야기가 거론되는데, 거기서 한 사람의 죄가 그 범죄자 뿐만 아니라 그의 가족 및 가축들을 죽임으로써 속죄된다. 어느 인간도 단독자로 존재하지 않는다는 신념이 아주 심각하게 고려되었다. 아간이 소유했던 모든 것들이 오염된 것으로 간주되었으며, 그의 장막까지도 파괴되었다. 더욱 적절하게도, 족장들, 왕들, 그리고 아사야 40-55장의 '고난 받는 종' 과 같은 특정한 핵심 인물들이 이스라엘 국가의 대표자이며 포괄적인 인물로 간주되었다는 주장이 있다. 이러한 사상에 대한 보다 분명한 지시들 중의 한 가지는 이스라엘(야곱)이 한 개인이면서 동시에 전체 국가였다는 것이다.

그러나 연대성의 중요함에 관한 어떠한 논의가 없다면, 히브리적 개념으로서의 연대적 인간은 심각한 질문에 처하게 된다. 아간의 경우는 어떤 심오한 것이기보다는 의식적 혹은 도덕적 불결의 문제일 것이다. 더욱 중요하게도, 구약 성서와 후기 유대교가 대표자적 인물을 쉽게 생각한 반면에, 그들이 왕들, 족장들, 아담, 혹은 그 밖의 사람을 연대적 인물들로 간주했는지는 명확하지 않다. 우리는 아담이 모든 사람일 수 있다고 보았지만, 한 개인으로서 그가 다른 개인들을 포함시킬 수 있었다고 생각하게 하는 타당한 이유를 찾지는 못했다. 이제 바울의 언어를 설명할 수 있는 연대적 인간에 관한 히브리적 사상이 실제로 있었다는 것은 매우 의심스럽다.

그러므로 우리에게 바울 사상을 열어 줄 수 있는 열쇠가 영지주의에도 히브리적 연대적 사상에도 없는 것처럼 보인다. 그것은 바울의 처음 독자들이 우리에게 낯선 사고 방식을 가졌다는 것도 아니며, 혹은 다른 어떤 방식으로 명백하게 제시할 수 있는 것도 아니다. 그럼에도 불구하고, 만일 우리가 다시 한 개인 이상의 존재로서 그리스도에 관하여 말하는 바울의 방식을 고찰한다면, 처음에 나타나는 것보다는 이해하기에 덜 어렵게 만드는 몇 가지 단서들이 있다.

첫째 단서는 그리스도 안에 있다는 것과 성령 안에 있다는 것의 동의성인데, 이러한 내용은 로마서 8장과 고린도전서 15:45 하반절과 같은 본문에 나오고 있으며, 우리는 이것을 앞에서 논의하였다. 올리우신 그리스도는 이제 성령으로 존재하시며, 우리는 구약성서에서 성령이 항상 능력임을 주목하였다. 바울에게 있어서도 성령은 역시 능력, 즉 하나님의 능력이기에, 그 능력은 율법, 죄, 죽음과 같은 다른 권세들로부터 자유하게 하며, 또 기독교 공동체의 새로운 삶을 표시하는 윤리적 결실과 섬김의 선물들을 맺게 한다(참고. 살전 1:5; 고전 2:4; 12:4-11; 고후 3:6; 갈 5:18, 22f, 25; 롬 8:2; 15:13). 그리스도 안에 있다는 것은 이제 성령 안에 있다는 것, 예를 들면 그의 능력의 영역 안에 있다는 것이다. 다시 말해, 두 표현의 동의성은 올리우신 그리스도께서 이제 능력의 중심임을 나타내며, 따라서 그리스도 안에 있다는 것은 그의 인격 안에 있다는 것이 아니라, 그의 능력의 영역 안에 있다는 것을 의미한다. 게다가, 그리스도가 새로운 세대를 가져오고, 또 성령은 그 새로운 세대의 특성이기 때문에, 그리스도 안에 있다는 것은 곧 하나님의 새로운 통치의 능력 안에 있다는 것이다. 따라서 그리스도 안에서의 삶은 옛 지배와—옛 권세들 아래에서의 삶과는 정반대의 삶이다(다음 장을 참고하시오).

사실은 여기에 둘째 단서가 있는데, 이러한 다른 지배들이 평행적 표현으로 제시될 수 있기 때문이다. 우리는 '율법 아래에' 있을 수 있지만(롬 3:19a, RSV), 헬라어 전치사는 '아래에'(under)가 아니라 '안에'(in) 이다. 우리는 또한 죄 안에 혹은 아래에 있을 수 있는데, 거기서 죄는 속박하는 세력이다(롬 3:9; 5:21; 6:1, 6, 12-14, 17f, 20, 22; 7:14, 17, 20, 25; 8:2; 고전 15:56f; 갈 3:22). 한 세력은 다른 세력에 의해서만 정복될 수 있으며, 그래서 만일 우리가 죄 안에(아래에) 있다는 것을 피하고자 한다면, 우리는 그리스도 안에(아래에) 있어야만 한다(참고. 고전 9:21). 마가복음 3:22/누가복음 11:15/마태복음 12:24(마 9:34도)의 공관복음서 구절에서 예수는 바알세불의 능력을 힘입어 이적들을 행한다고 비난을 받았는데, 전치사 '안에'(evn)은 '~의 능력으로'를 의미한다. 그 이야기의 요점은 예수가 바알세불의 '안에'(능력으로) 행한다는 비난을 받은 것이다. 여기서도 어떤 것 혹은 어떤 사람 안에 있다는 것은 하나의 권세 아래 있다는 것이다.

'그리스도 안에'를 가진 많은 문맥들에서 그 의미에 대한 분명한 지시가 없지만, 거기서 강조점은 자주 그리스도의 능력과 영향력의 영역 안에 있다는 의미에서 그리스도께 속한다는데 있다. 그래서, 고린도전서 1:30에서 기독교인의 모든 삶은 그리스도 예수, 지혜, 의, 성화, 그리고 구속 안에 있고, 또 그리스도 배후에는 최종적 근원으로서의 하나님이 계신다(참고. 고후 1:21). 그리스도의 영역 안에 있는 삶은 다른 모든 권세들로부터의 자유이다(갈 2:4; 3:24-26; 5:6). 이 능력은 그리스도의 부활에서 현시된 것과 동일한 것인데, 이 능력이 그리스도 안에 있는 신자들의 부활에 최종적으로 영향을 끼칠 것이다(빌 3:9-11). 또한 이러한 방향을 지시하는 것은 '그리스도 안에서 자랑한다'는 표현이다(롬 15:17; 고전 15:31; 빌 1:25f); 만일 우리가 바울이 그가 실제로 이룩한 모든 성취들은 오로지 그가 그리스도 안에 거한 결과이고, 그리스도의 능력 안에 또 그의 주권 아래에서 이룩된 것이며, 따라서 바울 안에서 그리고 그를 통하여 그리스도께서 일하신 것을 반영한다고 생각한다면, 이것이 합당하다. 물론 그리스도 안에 있다는 것이 강함이 아니라 약함이라는 의미도 있다(참고. 고후 13:4; 빌 4:13); 그리스도 안에 있는 사람들은 그들에게 아무 힘이 없다는 것을 인정하는데, 그래서 바울 자신의 연약함과 무가치함이 고린도 교인들을 향한 그의 메시지의 한 중요한 부분이다. 이러한 주장의 바탕에는 그리스도 안에 있는 사람이 빌립보서 3:9-11에서처럼 부활의 능력으로 뿐 아니라 빌립보서 3:10에서처럼 십자가의 수욕에 의해서 확증을 받는다는 신념이 있다 (비고. 고후 13:4).

만일 이러한 단서들에 관한 우리의 제시가 옳다면, 그리스도 안에 있다는 것은 처음에 나온 것처럼 난해한 것은 아니다. 그것은 그리스도를 이제 하나님 능력, 즉 성령의 능력의 중심으로 간주하는 것을 의미하고, 그래서 이것은 그리스도를 이제 성령으로 간주하는 것이 기독론에서 중요한 진일보라는 우리의 앞서의 결론을 확정한다. 그리스도는 여전히 한 분의 개별적 존재이고, 또 그와 및 그 안에 있는 사람들 사이에 정체성에 혼동이 없지만, 그가 이제는 능력의 중심이기 때문에 그는 더 이상 그의 백성과 격리된 분으로는 간주되지 않는다. 연대적 언어는 이것 이상을 의미할 것이다; 우리가 파악하지 못한 국면들이 있을 수도 있겠지만, 적어도 그 연대적 언어는 이것을 의미한다. 따라서 결론적으로 그 연대적 언어는 신자들이 그리스도의 능력과 권세 아래서 연대적으로 살고 있다는 것을 의미한다.

이러한 해석은 연대적 언어에 관하여 우리가 제시한 둘째와 셋째의 국면들, 즉 '두 사람의 아담'과 '그리스도의 몸'을 포함한다. 그리스도께서 새 세대의 능력을 나타내는 것과 같이, 아담은 죄와 죽음의 세력을 나타낸다. 이러한 이해는 로마서 5:12-21에서 특히 분명하지만, 그것은 또한 고린도전서 15:21-3, 45 이하의 바탕을 이룬다. 아담은 제한된 인간, 즉 속박 아래에 있는 인간을 의미하지만, 그리스도는 은혜와 하나님의 능력 아래에 있는 인간, 즉 자유한 인간을 의미한다. 그리스도의 몸과 관련하여, 그것은 결코 한 사람의 인격자로서의 그리스도와 동의어가 아니라, 하나님의 능력에 따라서 그리고 아래에서 사는 사람들의 공동체를 가리킨다. 이것은 로마서 12:4 이하에 나오는 '그리스도 안에 있는 한 몸'이라는 구절에서 특히 분명하고, 고린도전서 12:12에 나오는 교회와 그리스도의 명백한 일치는 그 논의 전체의 빛에서 이해되어야만 하는 고린도전서 12:12-31에서도 역시 분명한데, 그 논의는 교회가 성령에 의해 능력을 부여받고 통제되며 정의되는 몸이라는 것이다(참고. 13, 1-11절). 12절에 나오는 "그리스도도 그러하니라"는 이러한 견해의 집약된 표현인데, 그 표현은 27절에 나오는 "너희는 그리스도의 몸이요 지체의 각 부분이라"에서 더욱 자세히 제시되며, 또한 교회를 성령의 공동체로 이해하는 것에 의거한다.

고린도전서 12장에 나오는 '그리스도의 지체'가 된다는 개념은 문자 그대로 취할 수 없다. 그것은 기독교인들이 성령을 통하여 그리스도로부터 존재하게 된 연대적 존재에 속하고 그 존재의 부분들임을 의미한다. 그것은 축구 클럽의 회원들이 클럽을 구성하는 방식과 같이 기독교인들이 그리스도를 구성한다는 것을 의미하지는 않는다. 그렇지 않다면, 그리스도의 정체성이든지 혹은 기독교인들의 정체성이 상실될 것인데, 바울은 그러한 정체성 상실을 결코 염두에 두지 않는다.

복음 자체가 그것을 듣고 또 그것에 반응하는 사람으로 하여금 아담, 죄, 죽음 등으로 대표되는 옛 권세들과 지배들로부터 이 새롭고 해방시키는 능력에로 옮겨지게 하는 능력이다(롬 1:16). 이러한 옮겨짐이 어떻게 일어나는가는 다음 장의 주제가 될 것이지만, 그 중간에 인간 편에서는 그 옮겨짐이 근본적으로 믿음을 통해 일어난다는 것을 우리가 주목할 필요가 있다. 진실로, 그리스도를 믿는 믿을 가지는 것과 '그리스도 안에서 발견되는 것'은 결과적으로 동일한 것이다(참고. 빌 3:9; 갈 3:25).

이스라엘과 교회

바울에 따르면 마지막 아담의 공동체로서 교회, 즉 그리스도 안에 있는 공동체는 이제 믿음으로 그 공동체에 들어간 하나님의 백성이다. 만일 그 공동체에 들어감이 믿음으로 이루어진다면, 그 들어감은 인종적으로 이스라엘 백성에 속하는 것이나 율법에 충실함과 같은 다른 어떤 것으로는 될 수 없다(특별 참고. 갈 3장). 게다가 만일 그리스도께서 하나님의 임명을 받은 분으로서 하나님의 백성의 중심이라면, 그것에 필적하는 다른 중심은 있을 수 없다. 그러나 바울은 한 사람의 유대인으로서 하나님이 이미 한 백성, 즉 역사적 이스라엘을 소유하고 계시다는 사실을 무시할 수 없었다. 이것은 단순히 신학적 문제만은 아니었는데, 왜냐하면 길거리에나 길모퉁이에 있던 회당의 존재 자체가 기독교인들이 어디에 속해 있는가의 쟁점을 불러 일으켰기 때문이다: 회당 안에, 회당과 및 분리된 존재로서의 기독교 공동체 안에, 혹은 기독교 공동체 안에만? 확실히 그 문제는 유대인 기독교인들에게 가장 예민했지만, 그 문제는 또한 회당의 추종자들이었던(하고 있는?) 이방인 기독교인들에게도 역시 심각하게 존재했으며, 유대교 공동체에 개인적인 관계를 맺지 않았던 기독교인들조차도 그 문제를 쉽게 간과할 수 없었다. 그 질문은 피할 수 없었다: 옛 백성과 새 백성간의 관계는 무엇인가? 단순한 대답은 '아무런 관계도 없다'는 것일 수 있었다. 마지막 아담인 그리스도께서 새로운 세대를 가져오기 때문에, 옛 것에 속한 모든 것은 좋은 면에서는 성취되고 나쁜 면에서는 폐지된다.

바울은 갈라디아서에서 이러한 부정적 견해에 가장 가깝게 접근하는데, 거기서 그는 율법이 시절을 있었다는 것, 시내 산 계약이 폐지된다는 것, 그리고 참으로 율법과 계약 모두가 순전히 믿음과 약속의 문제인 더 좋고 더 이전에 이루어진 아브라함과의 계약의 다양한 표현들이었다고 말하는 것처럼 보인다(갈 4:21-31; 3:6-9, 15-18). 이 계약은 항상 이방인들을 염두에 두었고, 이제 그리스도와 그의 백성 안에서 성취된다. 아브라함과 (그의 참된 후손인) 그리스도 사이의 기간은 막간(parenthesis)이며, 하나님의 참된 백성은 그 막간 이후에 살고 있다. 그럼에도 불구하고 바울은 아브라함의 후손임을 주장하고 율법에 따라 살아가는 사람들을 무시할 수 없었으며, 그래서 바울은 그들을, 이방인 기독교인들과 함께 아브라함에 주신 약속의 유산을 받을 수 있을 때까지, 속박에 갇혀 있는 사람들로 간주한다(갈 3:23-29). 이것은 갈라디아서 3장에 나오는 묘사이다.

갈라디아서 4장에 나오는 알레고리는 약간 다르게 묘사하는 것으로 보인다. 여기서 시내 산 계약은 그 율법을 중심으로 한 유대교와 함께 속박의 계약을 나타내며, 하갈-이스마엘의 계보로부터 나온다. 그것들은 완전히 잘못된 방향이라기보다는 하나의 잠정적 단계인데, 왜냐하면 사라-이삭 계보는 시내산 계약이나 (아마도) 율법과는 전혀 관계가 없기 때문이다. 이것이 갈라디아서 3장에서 제시된 것과 아주 동일한 설명은 아니지만, 그 효과는 유사하다: 이스라엘이라는 역사적 백성들은 중요하지 않게 되었다. 하나님의 백성을 구성하는 사람들은 바로 아브라함(이삭을 통한 상속)과 그의 후손(그리스도와 그의 백성)이다. 유대인 혹은 이방인이 된다는 것, 할례를 받거나 받지 않는 것, 율법을 준수하거나 하지 않는 것은 중요한 것이 아닌데, 어떤 사람이 그것들을 주장하기 시작할 때는 그것들은 실제로 걸려 넘어지게 하는 장애물들이 된다(갈 3:28f; 6:15). 즉, 이스라엘이 그 아래에서 살았던 계약과 율법은 한시적 목적을 위해 후대에 주어진 것이며, 아무튼 하나님으로부터 직접 온 것이 아니든지(갈 3:17-19), 혹은 자유를 주는 참된 계약에 대한 그릇된 대안이다.

제4장 그리스도와 그의 백성 109

두 가지 점을 제외하고는 그것은 그런 의미인 것 같다. 첫째, 심지어 갈라디아서에서도 바울은 자주 구약성서를 인용하는데, 그러한 인용은 이스라엘에 대한 하나님의 약속의 문제를 폭파시킬 신학적 시한폭탄을 구성한다. 둘째, 바울은 수세기 동안 그들이 하나님의 율법과 언약이라고 믿었던 바에 따라 살았으며, 또 그들이 아브라함의 후손이라고 믿은 백성의 구체적 실존을 피할 수 없었다. 바울은 갈라디아서에서는 이 문제들 중에 어느 것도 직면하지 않았는데, 그 문제들은 둘 다 적절한 부분에서 다루게 될 것이다.

하나님의 백성임을 주장하는 두 공동체 사이의 관계성에 대한 바울의 더욱 세심한 고찰을 우리는 로마서에서 찾아 볼 수 있다. 갈라디아서에서 바울은, 모든 기독교인들이 율법의 원리들을 준수하기를 원하는 유대인 기독교인들이든, 혹은 자신들의 믿음의 유대교적 뿌리를 발견하고 적어도 유대교의 일부 국면들을 수용하기를 원하는 이방인 기독교인이든 간에, 일종의 유대주의자들에 의한 공격에 대항하고 있었다. 그들의 공격을 대항함에 있어서, 바울은 사정없이 유대교를 공격한다(살전 2:13-16은 한층 더 부정적이다: 그들이 기독교인들을 공격하기 때문에, 유대인들은 하나님의 정죄 아래에 있다. 하지만 이 구절은 이스라엘 전체에 관한 것이 아니라 기독교인들을 박해하고 있는 일부 유대인들에 관한 것이다). 고린도후서 3:4-18에서 갈라디아서에서의 극단적인 입장이 완화되며, 이 확실히 난해한 구절에서 우리는 시내 산 계약이 폐기된 것이 아니라 그리스도의 빛에 따른 새로운 해석에 의하여 확정된다고 생각할 수 있다. 이러한 새로운 해석의 진수는—바르게 이해된 것이라면—그 계약이 유대인과 이방인 모두를 포함한다는 것이다. 그리스도는 하나님이 계약을 주신 것에 대한 참된 이해를 가리는 수건을 제거한다.

고린도후서 3장에 대한 이러한 긍정적 접근은 갈라디아서를 로마서에 나오는 더 완숙한 설명과 연결시킨다. 일부 해석자들이 주장하듯이, 아마도 바울은 논증과는 무관한 분위기에서 그의 신학적 입장을 제시하고 있다. 다른 해석자들이 주장하듯이, 아마도 바울은 로마 교회 내에서 이방인 기독교인 집단과 유대인 기독교인 집단을 화해시키려고 노력하고 있다. 그 이유가 무엇이든지 간에, 로마서는 하나님이 인류를 다루시는 전체적인 시각 안에서 보다 덜 논쟁적으로 또한 보다 덜 부정적으로 그 문제를 다룬다. 이스라엘이 하나님의 백성(이었다가 아니라)이라는 데에는 이제 의심의 여지가 없다: "저희는 이스라엘 사람이라 저희에게는 양자 됨과 영광과 언약들과 율법을 세우신 것과 예배와 약속들이 있고, 조상들도 저희 것이요. 육신으로 하면 그리스도가 저희에게서 나셨으니"(롬 9:4f).

　그리스도의 중심성은 로마서에서 결코 수정되지 않지만, 바울은 이제 역사적 이스라엘을 중요하지 않은 존재로서 버리지 않고, 그가 갈라디아서에서 제시했던 것보다 이스라엘을 위한 더 긍정적 지위(place)를 발견한다. 바울에게는 두 가지의 기본적이며 서로 연결된 문제들이 있다: 첫째는 하나님의 옛 백성에 대한 새로운 백성의 관계이며, 둘째는 하나님의 백성이 하나님의 메시아를 버렸으며 이제는 결과적으로 하나님의 버림을 받은 것처럼 보이는 것이 어떻게 가능한가? 로마서 4장에서 바울은 갈라디아서의 경우처럼 아브라함의 참된 상속자는 다른 사람들이 아니라 바로 아브라함의 믿음을 공유한 사람들이라고 이미 주장했는데, 로마서 9-11장에서는 이 문제들을 집중적으로 다룬다. 로마서 9-11장에는 그 의미가 모호한 부분이 많지만, 그 질문들에 대한 바울의 해답은 다음과 같은 것으로 나타난다.

　1. 하나님이 진실로 이스라엘을 자기의 백성으로 선택하셨지만, 이 선택은 결코 단순히 인종적 문제로 의도된 것이 아니었다. 아브라함의 모든 육신의 후손들이 아니라, 아브라함에게 주신 약

속에 반응하고 그것을 따라 산 사람들만이 그의 참된 신학적 후손들이다(9:6-8; 비고. 4:9-12). 게다가, 하나님은 주권자이시며, 또한 하나님의 선택에는 항상 선별성이 있었다. 심지어 지금도 역사적 이스라엘 내에서 그리스도께서 약속을 성취한 것에 대하여 반응하고, 따라서 연속성을 유지하고 있는 남은 자가 있다(9:6-13, 27; 11:1-5).

2. 이스라엘의 대다수가 그리스도께서 성취한 것을 얻지 못했지만(11:7), 하나님의 장기 전략은 이스라엘이 그리스도를 거부하는 것, 이방인을 향한 선교와 많은 수의 이방인들이 하나님 백성 안으로 들어오는 것, 그리고 마지막으로 이스라엘 전체가 지금까지 일어난 것에 대하여 각성하는 것과 그들이 궁극적으로 약속에 참여하는 것을 포함한다(11:11f, 25-32). 따라서, 현재 그들은 참된 이스라엘도 아니며, 정확하게 비-이스라엘(non-Israel)도 아니다. 그들은 자신들도 모르게 이스라엘의 지위를 거부하는 그들의 사직서를 제출해 왔다. 이러한 사직서는 책상 위에 놓여 있고, 최종적으로 수리되지는 않을 것이다.

3. 반면에 하나님의 옛 백성에 대한 이방인 기독교인들의 관계는 열매를 맺지 못하는 가지들이 잘려 나가고, 그 대신에 다른 나무의 가지들이 접목된 감람나무 같다. 이 다른 나무는 먹을 수 있는 열매를 맺지 못하는 돌감람나무이지만, 그 가지들이 참 감람나무에 접목되면 많은 열매를 맺을 수 있다. 접목과 잘려 나감은 그 잘려 나간 가지들이 결국에는 다시 접목된다는 희망을 배제시키지 않는다. 이러한 유비(11:17-24)는 바울이 교회와 이스라엘의 연속성을 유지시키기를 원하는 방식과 또한, 이스라엘을 향하여 그의 등을 돌리지 않고, 그가 기독교 공동체를 과거의 참된 상속자, 즉 하나님이 바라시는 바대로의 하나님의 백성으로 간주하는 방식을 보여준다.

아마 갈라디아서 6:16을 제외하고, 바울이 교회를 단순히 이스라엘로 부르지 않는 것은 놀라운 일이 아닌데, 왜냐하면 그 관계가 더욱 복잡하기 때문이다. 이스라엘은, 아브라함으로 시작하여 약속에 충실한 모든 사람들, 믿음을 갖고 하나님만을 의지하는 모든 사람들, 그리고 무엇보다 참된 후손인 그리스도에게 반응하는 모든 사람들을 포함한다. 이것이 왜 바울이 기독교인이 되었을 때에 그가 유대교로부터 개종하였다고 생각하지 않고—그는 유대교를 결코 떠나지 않았다—오히려 그는 참된 이스라엘 사람과 아브라함의 참된 자녀가 되는 것으로 다시 태어났다고 생각한 이유이다(아마도 66-70년의 유대인 전쟁 후에야 비로소 기독교인들은 자신들을 이스라엘과는 상관없는 존재로 생각하기 시작했다).

결코 완벽하게 해결되지 않는 바울의 궁지는, 아브라함처럼 오래되었고 그리스도처럼 새로운 하나님의 오직 한 백성이 존재한다는 것, 그렇지만 그리스도 안에서는 유대인도 없고 헬라인도 없다는 것, 그래서 할례, 율법, 그리고 역사적 이스라엘이 되는 것을 포함하는 현재의 유대교는 부적절하다는 것이다(갈라디아서 그리고 빌 3:4-7을 참고하시오). 그러나 아무튼 바울 자신은 역사적 이스라엘을 그의 저술에서 제외시킬 수 없었다: 우리가 고찰한 바와 같이 로마서 11장에서 바울은 역사적 이스라엘이 기독교인이 된다는 것의 언급이 없이 종말에 모든 이스라엘이 구원받게 될 것이라는 희망을 피력한다.

덧붙여 말한다면, 로마서 9-11장에 나오는 바울의 선택 교리는 일차적으로 개인이 아니라 공동체와 관계한다는 것을 관찰할 수 있다. 바울은 하나님이 세상에서 자기를 섬길 한 백성을 선택하는 것에 관하여 말하고 있는 것이지, 이 사람이나 저 사람이 천국에 이르는 것에 관하여 말하는 것은 아니다. 의심의 여지없이, 개인들의 운명에 관하여 결론을 내리는 것이 가능하고, 확실히 로마서 8:28-30은 개인주의적 방식으로 이해될 수 있지만, 바울의 일차적 관심사는 누가 하나님의 백성인가에 있다. 확실히 바울은 하나님의 선택과 그것의 결과인 하나님의 버림을 생각하고 있지만, 구원이나 심판과 관계된 개인들의 예정에 관하여 때때로 언급되는 것은 대부분 후기 해석이지 바울 자신이 말하고 있는 것은 아니다.

현 세상에 살고 있는 미래의 백성

마지막 아담인 그리스도의 백성은 아브라함의 씨일 뿐 아니라 종말과 새 세대의 백성, 즉 미래의 백성이다. 그리스도의 백성은 또한 성령의 백성인데, 그 성령은 종말의 표시이다. 실제로 바울은 성령을 할부 구입과 예금 제도에서 가장 유사한 현대적 평행 개념인 '보증'($ἀρραβῶν$, 고후 1:22; 5:5; 비고. 엡 1:14)이라고 부른다. 예치금에는 두 가지 기능이 있다; 정한 기한에 전부 지불하겠다는 약속이며, 동시에 그 지불해야 할 전체 금액의 첫번째 불입금이다. 비슷하게 '보증'으로써 성령은 미래 유업의 약속이며, 동시에 그 약속의 첫번째 불입금이다. 성령이 '첫 열매'라는 추수에서 나온 영상으로 불릴 때, 동일한 사상이 전달된다(롬 8:23). 그래서 성령 안에서 사는 것은 부분적으로는 미래 유업을 현재 누리는 삶이며, 또한 도래할 그 유업의 충만함을 확신하는 것이다. 따라서 교회는 미래적 공동체이다.

이것은 또한 기독교인들이 그리스도와 함께 부활할 것을 논증하는 고린도전서 15장에서도 보여진다(특히 20-23절을 보라). 기독교인들은 부활한 마지막 아담 안에 있기 때문에, 그들도 역시 부활할 것을 알고 있다. 그들의 뿌리는 아브라함과 함께 과거에 있지만, 그들이 지금은 그리스도 안에서 살고 있기 때문에 그들의 삶의 초점은 미래에 있다. 반면에, 그들이 그 미래를 나타내는 한에 있어서 그들은 특별한 존재들인데, 왜냐하면 그들은 그리스도의 죽음과 부활을 통하여 시작되었지만, 그가 영화롭게 다시 올 때까지는 완성되지 않을 종말을 포용했기 때문이다.

그러나 이 미래의 백성은 현재의 심판에 처할 세계 내에서 살고 있으며, 따라서 그 자신의 구조와 사역을 필요로 한다. 진정한 바울 서신들에서 이 구조와 사역은 초보적인 단계이며 느슨하다. 우리가 아는 한, 기독교인들은 항상 개인의 가정집에서 모였는데, 그 사실은 회중의 규모에는 분명히 한계가 있었음을 보여준다(참고. 롬 16장, 특히 5, 14절 이하; 고전 16:19; 빌 2). 만일 고린도 교회를 대표적인 예로 본다면, 영감을 받았다고 주장하는 모든 사람들이 각자 자기의 말을 하려고 한 것으로 보아, 예배가 무계획적이었고 때로는 심지어 무질서했다(고전 14장: 16-40절).

사역의 면에서도 역시, 적어도 고린도에서는 개인들에게 부여된 성령의 은사들을 반영하는 은사 중심적이었다(고전 12:8-11, 28-30). 장로에 관하여 우리는 어디서도 듣지 못하고, 또한 감독과 집사에 관하여는 빌립보서 1:1에만 나온다. 바울이 가장 많은 관심을 보여주는 사역은 그 자신의 사도적 사역이며, 디모데, 바나바, 디도, 그리고 실바누스와 같은 동역자들의 사역이다(살전 1:1; 갈 2:1, 3; 고전 4:17; 9:6; 고후 1:9; 롬 16:21). 전체적인 묘사에 따르면, 구조나 체계화된 권위는 거의 제시되지 않는다. 심지어 바울이 사도로서, 비록 그가 신적 권위를 주장하고 때때로 단순히 (고린도전서 5:3에서처럼) 명령할지라도, 그는 자신의 사도직을 더 자주 논증한다.

상황은 이런 상태로 유지될 수 없었으며, 우리는 다음 세대에서 바울의 교회들이 아주 체계적으로 조직되었다는 것을 볼 것이지만, 반면에 삶은 그리스도의 주권 아래에서 성령의 능력을 따라 이루어졌다. 심지어 빌립보서 1:1에서도 우리는 감독들과 집사들이 직분들인지 혹은 동일한 위치의 사람들이 행사했을 감독(감독들)과 실질적 봉사(집사들)라는 단순한 기능들이었는지는 확신할 수 없다. 일반적으로, 바울은 교회의 조직화보다는 하나님의 구원의 계획 속에 있는 교회의 위치에 더욱 관심을 기울였다.

침례와 관계된 바울의 주요한 관심은 그리스도와 함께 죽고 함께 살아난다는 것(롬 6장)과 주님이신 그리스도께 속한다는 것(고전 1:12-17)을 표현하는 데 있다. 고린도전서 10:16-21과 11:20-33에 나오는 성만찬에 관한 그의 간략한 논의에서, 바울은 성만찬을 예수의 죽음을 돌아보는 것, 참여자들이 서로간에 또한 그들의 주님과 함께 하는 현재적 교제를 제공하는 것, 그리고 메시아와 함께 하는 잔치를 가리키는 것으로 이해한다. 다시 말하여 성만찬은 세대의 끝에서 살고 있는 존재로서 교회에 대한 그의 일반적 견해를 반영한다. 교회는 엄격하게 조직되지 않았던 것처럼 보이는데, 왜냐하면 고린도전서 11:20-33에서 바울은 당대의 여러 향연에서와 같이 훨씬 더 좋은 음식이 가난한 자들보다는 부유한 자들을 위하여 제공되고 있었다는 사실을 염려하고 있기 때문이다.

결론

이 모든 논의에서 바울에게는 예수 그리스도의 인성이 얼마나 중심적이었는가를 보게 된다. 교회에 관하여 말한다는 것은 교회의 주님이시며 교회가 그 안에서 살고 있는 능력의 중심인 예수 그리스도에 관하여 말하는 것이다. 그리스도는 하나님의 결정적인 활동과 계시이며, 또한 이미 순수한 인간됨을 넘어서서 활동하고 계신다. 게다가, 그리스도에 관하여 말하는 것은 또한 단순히 개인들로서가 아니라 하나의 연대적 전체로서 그의 백성에 관해서 말하는 것인데, 왜냐하면 그리스도는 한 독립된 인물로 볼 수 없기 때문이다. 그리스도와 그의 백성은 함께 고려되어야 한다.

제5장

옛 삶과 새로운 삶

만일 바울에게 있어서 그리스도께서 세대의 전환을 나타내고 인류를 위한 새로운 시작을 제공한다면, 그는 삶의 두 가지 선택적 가능성을 어떻게 보고 있으며, 또한 사람들은 한 종류의 삶에서 다른 종류의 삶으로 어떻게 옮겨갈 수 있는가?

구원

로마서 1:16에 따르면 복음은 "모든 믿는 자에게 구원을 주시는 하나님의 능력"이다. 만일 우리가 어떤 구원이냐고 묻는다면, 그 대답은 항상 명확하지도 동일하지도 않지만, 그 구원은 일반적으로 생명과 자유와 관계된다: 그 목표가 현재와 미래에 하나님 안에서의 삶이기 때문에 생명이다: 인간을 억압하고 침해하던 권세들이 이제 정복되었기 때문에 자유이다. 사람들은, 하나님을 반대하는 삶에 뒤따르는 형벌로부터 자유하여, 하나님과 함께 그리고 하나님을 위하여 살 수 있다(예. 살전 5:8-10; 롬 5:9). 그러나 '구원하다'라는 단어들의 대부분의 경우는 구체적으로 지칭하는 바가 없지만, 구원에 대한 희망은 그 당시에 아주 흔한 것이어서, 바울은 아마도 그가 의미하는 바를 자세히 설명할 필요를 느끼지 않았을 것이다.

헬레니즘 세계에서 사람들은 삶의 충만한 향유를 방해하는 것, 즉 가장 대표적인 것으로서 죽음의 공포와 운명 앞에서의 무력감으로부터의 구원(해방)을 원했다. 그들은 완전히 소멸되는 것이 아니라 죽음 이후에 이루어질 단순히 그림자와도 같은 희미한 존재를 두려워했고, 또한 그들은 현재의 삶에서 적어도 만족스런 국면들이 감소되지 않고 더 증대되는 어떤 삶을 소망했다. 나아가, 별들이 인간의 운명을 통제한다는 것을 믿었든지 혹은 그렇지 않든 간에, 그들은 선택의 자유가 환각에 불과하다는 것을 두려워했다. 반면에 유대인들은 전통적으로 국가적 자유와 한 민족으로서 그들의 미래에 더 관심을 기울였으며, 또한 야훼에 반대하는 외세의 지배로부터의 해방과, 그 해방의 결과로 주어지고 정의, 번영, 복지를 수반하는 연대적 삶의 온전함을 열망했다. 바울 시대 훨씬 이전에 많은 사람들은 그 온전함이 완전한 새로운 질서, 즉 오는 세대에서만 실현될 수 있다고 믿게 되었다.

바울은 그리스도와 함께 종말이 시작되었다고 믿었다. 물론, 그 종말의 충만은 그리스도께서 하나님의 통치를 확립하기 위하여 영광 중에 재림의 때에 반드시 이루어질 것이다(특별 참고. 살전 4:13-17; 고전 15:22-8). 하지만 그 완성이 임박하든 그렇지 않든 간에, 기독교인들은 종말의 백성들이고, 또한 미래에 속한 그들의 구원은 어느 정도 이미 현존한다. 유대교적인 능숙한 표현 방식으로 바울은 자주 구원을 미래의 것으로 말한다: "이는 이제 우리의 구원이 처음 믿을 때보다 가까웠음이니라"(롬 13:11). 또한 데살로니가전서 5:8에 나오는 '구원의 희망'과 고린도전서 3:15;

5:5; 로마서 5:9 이하; 9:27; 10:9 등에서 '구원하다'는 동사의 미래 시제도 보라. 이것은 우리가 기대해야만 하는 것이다. 죽음보다 더 강한 새로운 생명은 새 세대에 속하고, 또한 그 세대의 도래를 기다리고 있다. 그러나 종말이 이미 시작되었기 때문에, 구원은 현재적 실재가 되어 가고 있으며, 기독교인들은 구원받고 있는 과정 중에 있는 사람들이다: "십자가의 도가 멸망하는 자들에게는 미련한 것이요 구원을 얻는 우리에게는 하나님의 능력이라"(고전 1:18; 참고. 15:2; 고후 2:15; 6:2).

그리스도께 속한 사람들의 삶에서, 종말의 실재들이 예상된다. 이것은 바울이 '구원하다'를 과거 시제로 사용하고 있는 한 구절에서 분명한데, 거기서 바울은 곧 이 동사를 미래적 언급으로 한정시킨다: "또한 우리 곧 성령의 처음 익은 열매를 받은 우리까지도 속으로 탄식하여 양자 될 것 곧 우리 몸의 구속을 기다리느니라. 우리가 소망으로 구원을 얻었으매 보이는 소망이 소망이 아니니 보는 것을 누가 바라리요"(롬 8:23b-24). NEB; New English Bible)에는 마지막 문장이 "우리는 구원받았지만, 여전히 그 구원을 소망한다"로 번역되었는데, 그것이 더 의미가 통한다. 이처럼 '이미'와 '아직' 사이의 긴장이 놀랍게 묘사된다. 미래에 속한 것은 이미, 즉 앞서서 시작되었다. 그러나 이렇게 앞서서 누리고 있는 것은 무엇이며, 그리스도 안에 있는 신자들은 어떤 것들로부터 해방되는가?

죄로부터의 해방

바울이 어느 곳에서도 죄에 대한 그의 교리를 서술하지는 않지만, 그가 죄를 두 가지 국면으로 이해하고 있음이 분명하다: 죄는 우리가 선택하여 행하는 것, 즉 자발적 행동은 물론, 단순히 결심한다고 해서 그것의 지배로부터 우리가 피할 수 없는 세력이다. 따라서 죄는 우리의 책임이며, 동시에 우리가 어떻게 할 수 없는 것이다!

자발적이며 헤어날 수 없는 면에서, 죄는 하나님으로부터 하나님보다 더 열등한 것을 향하는 것, 즉 궁극적이지 않은 것을 궁극적인 것으로 취급하는 것이다. 로마서 1:18-32, 특히 21, 25, 28에서 바울은 생명을 주시는 하나님을 충분히 알고 있으며, 창조자의 신성과 세상의 피조성 사이의 차이를 알면서도, 의도적으로 창조자로부터 피조물에게로 돌아서서 거기서 안전을 추구하는 인류를 고발한다. 이방 세계에서, 이 현상은 실제로는 우상 숭배, 즉 피조물의 일부인 어떤 것을 숭배하는 것을 의미했다. 세상에서 어느 누구도 우상숭배에 대해 핑계할 수 없는데, 바울은 그 이유를 다음과 같이 말한다:

> 창세로부터 그의 보이지 아니하는 것들 곧 그의 영원하신 능력과 신성이 그 만드신 만물에 분명히 보여 알게 되나니. 그러므로 저희가 핑계치 못할지니라. 하나님을 알되 하나님으로 영화롭게도 아니하며 감사치도 아니하고 오히려 그 생각이 허망하여지며 미련한 마음이 어두워졌나니, 스스로 지혜 있다 하나 우준하게 되어 썩어지지 아니하는 하나님의 영광을 썩어질 사람과 금수와 버러지 형상의 우상으로 바꾸었느니라.(롬 1:20-3)

이러한 내용에 동의하지 않을 유대인은 없을 것이다. 우상 숭배의 형태로 나타나든 그렇지 않든, 하나님 아닌 존재를 하나님으로 간주하는 것은 범죄이다. 그러나 그 결과로 주어지는 자유의 상실에 관한 강한 암시를 주목하라: "미련한 마음이 어두워졌기에," 그들은 더 좋은 것을 행할 수 없게 되었다. 이러한 암시는 모든 종류의 사악함과 타락, 특히 성적 타락이 하나님으로부터 하나님이 아닌 것으로 향하는 이 근본적인 범죄로부터 일어나는 것을 다루는 로마서 1장의 나머지 부분에서 더 강화된다. 스스로 증가하는, 즉 그 자체로 추진력이 있어서 악의 내용을 더 부정적으로 증가시키는 죄의 성향을 하나님의 진노의 표현이라고 바울이 말하는 것을 우리는 이 장의 후반부에서 다룰 것이다. 증가되는 퇴폐와 타락은 창조주로부터 피조물에게로 돌아서는 삶의 표시들이다. 악의 목록은 일일이 다 말하려는 것이 아니라, 고대 세계에서 일반적으로 존재하는 윤리적 목록들과 같이 하나님을 대적하고 다른 사람들을 대적하는 모든 종류의 사악함을 일괄적으로 표현하기 위하여 의도된다(6장 참조). 모든 악은 이 기본적인 죄성으로부터 나온다.

우리는 이미 20-3절에서 자발성에서 비 자발성에로의 전환을 보았다. 우리는 어쩔 수 없는 잘못된 선택으로 시작하여, 선과 악을 구분하지 못하는 것으로 끝나거나 혹은 악을 안다 하더라도 그 악으로부터 피할 수 없게 되는 것으로 끝난다. 이것이 "하나님께서 그들을 내버려두셨다…"(24, 26, 28절)는 말씀의 의미다. 하나님께서는 그들을 제지하지 않으시고, 그들 스스로가 선택한 일을 계속하도록 내버려 두셨다. 우리는 이와 같이 우리가 설명하기 시작한 죄에 대한 바울의 사상에서 이중성을 발견한다: 죄는 하나의 상태이며(바울이 죄의 구체적 행위들에 관심을 기울이기보다는 죄의 구체적 행위들을 유발시키는 하나님으로부터의 분리에 더 관심을 둔다), 또한 하나의 세력이다. 로마서의 앞장들에서 죄 문제가 상세하게 다루어지는데, 3:10에서는 유대인이나 이방인이 다 죄악되다는 결론을 내린다. 우리는 또한 3:9에서 "유대인이나 헬라인이나 다 죄의 세력 아래 있다"는 결론에 이른다. 모든 인간은 자유하지 않다. 이러한 인식은 바울 서신들에서 회개와 용서에 대한 강조가 생략된 것을 설명할 수 있는데, 그러한 생략은 당대의 유대교와는 결정적으로 다른 점이다. 인간 상태에 대한 바울의 진단은 그의 동시대 사람들의 진단보다 더 염세적인데, 당시 사람들은 모든 죄인들이 회개할 수 있어서, 용서받을 수 있고, 그 후에는 그들이 진정으로 원한다면 토라를 순종함으로써 의로운 삶을 살 수 있다고 믿었다. 바울은 사람들이 그렇게 될 수 없다고 믿는다. 모든 인간은 그들이 죄를 좋아하든지 아니하든지 죄의 세력에 의해서 갇혀 있으며 통제받고 있다. 그러므로 회개와 용서는 충분하지 않다: 필요한 것은 더 우위의 세력에 의한 해방이다. 죄는, 비록 동의에 따라 시작하지만, 노예 상태이다. 알코올 중독이 이 점을 설명해준다: 알콜 중독자는 술을 마시기로 선택함으로써 시작하고, 그의 선택과 관계없이 계속적으로 술을 마시는 것으로 끝난다.

바울은 아마 악한 의지에 관한 유대교적 신념에 기초하여 말하고 있는데, 그 악한 의지는 사람들을 억압하고 선한 의지와 항상 싸우고 있지만, 토라는 성취될 수 있으며 진실로 악한 의지를 대항하는 무기다. 바울은 토라에 관한 유대교적 신념에 동의하지 않았지만, 확실히 그는 노예로 삼는 외부의 세력으로써 죄를 말할 수 있었다(롬 3:9; 6:6, 20; 7:14; 또한 롬 5:21의 "죄가 사망 안에서 왕 노릇하였다", 그리고 비유적으로 죄를 독립적 대행자로 묘사하는 것으로서 롬 7:9, 11, 17-20에 나오는 표현들을 보라). 우리는 이미 아담-그리스도 구절인 로마서 5:12-21에서 아담의 길이 노예의 길임을 보았다. 아담 안에 있는 인간은 죄의 자발성과 비자발성을 처리하는 죄사함과 생명을 필요로 한다(18절).

바울이 자신의 체험에서 발견하였듯이, 율법 아래에서 사는 의로운 삶조차 죄로부터의 자유를 보증하지 않는다. 그로 하여금 교회의 핍박자가 되게 한 것은 바로 율법을 향한 그의 열심이었는데(빌 3:6; 갈 1:13), 그 핍박은 그에게 커다란 고뇌를 야기시켰다(고전 15:9). 이것은 사람이 죄가 무엇인가를 알기 위하여 율법에게 가는 것이 아니라 그리스도에게로 가야만 한다는 것을 보여

주는데(갈 2:17f), 왜냐하면 그리스도의 왕권을 거부하는 것이 죄이기 때문이다. 게다가, 오직 그리스도 안에, 그리스도의 능력 안에 이러한 외적이고 사악한 세력으로부터의 해방이 있다.

육체(σάρξ)로부터의 해방

죄로부터의 구원은 또한 육체로부터의 구원이다. 많은 영어역 성경에서 '육체'(flesh)로 번역된 이 단어는 다양한 의미를 포함한다. 인간을 구성하는 신체적인 것을 가리키는 의미로 우리가 그 단어를 사용하듯이, 바울은 때때로 그 의미로 사용한다. 바울이 신체적인 것을 경시하는 초기 영지주의에 대항하여 논증하는 고린도전서와 고린도후서에서, 바울은 그 단어를 매우 중립적으로 사용한다(고전 6:16; 15:39; 고후 7:1—RSV에서는 '몸'으로 번역됨—거기서 바울은 신체적인 것이 정결함을 입을 수 있다고 강조하고 있는데, 영지주의자들이 그것을 부인했다). 고린도서신들의 다른 부분(고전 3:1, 3; 고후 5:16)에서, 그 단어는 이제 우리가 잠시 후에 논의할 갈라디아서와 로마서에서 자주 발견되는 것과 같은 부정적 의미를 갖는다. 우리는 또한 그 단어가 '내 자신의 골육'이라는 표현과 같이(롬 9:3과 아마도 고전 10:18), 혈연관계의 의미로 사용된 것을 발견한다.

여기서 우리에게 관심을 끄는 것은 데살로니가전서에는 나오지 않으면서 갈라디아서 논쟁에 처음 나오는 용례이다. 육체를 전적으로 신체적인 것만으로 보지 않고 완전히 또한 본래적으로 악한 것으로 보는 이러한 용례는 할례가 성숙한 기독교를 위해 필수적이라는 갈라디아에 있던 어떤 사람들의 주장과 함께 시작되었다는 그럴듯한 주장이 있었다. 아마도 바울은 할례가 때때로

'육신에 새겨진 계약'(집회서 44:20)으로 불려졌다는 것을 알았을 것이다. 아무튼, 갈라디아서 3:3에 따르면, 오직 믿음만을 요구하는 것에서 할례의 추가 요구로 가는 것은 성령으로 시작하여 '육체'로 마치는 것이었다(6:13 참조). 이러한 대조 배후에는 성령과 육신 간의 대립이 있는데, 성령은 새로운 세대, 즉 하나님의 세대를 나타내고, 육신은 옛 세대, 즉 벨리알과 사악함의 세대를 나타내고 있음으로, 두 용어는 쿰란 두루마리에 있는 것과 같이 (참고. IQS 4, 11) 두 세대를 의미한다. 갈라디아서 4장의 하갈-사라 알레고리에서 육체와 성령은 분명히 두 세력인데, 육체는 율법 아래에 있는 삶을 나타내고, 성령은 복음 아래에 있는 자유를 나타낸다. 이러한 용례는 70인역 성서에 의해 촉진되었을 수 있는데, 그 성서에는 때때로 하나님의 강함에 반대되는 것으로서 인간의 언약함을 의미할 수 있는 히브리어 바사르(basar)를 번역하기 위하여 일반적으로 사르크스(σάρξ)를 사용된다.

그래서 갈라디아서에서 할례는 그리스도만을 의지하는 것 외에 다른 어떤 것을 의지함을 의미하는데, 그리스도만으로 충분하기 때문에, 그것은 어리석은 것이다. 그것은 또한 위험한 것인데, 왜냐하면 그리스도 외에 다른 것을 추가하려고 시도하는 것은 그를 거부하는 것, 즉 그리스도의 유일한 통치로부터 할례가 의미하는 율법이라는 또 다른 통치(갈 5:3)에로 옮기는 것과 동일하기 때문이다. 따라서, 육체(σάρξ)는 신체와 관계된 어떤 것, 즉 할례의 의미로 사용되고, 그래서 그리스도와 다른 어떤 것을 나타내는 의미로 확대된다. 육체는 단순히 나쁜 어떤 것이 아니라 사람을 종으로 삼는 마귀적 세력이다. 그것은 우리의 완전한 신뢰의 대상인 그리스도 안에 계시는 하나님과는 다른 어떤 것이다. 갈라디아서에서 대안으로 제시된 것이 그릇된 행위를 하는 것이 아니라 율법이라는 것은 육체를 치명적인 것이 되게 한다: 할례를 주장하는 것은 모든 율법을 주장하는 것이며, 따라서 홀로 충분하신 그리스도로부터 단절되는 것이다(갈 5:3f). 그리스도는 그의 주권을 심지어 율법과도 공유하지 않을 것이다.

바울은 그러한 말이 부도덕을 용인한다는 비난에 자신을 노출시킨다는 것을 알고 있다. 기독교인의 길이 자유의 길임을 강조한 후, 갈라디아서 5장에서 바울은 이 자유가 육체의 또 다른 표현인 부도덕의 기회가 되지 않아야 한다고 경고한다(13절). 기독교인들은 율법을 따라 살지 않고 성령을 따라 살며, 또한 성령은 부도덕이 아니라 의로운 삶을 촉진시킨다. 육체를 따르는 삶은 우리들을 즐겁게 하는 것을 행하는 자유주의 형태를 취하기도 하는데, 왜냐하면 우리의 소욕의 만족과 우리 자신의 이기적 관심에서 우리 삶의 중심과 충분함을 발견하기 때문이다. 갈라디아서 5장에서, 육체와 성령은 다시 두 세력으로 나타나고, 또 우리는 오직 그 중에 한 세력 아래에서만 살아야 하는데, 그 세력은 완전히 경건하고 의로운 삶으로 인도하여 사랑, 기쁨, 평화, 인내, 그리고 그 나머지의 열매(22절 이하)를 맺게 하는 하나님의 능력(능력)이다. 당대의 일반적인 윤리적 목록들처럼, 이 목록은 단순히 구체적인 결과들이 아니라 성령 안에서 사는 삶의 모든 선한 결과들을 나타내도록 의도되었지만, 사회적 덕목이 크게 강조된 것은 주목할 만하다.

그리스도 안에 있다는 것(갈 5:6), 그래서 성령 안에 있다는 것(갈 5:25)은 신자들의 현재 존재의 모습이다. 성령을 따라 행하는 것, 즉 실제로 그들의 근본적인 정체성을 실천으로 나타내 보이는 것은 그들이 반드시 행해야 하는 것이다(16, 25절). 그것은 이제 고린도전서 12장에서와 같이 은사나 사역의 문제가 아니라, 육체를 따르는 삶에 반대되는 실제적인 선한 삶의 문제이다. 그 삶은 비-신체 중심적 삶에 반대되는 것으로서 신체 중심적 삶의 문제가 아니라, 하나님 중심과 통치에 반대되는 것으로서 인간 중심과 통치의 문제다. 갈라디아서 5장에서 육체가 일차적으로 신체적 욕망과 탐닉의 문제가 아니라는 것은 19-21절에서 분명하다: "육체의 일은 현저하니 곧 음행과 더러운 것과 호색과 우상 숭배와 술수와 원수를 맺는 것과 분쟁과 시기와 분 냄과 당 짓는 것과 분리함과 이단과 투기와 술 취함과 방탕함과 또 그와 같은 것들이라. 전에 너희에게 경계한 것 같이 경계하노니 이런 일을 하는 자들은 하나님의 나라를 유업으로 받지 못할 것이요." 이 목록은 성적 죄로 시작하여, 종교적 죄를 언급하고(우상 숭배와 술수), 몸으로 범하는 죄들, 즉 과도한 탐닉의 죄들(술 취함과 방탕함)로 끝나는데, 그 중간에 사회적 범죄, 즉 다른 사람들과의 잘못된 관계성의 죄들로 불릴 수 있는 명백한 부분이 있다. 이 목록의 절반 이상이 이러한 범주에 포함되며, 따라서 육체를 따르는 삶이 단순히 신체적 삶이 아니라 하나님 외에 다른 어떤 것을 의지함으로써 변질되고 잘못된 방향의 삶이라는 것은 아주 명백하다. 그 목록에서 대부분의 항목들은 특정한 신체적인 국면을 가리키지 않는다. 간단히 말해서, 바울에게서 육체-성령 이원론은 몸-영혼 이원론이 아니라, '하나님 아래에서의 삶'-'그 밖의 다른 것 아래에서의 삶' 이원론이다. 성령을 따라 사는 것은 하나님을 따라 사는 것이고, 육체에 따라 사는 것은, 그 자체가 (율법처럼) 선하든 혹은 (자기-만족처럼) 악하든, 하나님 외에 다른 것을 따라 사는 것이다. 사람이 따라서 살게 되는 악한 것들도 역시 천박한 신체적 자기-방종으로부터 시기심까지 매우 다양하게 언급될 수 있다.

육체의 이러한 용례와 할례에 관한 논쟁 사이에 본래적 관계는 빌립보서 3:3 이하에서 다시 나오데, 로마서에서 그 용어가 충분히 설명된다. 고린도후서 2:10 이하에서 바울은 단순히 현재 이 세상에서 신체를 갖고 살며 따라서 윤리적으로 중립적인 '육체 안에서 사는 것'과, 하나님 외에 다른 것에 삶의 기준과 안보를 종속시키는 '육체를 따라 사는 것' 사이에 유용한 구분을 제시한다. 그러나 로마서에서 이러한 구분은 유지되지 않는다: 8:5-13에서 육체를 따라서 사는 것과 육체를 따라 생각하는 것과 육체 안에 있다는 것 모두가 동일하다. 그가 육체를 이 세상에서의 단순한 신체적 삶으로 보는 것 그 이상의 의미로 사용한 것이 9절에서 설명된다: "만일 너희 속에 하나님의 영이 거하시면 너희가 육신에 있지 아니하고 영에 있나니 누구든지 그리스도의 영이 없으면 그리스도의 사람이 아니라." 명백하게 그들이 아직 세상 안에 있으며 아직 몸의 존재이므로, 육체 안에서의 삶은 하나님의 통치 아래 있지 않는 삶을 의미하고 있음이 분명하다. 바울이 율법에 대한 확신을 반대했는지 혹은 자유주의를 반대했는지는 로마서 8장에서는 직접적으로 분명하게 나타나지 않지만, 그것이 분명히 그리스도 안에 있는 삶(1절)과 성령 안에 있는 삶과는 다른 어떤 것이다.

육체와 죄는 결국 같은 것이다(갈 5:19-21; 롬 7:5; 8:3, 10). 죄처럼 육체는 지배 세력이며, 단순히 자유롭게 선택할 수 있는 것은 아니다(갈라디아서 5:17; 로마서 7:5, 18; 8:12을 보라). 그런 의미에서 육체는 다른 세력에 의해 정복되어야 하며, 또 이것이 갈라디아서 5장에서 주로 말하고 있는 것이다.

율법으로부터의 해방

죄와는 달리, 율법은 해로운 것은 아니지만, 그것에 대한 바울의 입장은 아주 모호하여 우리는 그것을 6장에서 자세히 검토할 것이다. 심지어 갈라디아서에서도 바울은 결코 율법을 악하다고 보지도 않으며, 하나님의 목적 안에서 그것의 위치를 부인하지도 않는다(갈 3:23f). 갈라디아서 4:21-31에 나오는 하갈에 관한 묘사는 율법의 감독 기간이 결코 하나님의 뜻이 아니었다고 제시하는 것이 사실인데, 그 정도로 바울은 율법을 묘사함에 있어서 일관되지 않다. 로마서에서, 율법은 근본적으로 거룩하지만(7:12), 두 서신 모두에서 바울은 율법을 그것으로부터 해방되어야 하는 것으로 묘사한다(갈 4:21; 5:18; 롬 7:6). 왜? 갈라디아서에서 제시되는 한 가지 대답은 율법이 이제 그 임무의 때가 끝난 하나님의 임명을 받은 보호자였다는 것이며, 따라서 그 율법의 보호 아래에 머무는 것은 그리스도와 그의 성령으로 말미암은 자유가 이미 도래했기 때문에, 시대착오적 속박이다. 율법의 기능은 이스라엘로 하여금 줄을 서게 하여, 도래할 자유를 받도록 준비시키는 것이었다(갈 3:21-6). 율법의 보호 안에 머무는 것은 이제는 하나님의 자녀들의 자유를 거부하는 것이다(갈 4:5).

 로마서에서도 역시 율법은 그것으로부터 해방되어야 하는 것이다: 이것이 로마서 7:1-3에서 남편의 법에서 벗어난 과부를 통하여 묘사되는 유추의 핵심이다. 그리스도와 함께 죽었기 때문에, 이제 신자들은 이전에 그들을 지배한 율법에서 벗어났다(4-6절). 그러나 바울은 율법이, 비록 계명을 속여 해악과 죽음을 가져오게 한(7:8, 11) 육체(8:3)에 의해 변질되었지만, 그 자체로는 선하다고 말함으로써(7:7, 12, 14), 갈라디아서를 넘어선다. 분명히 율법을 적대적인 세력으로 만드는 것은 율법을 잘못 사용하는 것인데, 바울은 여기서 그 잘못된 사용이 무엇인가를 설명하지 않는다. 이 문제 역시 6장에서 검토될 것이다.

진노(ὀργή)로부터의 해방

"우리가 진노하심에서 구원을 얻을 것이니"(롬 5:9). '진노'의 의미에 대해 많은 논의가 있어 왔지만, 쉽게 분노하는 것과 같은 하나님의 정서를 나타내지는 것은 분명히 아니다. 오래 전에 다드(C. H. Dodd)는 바울의 언어에서 신중한 견해를 지적하였다: '진노하다'라는 동사는 하나님이 주어인 경우는 결코 사용되지 않으며, 비록 '진노'라는 단어가 자주 나오지만, '하나님의'와 함께 나오는 경우는 오직 세 번에 불과하다(롬 1:18; 골 3:6; 엡 5:6, 진정한 서신에 나오는 것은 첫번째 뿐이다). 이런 종류의 증거를 따라 다드는 바울에게 있어서 '진노'는 하나님의 분노한 태도가 아니라 도덕적 영역에서 원인과 결과에 관계된다고 결론을 내린다. 만일 당신이 손을 불 속에 집어 넣는다면, 당신은 고통을 당하게 되는데, 이것은 하나님이 당신에게 분노하기 때문이 아니라 자연의 원리 때문이다. 이것과 유사하게, 죄는 고통스런 결과를 낳는데, 그것은 하나님이 분노하심으로 당신을 치시기로 결심하셨기 때문이 아니라, 이것이 신체적으로 또한 도덕적으로 원인과 결과의 원리이기 때문이다.

이제 이러한 제인이 일부 '진노' 구절들과 적합하게 잘 어울리지만, 전적으로 맞는 것은 아니다. 비록 유대 문헌에서 하나님의 진노가 국가의 현재 삶 속에서 활동하고 있지만(여호와를 저버리는 것이 재난의 결과들을 낳는다는 사사기의 일관된 주제를 보라), 그것은 특별히 대적들과 압제자들에 대항하여 하나님의 백성의 정당성을 입증하는 심판의 날에 분명하게 나타날 것이라는 신념이 있었다(예를 들면, 사 2:10-22을 보라). 다드의 견해는 바울도 역시 제시한 진노의 날과 심판의 날에 이러한 동일시를 적절하게 고려하지 않는다(살전 1:10; 롬 2:5; 아마도 롬 5:9). 보다 더 적합하게, 기본적 사상은 인간이 재난이 없어도 하나님의 뜻을 경멸할 수 없다는 것인데, 왜냐하면 살아가는 과정에서 혹은 심판 때에 징벌이 있을 것이기 때문이다. 다드가 이해한 것과 같이, 그것은 하나님이 그의 감정을 통제하지 못하시는 것이 아니라, 그의 일관된 의지가 현재에도 악을 반대하며 종말에 그 악을 정죄한다는 것이다. 하나님의 사랑은 거룩함과 의로움을 향한 확고한 의지를 가진 거룩한 사랑이다. 이 의지는 심판 때에 피할 수 없을 것이지만, 그것은 예비적 방식으로 이미 나타나고 있다.

죄와 관련하여 로마서 1:8-32을 논의할 때, 의도적으로 창조주를 떠난 사람들의 삶 속에서 타락을 촉진시키고 초래하는 죄성이 진노의 표현임을 우리는 살펴보았다. 그 구절은 다음과 같이 시작한다(18절): "하나님의 진노가 불의로 진리를 막는 사람들의 모든 경건치 않음과 불의에 대하여 하늘로 좇아 나타나나니." 뒤이어 나오는 것은 따라서 진노가 어떻게 역사하는지를 예증한다. 마찬가지로, 율법을 소유하고 있고 높은 도덕적 기준들을 가졌으며, 로마서 1:18-32에 나오는 타락에 대한 묘사를 비판적으로 평가하지만, 그 자신들은 그 기준에 따라 살지 못하고 율법에 순종하지도 못하는 사람들도 역시 진노의 대상이다(롬 2:1-24; 4:15). 그들의 도덕적 무기력은 율법에 의해 치유되는 것이 아니라 노출된다.

실제적인 차원에서, 국가 권력은 하나님의 진노의 대리자다(롬 13:4). 어느 인간사회에서나 그 사회의 규칙들을 위반함으로써 수반되는 처벌들은 진노의 표현이다: 권세자는 "하나님의 사자가 되어 네게 선을 이루는 자니라. 그러나 네가 악을 행하거든 두려워하라. 그가 공연히 칼을 가지지 아니하였으니 곧 하나님의 사자가 되어 악을 행하는 자에게 진노하심을 위하여 보응하는 자니라." 행위에는 결과가 있으며, 인간이 가하는 제재들은 의로움을 향한 하나님의 의지의 일부분이다. 이것은 양심과 밀접하게 연결되는데, 그것은 아마 그들이 나쁘다고 알고 있는 어떤 일을 행하는 사람들에게 임하는 불편한 감정으로 이해되기도 한다: "그러므로 굴복하지 아니할 수 없으니 노를 인하여만 할 것이 아니요 또한 양심을 인하여 할 것이라"(롬 13:5).

그래서, 최후의 심판 때와 이생의 삶 동안에, 죄는 의와 경건을 향한 하나님의 의지의 모든 반영들인 다양한 결과들을 수반한다. 죄에 대한 최종적 처벌은 그리스도께서 거기로부터 사람들을 구원하는 것들 속에 포함되어 있다(살전 1:10; 롬 5:9).

권세들로부터의 해방

마지막으로, 그리스도는 천상의 혹은 지하의 권세들에 의한 속박으로부터 구원하신다(롬 8:37-9:1; 고전 15:24-7; 갈 4:3-7; cf. 골 2:14f; 엡 1:21). 갈라디아서 4:3-7과 골로새서 2:14 이하에서, 율법은 그런 권세로 분류되고, 이러한 분류는 율법이 하나님께로부터 직접 온 것이 아니라 천사들을 통해 간접적으로 왔다는 것, 즉 하나님께 장애물이 될 수도 있는 하위의 권세들을 통하여 왔다는 갈라디아서 3:19 이하의 진술 속에서도 반영된다. 아무튼, 그리스도는 그의 죽음과 부활을 통하여 이러한 권세들로부터의 구원을 제공한다. 그 권세들은 여전히 존재하고 있고 또 여전히 세력을 행사하고 있지만, 이제 더 우위의 권세 아래에 기독교인들 위에 역사하는 것은 아니다. 이러한 구원은 현재적이고(갈 4장과 골 2장), 또한 미래적(롬 8장과 고전 15장)이다. 미래의 승리는 따라서 그리스도의 승리에 동참하고 그래서 두 세대에 걸쳐 살고 있는 사람들을 위하여 지금도 잠정적으로 예고된다.

바울이 구원을 다른 권세들로부터 해방, 즉 우리의 삶을 이후로는 하나님의 능력 아래에 있게 하는 것으로 이해한다는 것은 명백하다. 이제 우리가 다루어야 하는 다음 질문은 사람들이 어떻게 한 권세에서 다른 권세로 옮겨지는 방식에 관한 것이다.

해방의 수단: 믿음과 은혜

로마서 1:16은 복음이 능력이라고 우리에게 말한다. 그 능력은 물론 무엇보다 연약함, 즉 십자가에 달린 그리스도의 연약함 속에서 보여지는 능력이며, 강제적이 아니라 사랑으로 특징 지워진다. 사람들을 죄악된 옛 권세-영역에서 자유와 생명의 새로운 권세-영역으로 옮기는 데 필요한 것이 바로 이 능력이다. 그러나 그 능력이 자동적으로 혹은 한꺼번에 이런 전환을 이루지는 것은 아니다. 인간은 연대적 용어로 표현된 것으로써 옛 지배는 물론 새로운 지배 아래에 있는 삶을 가진 연대적 존재로 이해되지만, 한 권세에서 다른 권세로의 전환은 또한 개별적인 문제이기도 하다. 인간 편에서 그 전환은 믿음에 의해 일어나고, 또한 믿음은 개인들을 포함한다.

'믿음' (헬라어 πιστίς('믿는다'라는 동사 πιστεύω와 동일한 어원)은 바울에게 있어서 여러 가지 의미를 갖는데, 그 모든 의미가 다 우리의 관심 대상은 아니다. 우리는 신앙의 체계로서의 믿음(갈 1:23; 6:10)이나 '신실함'으로써 믿음(롬 3:3)에 관심을 갖는 것이 아니라, 오히려 하나님이 제공하시는 것을 붙잡는 것, 즉 그의 은혜로운 활동에 '예'라고 말하는 것으로서의 믿음에 관심을 둔다. 그것은 노력으로 실행되는 행동이 아니라, 사실 그것은 거의 비행동적인 것이다. 로마서 4:1-6에서 바울은 믿음이 어떤 종류의 행위도 아니라는 것을 보이려고 노력한다. 믿음은 본질적으로 은혜에 대한 반응인데, 그 은혜는 하나님의 무조건적인 선함이다. 그것은 하나님이 관대하게 될 이유가 없기 때문이 아니라, 그 이유는 하나님 자신의 본성에 있는 것이지 수신자의 공로나 매력에 있는 것이 아니기 때문에, 무조건적이다. 대가로 주어지는 은혜는 은혜가 아니라 보상이다. 그래서, 인간은 오직 하나님으로부터 반대를 받아야 마땅하다는 사실에도 불구하고, 하나님의 관대함과 선함으로 인하여 하나님은 인간을 억압하는 것과 인간 자신의 실수로부터 인간을 해방시킨다.

따라서 은혜($\chi\acute{\alpha}\rho\iota\varsigma$; 예를 들면 롬 3:24; 4:4; 갈 2:21 등을 보라)와 믿음은 함께 가는데, 하나님은 은혜를 제공하시면 인간은 믿음으로 반응한다. 할례와 같은 다른 어떤 요구와 믿음을 결합시키려는 어떤 시도도 거부되어야 한다. 하나님의 제공하시는 것에 직면하여, 인간은 단순히 그것을 받아들이고, 어떤 것을 그것에 추가하려고 노력하지 않는다. 인간 편에서 구원을 위해서는 믿음만으로 충분하다(다시 롬 4:1-8을 보라).

믿음에 대한 이러한 강조로부터, 행위로 구원을 얻으려는 어떠한 시도도 결과적으로 실패한다는 점이 따라오지만, 바울이 공격하고 있는 것처럼 보이는 것은 이 점이 아니라는 것을 강조해야 한다. 오히려 그는 그리스도를 믿는 믿음의 적합성에 대한 어떠한 위협도 반대한다. 자연히, 하나님 앞에서 또한 그의 백성 안으로의 영접을 다루는 문맥들에서 믿음에 대한 강조가 극명하게 나타난다(예. 롬 3:21-4:25; 갈 3:6-26). 그러나 믿음이 필수적이면서도 충분하다는 사상이 상대적으로 적게 나오는 칭의 구절들에 제시된 것보다 훨씬 더 광범위하게 나온다.

하나님과 그가 제공하신 구원에 대한 반응과 무조건적 헌신으로서의 믿음은 물론 그리스도에 관한 신앙들을 암시하지만, 바울이 이 암시를 강조하는 것은 아니다. 더 중요한 것은 믿음이 순종의 요소를 포함한다는 것이지만, 이것은 믿음이 우리가 행하는 어떤 것처럼 보이지 않도록 조심스럽게 언급될 필요가 있다. 아마 '헌신'이 믿음의 지속적인 국면을 더 잘 표현한다: 그것은 단순히 믿음이 한 지배 세력에서 또 다른 지배 세력으로의 전환에 영향을 준다는 것(롬 10:9), 혹은 단순히 믿음이 하나님의 값없는 선물을 영접하는 것(롬 10:10)이 아니라, 믿음은 인간 편에서 그리스도 안에서 거하는 지속적 삶의 조건이라는 것이다: "이제 내가 육체 가운데 사는 것은 나를 사랑하사 나를 위하여 자기 몸을 버리신 하나님의 아들을 믿는 믿음 안에서 사는 것이라"(갈 2:20; 참고. 빌 3:9). 두 개의 믿음, 즉 하나는 최초의 반응이며 다른 하나는 지속적 태도가 있는 것이 아니라, 사람들로 하여금 그리스도의 통치권 안으로 들어가게 할 뿐 아니라 계속하여 그들을 거기에 머물게 일관된 반응과 태도로서 오직 하나의 믿음이 있다(비고. 갈 3:24과 26). 믿음은 진행적이기 때문에, 활동의 의미를 뺀다면 믿음을 순종으로 간주하는 것이 가능하다. 그래서, 기독교인들은 믿음을 통해 성령이 제공하는 새로운 삶에 참여하며(갈 3:1-5), 또한 믿음에 의해 그리스도의 죽음과 부활에 참여한다(살전 4:14; 고후 4:13f; 롬 6:8; 10:9). 우리가 아브라함의 참된 자손이 되고, 그리스도와 성령 안에서 자유와 능력의 새로운 삶으로 들어가는 것은 믿음에 의한 것이지 이스라엘이라는 역사적 백성에 소속됨으로 이루어지는 것은 아니다.

해방의 수단: 화해와 구속

바울은 한 지배 세력에서 또 다른 지배 세력으로의 전환의 수단을 나타내는 여러 가지 표현들을 사용하고, 그렇게 할 때에 바울은 때로는 현재 상태에 대한 인간의 책임과, 때로는 현재의 상태와 관련하여 어떤 것을 행할 수 없는 인간의 무능력을 생각하고 있는데, 그것은 죄에 대한 그의 이중적 견해를 반영한다. 화해는 인간의 책임과 더 관련되고, 구속은 인간의 무능력과 더 관련이 있다.

인류는 하나님을 대적하는 적대 상태에 있기 때문에, 화해를 필요로 한다. 하나님 외에 다른 어떤 것 아래에서 그리고 그것을 위하여 사는 것은 하나님과의 참된 관계성에서 벗어나는 것이며, 만일 하나님과의 평화가 이루어지려면 이 대적의 관계가 바르게 되어야 한다. 적개심이 오직 인간 편에만 있는지, 혹은 하나님도 역시 그의 반역하는 사람들을 향한 적개심을 갖고 있어서 서로가 화해를 필요로 하는지에 대해 때때로 논의되었다. 화해는 일방적인가 혹은 쌍방적인가? 어떤 관계의 단절에서는 쌍방의 화해가 필요하다는 것과, 또한 죄에 대한 하나님의 적개심이 너무 커서 하나님이 그의 진노를 거두어들이는 것이 필요하다는 견해가 있다. 바울이 화해를 이해한 방식이 이런 것인가?

만일 우리가 화해 구절들을 살펴본다면(주로 롬 5:10f와 고후 5:19-20, 역시 골 1:20-2과 엡 2:16도 있지만), 바울이 그렇게 이해한다고 확신할 수 없다. 로마서 5:10 이하(골 1:20, 22과 엡 2:16처럼)에서 십자가상에서 그리스도의 죽음이 화해를 가능하게 하며, 생각하건대 그 구절의 의미는 하나님이 그 죽음을 죄의 대가로 간주하고 그래서 기꺼이 화해하려고 한다는 것은 사실이다. 그럼에도 불구하고 이것은 언급되지 않으며, 혹은 심지어 암시되지도 않다. 우리가 안전하게 말할 수 있는 모든 것은 십자가와 화해 사이에 어떤 연결이 있다는 것인데, 그 연결의 정확한 성격은 분명하지 않다. 고린도후서 5:18-20에서, 십자가가 분명히 그 배경에 있다는 사실(참고 15, 21절)과, 또한 하나님이 사람들의 죄를 그들에게 돌리지 않으셨다는 19절의 언급에도 불구하고, 사람이 하나님을 향하여 화해하는 것이지, 하나님이 사람을 향하여 화해하는 것이 아니라는 것은 확실하다.

 이러한 입장은 로마서 5:10에서는 덜 명확하다: "…우리가 원수 되었을 때에 그 아들의 죽으심으로 말미암아 하나님으로 더불어 화목되었은즉…" 증오와 화해는 일방적인가 혹은 쌍방적인가? 아마 대답은 그 구절 자체에서 얻을 수 있는 것이 아니라, 바울이 그리스도의 죽음에 관하여 믿는 전체적인 견해로부터 얻을 수 있다. 그러나 심지어 여기에서도 하나님께서 화해를 필요로 하신다고 생각할 이유는 불충분하다. 사실, 만일 항상 주도권을 가진 은혜의 무조건적 관용성에 관하여 언급된 것을 우리가 심각하게 고려한다면, 하나님이 화해를 필요로 할 수 없다고 말하는 경우가 있다. 바로 사람이 하나님과의 화해를 필요로 한다.

 구속은 노예 시장에서 온 은유이며, 범죄와 분리됨으로부터 구원받는 것의 필요보다 속박으로부터 해방되는 것의 더 필요에 상응한다. 바울 서신들에는 구속의 의미를 가진 세 단어들이 사용된다: 갈라디아서 3:13과 4:5에는 헬라어 $\dot{\epsilon}\xi\alpha\gamma o\rho\dot{\alpha}\zeta\omega$; 디도서 2:14에는 $\lambda \upsilon \tau \rho \acute{o} \omega$; 그리고 로마서 3:24; 8:23; 고전 1:30; 골로새서 1:14; 에베소서 1:7, 14; 4:30에는 $\dot{\alpha}\pi o\rho \upsilon \tau \rho o\hat{\iota}\varsigma$이다. 세 단어가 모두 기본적으로 한 소유권에서 또 다른 소유권에로의 전환을 의미하는데, 두번째와 세번째의 경우는 노예 상태에서 자유로 전환을 의미한다. 70인역 성서에서 $\lambda \upsilon \tau \rho$는 이집트에서의 노예 상태로부터 이스라엘의 구원을 나타내기 위하여 사용된 어근이며, 따라서 바울에게 있어서 '구속'은 일종의 노예 상태로부터의 구원을 의미한다는 것은 의심의 여지가 없다. 70인역 성서에서 값에 대한 어떤 언급도 없으며, 바울에게 있어서도 고린도전서 6:20과 7:23("너희는 값으로 산 것이 되었으니")—그러나 여기서 어근 $\lambda \upsilon \tau \rho$가 사용되지 않았다—을 제외하고는 없다. 우리는 그리스도의 죽음이 사람들을 자유하게 하기 위하여 지불된 (마귀에게?) 대가였다는 개념을 바울의 것으로 해석할 수 없는데, 그렇다고 이것이 구속이 대가를 요구한다는 것을 부인하는 것은 아니다. 경우에 따라 적어도 바울은 구속을 십자가에 연결시킨다(갈 3:13; 롬 3:24; 엡 1:7; 딛 2:14). 우리가 확신할 수 있는 것은 바울이 지배 세력의 변화와 지금까지 사람들을 사로잡았던 것으로부터 그들을 해방시키는 것에 관하여 말하고 있다는 것이다.

만일 그리스도는 무엇으로부터 사람들을 구속하느냐고 질문한다면, 세 가지 대답이 있다. 첫째, 그리스도는 사람들을 율법과 그것의 저주로부터 해방시킨다(갈 3:13; 4:5). 둘째, 그리스도는 죄와 그것의 세력으로부터 해방시킨다(롬 3:23; 비고. 골 1:14; 엡 1:7; 딛 2:14). 셋째, 그리스도는 사람들에게 종말에 하나님과 함께 하는 삶의 완전한 자유를 제공한다(롬 8:23, 아마도 가장 일반적인 고전 1:30; 비고. 엡 1:14; 4:30). 화해의 경우와 같이, 비록 십자가의 역할이 몇 차례만 언급된다 하더라도 우리는 그것을 무시할 수 없으며, 따라서 이 역할을 간략하게 검토할 것이다.

해방의 수단: 칭의

특별히 종교개혁 이래로, 칭의를 바울 신학과 진실로 기독교 자체의 중심으로 간주하는 강한 해석 전통이 있었다. 비록 바울은 사람이 도덕적 혹은 종교적 성취로 (행위에 의해서) 하나님의 은총을 얻을 수 있다는 사상에 반대하여 그의 칭의 교리를 의도했다고 오랫동안 믿어져 왔지만, 지금에 와서는 그의 목표가 달랐다는 것이 훨씬 더 개연성이 있어 보인다. 우리가 하나님의 인정을 받을 수 있다는 어떤 사상(롬 4:2)에 대한 개혁자들의 증오를 바울이 공유했을 것이라는 암시가 있을 수 있지만, 그의 칭의 교훈은, 적어도 전체적으로는, 그의 개심자들에게 유대교 율법,

즉 토라를 부과하려는 어떤 시도에 반대하기 위하여 제시되었던 것으로 보인다. 이방인 개심자들이 할례를 받고, 그 후에는 토라에 온전히 순종하여 살아야 한다고 주장하는 것은, 한편으로는 그리스도와 그를 믿는 믿음이 충분하지 않다고 말하는 것이며, 다른 한편으로는 오직 유대인들만이 혹은 유대인이 되려고 하는 사람들만이 하나님의 백성 안에 포함될 수 있다고 말하는 것이다 (갈 2:11-21; 위의 '해방의 수단: 믿음과 은혜'와 다음 6장의 '율법은 구원할 수 없다'를 또한 보라). 하나님의 백성으로 받아들여지는 것과 하나님의 은총 안에 있는 것은 동전의 양면이라는 사실도 추가할 수 있다(갈라디아서를 보라).

따라서, 바울에게 있어서 하나님께로 받아들여지는 유일한 요구는 그리스도를 믿는 믿음이다. 이것이 '이신칭의'이다. 수세기 동안 그것의 핵심적 의미에 대한 논쟁이 있어 왔지만, '의롭다 하다'는 동사(명사형 '칭의'는 드물고, 오직 로마서 4:25과 5:18에서만 발견된다)는 관계의 회복과 관계가 있으며, 새로운 성품의 확립과 관계가 있는 것은 아니다. 때때로 이 동사는 '의롭게 하다'가 아니라 '의롭다고 선포하다'를 의미하는 말로 표현된다 (헬라어에서 '의로운'과 '의롭다 하다'는 동족어이다: δίκαιος 와 δικαιόω). 그 동사를 이런 의미로 이해하는 것의 어려움은 하나님이 바르지 않은 사람을 바르다고, 즉 문제 있는 사람을 의롭다고 선포하는데 있다. 이것은 여기서 '의롭다'는 말이 '바른 관계에 있다'는 것을 의미한다고 말함으로써 수정될 수 없는데, 왜냐하면 그것은 그 단어가 의미하는 것이 아니기 때문이다. 기본적인 문제는, 어떤 사람을 의롭다 하는 것이 그 사람을 법정에서 무죄로 선언하는 것과 같이, '의롭다 하다'는 동사의 기존의 법정적 배경을 너무 많이 고려한다는 것이다. 히브리어 동사 ṣdk에 상응하는 것으로서 '의롭다 하다'의 70인역 성서의 용례는 법률적 혹은 법정적 언급이 여러 언급들 중 하나에 불과하고, 그 모든 언급들이 때때로 여호와와의 관계를 포함하여 가족 혹은 지파 혹은 국가 내에서 건전한 관계의 회복에 집중한다는 것을 보여준다. 게다가, 법률적 배경이 부각될 지라도, 문제가 된 법률 체제는 무죄나 유죄를 선고하는데 관심을 두기보다는, 계약 공동체 내에서 그릇된 것들을 바르게 만들고 백성들로 하여금 그들의 적절한 위치에 회복시키는 것에 더 관심을 둔다. 따라서 바울에게 있어서 칭의는 사람들로 하여금 하나님과의 적합한 관계로 회복시키는 행위이다. 이런 의미는 용서의 개념에 가까운데, 로마서 4:6-8에서는 그것이 실제로 동일한 의미로 제시된다.

어떤 사람들은 이러한 의미 이상으로 의롭다 하심을 받은 사람에게서 보여지는 긍정적이고 질적인 변화를 보기를 원했지만, 바울이 그러한 변화를 말할 때에, 그는 칭의의 언어를 거의 사용하지 않는다. 칭의는 엄격히 말하여 교제권 안으로의 받아들임과 회복이지, (비록 그것이 뒤따른다 할지라도) 성품의 변화는 아니다. 우리는 칭의가 전체의 일부라는 것, 그리고 성품과 행실의 변화에 관심을 두는 다른 신학적 사상들로부터 고립될 수 없다는 것, 그러나 칭의 그 자체로는 이러한 것들을 가리키지 않는다는 것을 볼 것이다.

로마서 1:17은 칭의에서 나타나는 것과 같은 그런 하나님의 은혜로운 활동 배후에는 하나님의 의가 있다는 것을 보여준다. 하나님의 의는 무죄한 사람들을 보상해 주고 범죄한 사람들을 징벌하는 협의의 의미에서 하나님의 정의가 아니라, 그의 계약의 백성을 향한 하나님의 신실함이다. 실질적으로 이것은 자주 하나님의 구원하시는 활동을 의미하는데, 그것은 이제 하나님이 믿을 가진 모든 사람들, 즉 따라서 유대인이든 이방인이든 아브라함의 참된 자녀가 된 모든 사람들을 구원하기 위하여 활동하시는 예수 그리스도의 복음 안에서 분명히 나타나고 있다. 하나님으로 하여금 합당하지 않은 사람들을 의롭게 하는 것이 하나님의 의이다

(롬 3:21ff). 이 장의 마지막 부분에서 우리는 신자들이 그리스도 안에서 역사하는 하나님의 의로 인도되어 그것을 공유한다는 것과, 또한 이것이 완전히 새로운 존재를 가능하게 한다는 것을 바울도 역시 믿고 있다는 것을 살펴 볼 것이다.

이제 그리스도 안에서 명백하게 나타난 하나님의 의에서 유래한 칭의는 바울 사상 내에서 칭의의 위치를 파악하는 데 도움을 준다. 슈바이쳐(Albert Schweitzer)가 칭의를 하나의 보조적 분화구(subsidiary crater)라고 불렀을 때, 그것은 너무 지나친 견해이다. 칭의는 갈라디아서와 로마서의 상당 부분을 차지하고, 빌립보서 3장과 골로새서 6:11에도 나오며, 아무튼 사람이 하나님과 맺는 관계 문제는 결코 보조적인 것이 될 수 없다. 그럼에도 불구하고, 칭의 중심에는 그리스도의 인격이 있어서, 이신칭의를, 그리스도와 무관하게 간주할 있는 것으로서, 단순히 하나님께 받아들여짐을 위한 새로운 절차로 생각하는 것은 왜곡일 것이다. 칭의는 오직 그리스도 안에서 또한 그를 통하여 일어나며, 결국은 그리스도에 관하여 말하는 방식이다. 그러나 칭의는 본래적으로 하나님과의 관계 문제였는가, 그리고 본질적으로 하나님과의 관계 문제인가, 혹은 우선적으로 공동체 내에서의 관계들을 다루기 위하여 제시되었는가?

칭의 교리가 갈라디아서에서 나오는 논쟁에서 발전했다는 것, 또한 바울이 먼저 '어떻게 내가 은혜로운 하나님을 발견할 수 있는가?' 는 질문에 대답하기 위해서가 아니라, '어떻게 유대인과 이방인이 한 공동체 내에서 함께 살 수 있는가?' 는 보다 직접적인 질문에 대답하기 위하여 칭의 교리를 제기했다고 말하는 강력한 견해가 제시될 수 있다. 유대인들은 그들이 먹을 수 있는 음식에 제약을 받았고, 이것이 이방인 기독교인들과의 식탁 교제를 나누게 되었을 때 문제를 일으켰다. 그러한 이방인들은 교회의 일치와 단일한 교제를 보존하기 위하여 할례를 받고 율법을 지켜야만 하는가? 그리스도에게 이르는 두 길, 즉 하나는 유대교 속으로 완전히 들어가서 율법을 폐기하지 않고 예수를 메시아와 주님으로 인정하는 길, 또한 다른 하나는 믿음이라는 직접적인 길을 통하여 예수에게 나아가는 길이 있는가? 간단히 말해서, 이방인들은 유대교적 관문을 통해서만 기독교인이 되어야 하는가? 칭의를 상세하게 다루는 첫번째 편지인 갈라디아서는 이러한 성격의 공동체 문제를 다루는데, 2장이 특히 그것을 보여준다. 공동체의 서로 다른 분파들 사이의 교제가 쟁점이지, 개인이 하나님과의 바른 관계로 회복되는 것이 쟁점은 아니며, 혹은 그것이 적어도 일차적인 쟁점은 아니다.

바울의 직선적인 대답은 이방인들이 기독교인이 되기 위하여 할례를 받을 필요도 없고 받아서도 안 된다는 것이다. 그리스도 안에 있다는 것은 할례와 무할례가 중요하지 않은 새로운 피조물 안에 있는 것이다(갈 6:15). 그러나 논의가 공동체의 문제로 시작하고 종결되는 과정에서, 바울은 하나님께 대한 개인의 관계라는 질문에서 그 문제를 다룬다. 할례와 율법을 주장하는 것에 포함된 문제는 그 주장이 그리스도를 중심에서 몰아내고, 인간 편에서 유일한 요구로서의 믿음을 대체시킨다는 것이다. 이방인 개심자들이 할례를 받아야 한다고 요구하는 것은 할례도 역시 구원을 위하여 필수적인 것임을 암시한다. 갈라디아서 3:10에 나오는 "무릇 율법 행위에 속한 자들은 저주 아래 있나니"를 읽을 때, '무엇을 위하여 율법의 행위에 의존하는가?'라고 질문할 수 있다. 그것은 단순히 공동체의 좋은 일원이 되기 위한 것이 아닌데, 왜냐하면, 보다 더 개인적인 어떤 것이 문제가 되기 때문이다. 실제로 2장에서 논의는 공동체 관계에서(14절까지) 개인이 그리스도를 통하여 하나님과 가지는 관계성(16-21절)에로 전개된다.

16절에 따르면, "사람이 의롭게 되는 것이 율법의 행위에서 난 것이 아니라, 오직 예수 그리스도를 믿음으로 말미암는다"라고 언급된다. 하나님께 받아들여짐이 오직 예수 그리스도와 그를 믿는 믿음을 통해 온다면, 그것은 할례와 그것에 뒤따르는 토라의 준수를 통하여 오지 않는다. 바울은 받아들여짐을 위하여 그리스도를 믿는 믿음이 하나님께 받아들여짐을 위한 필수 조건일 뿐 아니라 충분 조건이라고 믿고 있기 때문에, 심지어 율법처럼 거룩한 어떤 것도 추가적인 조건으로 부가될 수 없으며, 따라서 5:4절에서는 "율법 안에서 의롭다 함을 얻으려 하는 너희는 그리스도에게서 끊어지고 은혜에서 떨어진 자로다"고 말한다. 이방인들이 그리스도를 믿는 믿음을 가지는 것 외에 할례와 율법을 수용하기를 바라는 사람들은 실제로 그리스도의 주권을 거부하고, 또한 믿음에 어떤 것을 추가하는 것이 아니라 믿음 자체를 대체시키기를 제의하고 있다. 이것이 이방인들이 할례 받는 것을 필요로 하지 않을 뿐 아니라 할례 받지 말아야 하는 이유이다.

그래서, 갈라디아서에서 공동체와 관계된 쟁점은 하나님께 이르는 길에 관한 쟁점으로 곧바로 연결된다. 로마서에서도 역시, 비록 언뜻 보기에는 초점이 연대적이기보다는 개인적인 것에 있는 것처럼 보이지만, 사실 그 두 국면들은 불가분리적으로 연결되어 있다. 로마서 1:16-3:20을 개개인의 죄악됨이 아니라 그 죄악됨이 모든 사람, 즉 이방인은 물론 유대인에게도 고유하다는 것을 설명하기 위하여 의도되었다고 보는 좋은 경우가 있다. 교회와 회당, 역사적 이스라엘과 기독교 공동체 사이의 관계성을 심층적으로 다루고 있는 로마서 9-11장도 역시, 그 서신이 적어도 개인이 어떻게 하나님 앞에 의롭다 함을 받을 수 있는가에 못지 않게 누가 하나님의 백성인가에 관한 것임을 보여준다. 따라서 로마서에서, 죄로 인한 인간의 죄성이라는 비참한 상황은 개인을 위하여 그리고 공동체를 위하여 그리스도를 통해서만 해결될 수 있는데, 그리스도는 그를 신뢰하는 사람들에게 임할 값없는 의롭다 하심을 가능하게 한다(롬 3:23f).

바울은 이 모든 것을 근본적으로 새로운 어떤 것이 아니라고 생각한다. 그것은 아브라함만큼이나 오래되었고, 이제는 그리스도에 의해서 보증되고 성취되었다(로마서 4장과 갈라디아서 3장). 아브라함은 그가 이삭을 통하여 한없이 많은 사람들의 조상이 된다는 약속을 믿었기 때문에, 하나님께 의롭다 함을 받았는데(창 15:6), 그리고 이것은 그가 할례를 받기 이전에 되어졌다. 하나님이 요구하는 것은 이전이나 지금이나 믿음의 길이지, 할례나 그것이 나타내고 수반하는 율법 준수의 길이 아니다.

그리스도의 희생적 죽음

화해, 구속, 그리고 칭의는 모두가 우리를 십자가로 인도한다(롬 3:24; 갈 2:20을 보라). 어떤 면에서 그것들은 그리스도의 죽으심으로 발생한다. 물론, 희생의 범주들은 십자가에 관하여 언급하기 위하여 사용된 유일한 것들은 아니다: 부활과 더불어, 십자가는 그리스도께서 어두움의 권세들에 대항하여 싸워 승리한 전투이며(롬 8:32-9; 비고. 골 2:15), 그의 백성이 공유하고 있는 승리다; 그리스도의 백성은 또한 율법의 저주에 대한 그의 승리를 참여한다(갈 3:10-14). 다시, 십자가와 부활의 신학에 대한 바울의 주요한 공헌은 신자들이 십자가와 부활에 참여한다는 것이며, 또한 이것이 다음 항의 주제가 될 것이다. 그럼에도 불구하고, 비록 바울이 우리를 위한 그리스도의 죽음이라는 사상을 결코 상세하게 기술하지 않고, 그 개념이 이해될 것으로 단순히 가정하고 있을지라도, 그는 종종 그리스도의 죽음을 '우리를 위한' 것으로 말한다(예. 고전 15:3; 롬 4:25). 이와는 대조적으로, 그리스도와 함께 죽는 것과 살아나는 것은 다소 상세하게 그의 전체 신학에 배어 있다. '우리를 위한' 그리스도의 죽음이라는 사상은 아마 바울이 물려받은 공통적인 기독교 신념이었을 것이다: 확실히 로마서 3:25과 고린도전서 15:3은 바울이 아마도 전승 자료를 인용하고 있는 구절들이다. 그러므로 이 사상이 특별히 바울에게서 기원했다고는 거의 볼 수 없다.

대리적 고난과 죽음이라는 개념은 이방인 기독교인들에 전혀 문제가 되지 않을 정도로 당대의 헬레니즘 세계에 일반적이었다. 기독교 메시지에 관하여 새로웠던 것은 그리스도의 죽음이 모든 사람의 죄를 위한 희생이었다는 것, 그의 죽음은 보편적인 효과를 가진 다는 것, 그리스도를 통해 그 보편적 효과를 끼치는 분은 하나님 자신이며, 하나님이 단순히 분노를 가라앉히셔야만 했던 것은 아니라는 것, 그리고 그리스도의 죽음이 세계의 임박한 종말에 대한 기대 속에서 선포된다는 것이다. 희생의 개념은 유대교에서도 역시 깊이 뿌리 박혀 있다. 성전의 제사 체계는 죄를 다루는 유일한 것은 아니었지만 그래도 한 수단이었고, 또한 히브리서 10장에서처럼 그리스도의 죽음이 성전 의식이 성취하려고 의도했던 것을 더 효과적으로 성취하는 온전한 제사로 간주되어야 하는 것은 필연적이었다.

로마서 3:23-6에서 바울은 칭의와 구속의 과정에서 그리스도의 죽음에 중요한 위치를 부여한다:

> 모든 사람이 죄를 범하였으매 하나님의 영광에 이르지 못하더니, 그리스도 예수 안에 있는 구속으로 말미암아 하나님의 은혜로 값없이 의롭다 하심을 얻은 자 되었느니라. 이 예수를 하나님이 그의 피로 인하여 믿음으로 말미암는 화목 제물로 세우셨으니, 이는 하나님께서 길이 참으시는 중에 전에 지은 죄를 간과하심으로 자기의 의로우심을 나타내려 하심이니, 곧 이 때에 자기의 의로우심을 나타내사 자기도 의로우시며 또한 예수 믿는 자를 의롭다 하려 하심이니라.

이 구절은 바울이 1:18 이후에서 범죄로서의 죄의 성격과 노예 상태로서의 죄의 성격을 요약하고 있는 죄의 이중적 궁지에 대한 그의 대답으로 제시된다. 그 대답은 하나님의 의인데, 그 의는 하나님의 구원하시는 활동인 동시에 신자들을 이끌어 그들도 역시 의롭게 만드는 능력(21절 이하)이다. 하나님의 구원은 전전으로 은혜에 의하여 어떤 대가도 없이 하나의 선물로서 임하며(24절 상), 또한 절박하게 구원을 필요로 하는 사람들을 하나님 받아들이는 결과를 낳는다(26절 하). 그 과정에서, 죄들은 간과되거나 용서되는데(25절 중), 하나님께서 죄들에 대해 관심을 갖지 않기 때문이 아니라, 하나님께서 죄들을 처리하는 유일한 방식을 가지고 있기 때문이다: 하나님의 의는 죄를 용서할 뿐 아니라 참된 삶과 선함을 회복시킨다(비고. 22절).

바울이 여기서 이전의 하나의 전승 자료를 사용하고 있다는 것을 의심할 수 있는 몇 가지 이유가 있다. 하나는 어떤 저자가 인용을 시작할 때 발견되는 것으로서 일종의 어색한 문법적 연결들이 있다는 것이고, 다른 하나는 24절 이하에서 특별히 25절에 나오는 '속죄 제물'과 같은 특이한 단어들이 나온다는 것이다. 아무튼 그 기원이 무엇이든 간에, 바울은 그 자료를 존중하면서 사용한다. 대답을 제시하기 위하여 사용되는 중심적 질문은, 일반적으로 죄와 의로움이 문제가 되지 않는다는 암시 없이, 어떻게 하나님이 이처럼 값없이 그리고 무조건적으로 죄들을 용서할 수 있고, 또한 죄인들을 교제와 생명으로 회복시킬 수 있느냐는 것이다. 우리가 방금 살펴보았듯이, 바울의 대답은 부분적으로는 죄를 다루는 방식을 발견함으로써 죄가 얼마나 중요한 문제이고, 또한 의에 이르는 방식을 제공함으로써 의가 얼마나 중요한 문제인가를 바울이 보여준다는 것이다. 그 대답은 또한 부분적으로는 24절 이하에서 그리스도의 죽음에 대한 바울의 제시에도 있다.

'속죄 제물'로 번역된 단어는 $ἱλαστήριον$인데, 그것은 또한 때로는 '화목 제물' 혹은 심지어 '속죄소'로 번역된다. 화목 제물은 하나님의 진노를 누그러뜨리는 행동이다: 이것은 하나님을 향한 것이다. 속죄 제물은 죄인에게서 죄를 제거하는 것이고, 그래서 인간을 향한 것이다. 그 두 개념 사이의 차이는 이루어진 것에 있기보다는 그것들의 의도와 대상에 있다. 속죄소는 성전의 지성소에서 있는 언약궤의 덮개다. 그것은 하나님의 임재와 하나님이 이스라엘의 죄들 용서하는 것에 특별히 초점을 둔 것으로 간주되었는데, 왜냐하면 그것은 이스라엘이 연대적으로 그들의 죄들을 고백하고 하나님의 용서를 받는 날인 속죄일에 드리는 의식을 거행하는 장소였기 때문이다.

따라서 25절에 나오는 그 단어는 십자가 상에서 하나님이 전적으로 받아들이실 만한 것으로 인정한 희생 제사를 통해 하나님의 분노가 인간에서 떠나갔다는 것(화목 제물), 십자가에서 하나님이 죄를 다루시는 수단을 찾았다는 것(속죄 제물), 그리고 사람들을 향한 하나님의 자비의 초점과 현시(顯示)가 십자가에서 나타났다는 것(속죄소)을 의미한다고 다양하게 주장되어 왔다. 각 주장을 지지하는 사람들이 있었는데, 어떤 주장이 올바른 것인지 확신하기 어렵다. 어려움의 일부는 바울의 서신에서 성전-영상이 희귀하다는데 있다: 성전-영상은 이 구절들에서와 같이 그렇게 분명하게 나오는 경우가 거의 없는데, 이 사실은 바울이 기존의 전승에 담긴 공식화된 표현을 인용하고 있다는 견해를 지지한다. 25절에 나오는 '세우셨다'라는 단어 역시 전문적인 희생 제사의 용어일 수 있다. 질문은 그 희생 제사의 용어가 어떻게 이해되었는가 하는 것이다.

화목 제물이라는 대답은 아마도 가장 타당성이 적어 보이는데, 왜냐하면 비록 신들을 달랜다는 개념이 헬레니즘 세계에서 일반적이었을지라도, 유대교에서는 그것이 일반적이지 않았기 때문이다. 유대교에서는 하나님의 태도를 바꾸는 것보다는 죄인들을 정결케 하는 효과에 강조점이 있었다. 게다가, 바울은 실제로 십자가와 하나님의 진노를 관련시키지 않은 것으로 보이는데, 그런 표현은 진노로부터 구원받는 것이 그의 피로 인하여 의롭다 하심을 얻는 것 후에 나오고, 또한 그렇게 구원받는 것이 십자가 그 자체가 성취하는 것이 아니라는 로마서 5:9에서도 그렇고, 그리고 장래의 진노로부터 구원하는 것이 바로 부활이라고 말하는 데살로니가전서 1:10에서도 역시 그렇다. 바울은 십자가가 하나님의 분노를 진정시키기 위해 필수적이었다고 결코 말하지 않는다.

바울의 사상은 의로운 순교자의 죽음이 이스라엘에게 정결케 하는 효과를 가져온다고 믿어진 의로운 순교자의 사상에 상당히 빚지고 있다는 주장이 점점 더 제기되고 있다. 마카비 4서 17:22에서, 유대교적 충성으로 인한 일곱 형제의 죽음은 그렇게 해석된다: "…그들은 마치 민족의 죄들을 위한 대속물처럼 되었다: 그리고 이 의로운 사람들의 피와 그들의 속죄적 죽음을 통하여, 하나님의 섭리는 지금까지 악으로 인하여 고난받은 이스라엘을 구원했다…" '속죄적'으로 번역된 단어는 $ἱλαστήριον$이다. 마카비 4서가 바울 서신보다 후대의 것이지만, 유사한 사상들이 당대의 문헌에 잘 제시되어 있으며, 또한 바울과 그 밖의 다른 기독교인들도 그 사상들을 알고 있었던 것으로 보인다. 따라서 그리스도의 죽음은 의로운 순교자들의 죽음이 이룬 것을 더 효과적으로 그리고 보편적으로 이루고 있는 것으로 이해되었을 수 있지만, 충격적인 점은 그 죽음이 십자가에 못박히고—그래서 저주받은—메시아의 죽음이라는 것이다. 그러므로 로마서 3:25 배후에는 성전 의식 뿐 아니라 순교자 신학이 있을 수 있다. '우리를 위한' 그리스도의 죽음에 관한 다른 구절들도 같은 영향을 반영할 수 있다.

바울이 이삭의 결박에 대한 사상(창 22장)을 취했다는 이론과 관련하여 한 단어를 추가하는 것이 필요하다. 그 결박은, 비록 이삭의 결박이 아브라함이 사랑한 외아들의 죽음으로 끝나지는 않았을지라도, 심지어 아브라함이 가장 사랑한 것까지도 희생 제사로 드리려는 자원함 때문에 일부 유대교 사회에서 완전하고 원형적인 제사로 간주되었다. 그 결박의 사상은 아마 의로운 순교자 사상만큼 바울에게 영향을 주지는 않았을 것이지만, 로마서 8:32절 배후에 있을 수 있다.

그리스도와 함께 죽는 것과 살아나는 것

비록 바울이 '우리를 위한' 그리스도의 죽음을 나타내는 공통된 초기 기독교 전승을 사용하고 있을지라도, 그가 자세히 묘사하는 것은 그리스도와 *함께* 죽고 살아난다는 사상이다. 우리는 그리스도를 능력으로 보는 것과 또한 새 생명을 그 능력 안에 들어가서 죄와 죽음으로부터 벗어난 것으로 바울이 이해한 것을 잊은 듯하다. 칭의와 그리고 우리가 십자가에 관하여 말해 온 것은 사실 속박으로부터의 해방보다는 범죄와 그 책임에 더 관련되었다. 우리는 지금까지 죄의 한 국면과 그것에 상응하는 구원의 국면에 집중해 왔는데, 이제는 또 다른 국면, 즉 그것으로부터의 해방이 이제 가능하게 된 노예 상태의 국면으로 옮겨간다. 일부 해석자들은 바울에게는 두 종류의 구원 언어, 즉 법정적 언어(특히 칭의)와 신비적 언어(특히 그리스도와 함께 죽고 그 안에서 사는 것)가 있다고 주장해 왔다. 때때로 둘 중에 하나를 그 다른 것보다 더 강조하기 했지만, 바울 자신은 아무 문제도 없었다는 것을 보여준다. 바울이 죄를 자발성과 비자발성의 두 국면 아래에서 이해하는 것과 같이, 그는 구원을 새로운 상태, 즉 새로운 관계는 물론 새로운 존재, 즉 새로운 삶의 방식을 제공하는 것으로 이해한다. 바울은 두 국면들을 구별하지 않고, 오히려 병행하여 다룬다.

옛 속박으로 벗어날 때에, 사람들은 그들의 죄가 용서함 받고, 하나님과의 관계가 바르게 될 필요가 있지만, 그 후에는 그런 상태로 유지하는 것이 필요하다. 용서는 유대교에서 일반적인 주제였고, 회개, 성전 의식, 고난, 그리고 죽음 속에서 얻을 수 있는 용서의 수단이 있었다. 비록 물론 그리스도는 용서를 강조하는 분으로 이해되었을지라도, 사람들은 용서를 소개하기 위하여 그리스도를 필요로 하지 않았다. 옛 속박에 대한 죽음과 하나님이 주시는 새로운 자유 속으로 들어간다는 바울의 선언은 새로운 발전이었다. 로마서에서, 칭의가 믿음에 의한 것이지 율법 준수에 의한 것이 아니라는 것을 논의하고(3-4장), 화해와 두 아담의 대조적인 효과에 관하여 언급한 후에, 바울은 6장에서 이신칭의가 도덕성의 기초를 뿌리째 위태롭게 한다는 비난을 다룬다. 실제로 바울은 그가 새로운 상태 그 이상의 것에 관해 말하고 있다는 암시를 이미 제시하였지만, 이제 그는 그리스도께서 가져오는 삶의 갱신의 묘사에 집중한다. 바울은, 만일 하나님께서 우리의 도덕적 업적에 기초하여 우리를 받아들이지 않는다면, 그렇다면 우리가 도덕적이든지 비도덕적이든지 간에 그것이 문제가 아니라는 주장에 대하여 놀라움으로 반응한다(2절). 그리스도께 믿음으로 반응해서 의롭다 함을 받은 사람들은, 바로 그 반응으로 말미암아 죄에 대하여 죽었고, 더 이상 그 권세 아래에서 살지 않는다(1절 이하).

바로 이 부분에서 우리는 바울이 침례(세례)에 관한 바울의 유일한 실질적인 신학적 주장을 발견한다. 바울은 침례를 씻음(고전 6:11)과 그리스도의 소유물이 되는 것(고전 1:12-17)으로 생각할 수 있지만, 여기서 그는 침례를 그리스도와 함께 죽고 그와 함께 살아나는 것을 전달하는 것으로 이해한다(롬 6:3f). 물론 세부 사항들이 강조될 수 없다: 침례 받은 사람들은 물 속에서는 나왔지만, 아직 죽은 자들 가운데서 부활한 것은 아니며(4절), 침례 받는 사람이 물 속에 완전히 잠김은 옛 삶에 대한 죽음을 나타내는 것으로 보이는 지는 확실하지 않다. 그러나, 모든 옛 권위들, 지배들, 그리고 세력들에 대하여 죽는 그리스도와 연합된 한 죽음이 있다(2-7, 11절). 그 결과는 그리스도 자신에게서와 같이 새 생명이지만, 이 생명의 완전한 실현은 그리스도에게는 이미 일어났지만, 신자들에게는 아직 일어나지 않은 부활을 기다리고 있다(4절 이하, 8절 이하). 그럼에도 불구하고, 그리스도와 함께 죽은 신자들은 살아날 될 것이며, 그 동안에는 자신들을 원칙적으로 이미 새로운 생명에 들어간 것으로 간주해야 한다(11절). 신자들은 그 자신들을 한 지배권으로부터 또 다른 지배권에로 옮겨져서, 죄의 지배권 아래에 있던 옛 사람이 더 이상 존재하지 않는 백성으로 간주해야만 한다(6-8절).

바울은, 만일 신자들의 존재가 이러하다면, 그들은 그것에 합당하게 살아야 한다고 계속하여 말한다(12-23절). 신자들은 자신들을 옛 주인인 죄 대신에 새 주인이신 그리스도(혹은 의)에게 전적으로 순종해야 한다(12-14, 16-20절). 게다가, 죄의 지배의 결말이 죽음이듯이, 새로운 지배의 결말은 영원한 생명이다(21-3절). 그리고 나서 7장에서 바울은 남편의 지배에서 벗어난 과부의 자유와 율법에서 벗어나고 또한 율법을 이용하는 죄에서 벗어난 기독교인의 자유를 비교한다(5, 8절 이하, 11절). 죽음은 옛 지배들로부터 자유케 한다(유비가 부정확하지만 요점은 분명하다). 바울은 절대적 자유가 아니라 성령 안에서 섬기는 자유를 생각하고 있다(6절). 모든 다른 권세들이 정복된 후에, 율법이 추구했던 하나님께 섬김이 마침내 가능하게 된다(롬 8:4, 38 이하).

우리는 헬레니즘적 신비 종교가 로마서 6장에 나오는 그리스도와 함께 죽고 함께 살아나는 것의 사상에 대한 배경을 어떤 명확한 방식으로 제시한 것 같지 않음을 보았다. 오래 전에 슈바이쳐(Albert Schweitzer)는 중심적인 사상이 그리스도의 죽음과 부활이 옛 세대의 종결과 새로운 세대의 시작을 표시하고, 그래서 그리스도와 함께 죽는 것과 함께 사는 것이 악의적 권세를 가진 옛 세대를 떠나 하나님의 능력 아래 있는 새 세대로 것에 들어간다는 것으로 주장했다.

만일 '그리스도 안에'에 대한 우리의 해석이 타당하다면, 논리적 불일치를 명백하게 의식하지 않으면서, '그리스도 안에'를 그리스도와 *함께* 죽은 것과 나란히 놓는 것은 놀라운 일이 아니다. 죽는 것과 살아나는 것에 관한 핵심적 구절의 첫번째 처음 절정(6:11)에는 다음처럼 기록되어 있다: "이와 같이 너희도 너희 자신을 죄에 대하여는 죽은 자요 그리스도 예수 안에서 하나님을 대하여는 산 자로 여길지어다." 두 종류의 표현들이 고린도전서 15:22; 고린도후서 5:14, 17, 21에서도 혼합되어 있다. 사실상, 그리스도와 함께 죽는다는 것은 그리스도 안에 존재하게 되는 방식인데, 왜냐하면 '그리스도와 *함께* 죽는 것'은 옛 지배에서 전환을 두며, 또 '그리스도 안에 있다는 것'은 그 전환의 결과인 그리스도라는 새 권세 아래에 있는 존재에 관심을 두기 때문이다. 핵심적인 것은 그리스도를 향한 반응인 믿음이다: 믿음으로 사람은 하나님 앞에 의롭다 함을 받고, 또한 하나님과의 바른 관계로 회복된다: 정확하게 바로 그 믿음으로 사람은 옛 권위와 목표와 권세에 대하여 죽는다: 또한 믿음으로 사람은 그리스도 안에서 새 생명을 발견한다.

새 생명

　새로운 권세 안에서의 생명은 영원하고, 또 그것은 육신의 죽음에 의해서 파괴될 수 없다(롬 6:23). 부활은 하나의 미래적 사건으로 남아 있지만, 그래도 부활은 그 실현에 앞서 그 그림자를 드리운다. 골로새서 3:1의 언급이 바로 그것을 말해 준다: "너희가 그리스도와 함께 다시 살리심을 받았으면, 위엣 것을 찾으라. 거기는 그리스도께서 하나님 우편에 앉아 계시느니라." 그러나 심지어 여기서도 부활은 아직 일어나지 않았으며, 단지 소망의 대상으로 언급될 수 있다는 것이 그 서신의 다른 부분을 볼 때에도 분명하다(2:6, 12을 보라). 부활의 현재적 미완성은 골로새 신자들의 삶에서도 분명하다(2:21f; 3:5ff). 고린도전서 15장에서 바울은 불완전한 삶에서 성취된 삶으로, 즉 더 이상 기대의 대상이 아니라 실현된 생명으로 초점을 옮긴다. 여기서 언급되는 부활 교훈의 의미를 모두가 동의하는 것은 아니며, 앞으로 제시될 설명은 유일하게 가능한 것도 아니지만, 적어도 이해될 수 있는 것이다.

　우리는 σῶμα, 즉 '몸'이라는 단어를 고찰함으로 고린도전서 15장에 대한 검토를 시작한다. '소마'는 물론 다른 곳에서는 신체적 몸의 의미로 사용되기도 하지만, 단순히 그것만을 의미할 수 없으며; 또한 로마서 12:1에서는 아마 인간 자신의 의미로 사용되지만, 단순히 그것만을 의미할 수도 없다. 고린도 교회의 헬레니즘 성격의 견지에서는 놀라운 것이 아닌데, '소마'는 '외적 형태,' 혹은 '육화(肉化),' 아마 더 좋은 표현으로는 '인성(人性)이 전달되고 표현되는 방식'과 같은 어떤 것을 의미한 것으로 보인다. 이 구절에서 바울은 두 개의 정반대의 함정을 피하려고 노력하는 것으로 보인다: 한편으로는 전적으로 육신을 벗어버린 미래 삶의 함정과, 다른 한편으로는 현재의 신체적 삶의 연장으로서의 미래 삶의 함정이다. 인성은 지속되고, 그래서 한 인성을 또 다른 인성으로 교환하는 것에는 질문의 여지가 없는데, 그것은 마치 한 사람이 죽고 아주 다른 사람이 살아나는 것과 같다. 오히려, 사람들은 한 형태로 죽고, 또 다른 형태로 살아나는데, 이것은 소마($\sigma\hat{\omega}\mu\alpha$)가 '인성'만을 의미할 수 없고, '신체적 몸'만을 의미할 수 없다는 것을 가리킨다.

바울 시대에, 죽음 이후의 생명은 다른 집단의 사람들에 의해서 다르게 인식되었다. 헬라적 영향 아래서, 일부 사람들은 신체를 벗어난 상태, 즉 영혼의 불멸성을 생각했다. 일부 사람들은 엄격한 의미에서의 신체적 부활을 생각하였을 것이지만, 많은 유대인들은 일종의 변형된 몸을 생각했다. 바울은 죽음 이후에 신체를 벗어난 생명 사상을 유지하지 않는데, 그것은 그가 벗은 형태의 것으로서의 이러한 생명에 대한 유대교적 혐오를 공유했기 때문이다(고후 5:1-4). 고린도에 있는 일부 사람들은 '부활'이라는 단어를 너무 문자적으로 간주하여, 그것을 순진하게 신체적 형태로 생각했으며, 그러므로 그것을 거부했다. 아마 그들은 고린도전서 15:12에 나오는 '부활을 믿지 않은 사람들이었을 것'이다.

바울은 두 극단을 피하고, 육화를 포함하지만 신체적 육화가 아닌 전인(whole person) 부활을 주장한다. 다른 종류의 육화들이 있으며(35-44절), 또한 부활에 포함되는 육화는 죽는 종류의 육화와는 다르다(42중-44절):

> 썩을 것으로 심고 썩지 아니할 것으로 다시 살며, 욕된 것으로 심고 영광스러운 것으로 다시 살며, 약한 것으로 심고 강한 것으로 다시 살며, 육의 몸으로 심고 신령한 몸으로 다시 사나니. 육의 몸이 있은즉 또 신령한 몸이 있느니라.

분명히 바울은 그 육화의 재료가 다르며, 또한 일상적 의미에서 신체적인 것이 아님을 의미한다. 동시에 '영적'($\pi\nu\epsilon\nu\mu\alpha\tau\iota\kappa\acute{o}\nu$)이란 단어는 하나님이 주시는 것이지, 자연스럽게 얻는 것이 아님을 나타낸다. 신령한 몸은 육과 혈의 요소가 아니라 하나님과 함께 한 새 생명이 필요로 하는 새로운 조건들을 위하여 하나님께서 제공하시는 것이다. 확실히 이것은 많은 대답되지 않은 형이상학적 질문을 남기지만, 그것은 바울이 말하려고 원했던 바를 말한다.

그러나 성령 안에 있는 삶이 그 신령한 $\sigma\hat{\omega}\mu\alpha$ 안에서의 삶에 앞서 이루어질 수 있고 또 그렇게 되어야 한다는 것을 제외하고, 이 모든 것은 미래적이다(참고. 롬 8:1-17; 갈 5:16-25). 그리스도 안에 있다는 것(지금)은 역시 성령 안에 있다는 것(지금)이고, 또한 sarx 안에 있다는 것의 정반대의 삶이다. 진실로 $\dot{\alpha}\rho\rho\alpha\beta\acute{\omega}\nu$인 성령의 임재와 능력은 아직 미래에 나타날 것이지만, 지금 여기서 이미 누리고 있는 새 세대 안에서의 삶의 보증이다. 우리가 이미 살펴보았듯이, 성령 안에서의 그러한 삶은 고린도전서 12:4-11, 28-30에 언급된 교회 중심의 은사들의 영역에서 열매를 맺고, 또한 갈라디아서 5:22 이하에 나오는 윤리적 열매도 맺는다. 성령은 신자들이 그 아래에서 살아가는 능력일 뿐 아니라(고전 2:4; 롬 15:13), 또한 생명을 주시는 분이며(갈 5:25), 기독교인 됨의 필수적인 표시(롬 8:9)이다. 성령은, 자유의 영으로서, 분은 죄와 죽음(롬 8:2) 및 율법(갈 5:18)과 같은 다른 권세들로부터 해방시킨다.

그러나 하나님의 능력의 영역, 즉 그의 성령 안에 있다는 것은 단순히 새로운 종속이 아닌데, 왜냐하면 기독교인들은 노예로서가 아니라 하나님을 '아빠' 아버지로 부를 수 있는 자녀로서 순종하기 때문이다(갈 4:5-7; 롬 8:14-17을 보라). 성령은 일반 사람들을 성령의 능력 안에서 생활하며 성령의 열매를 맺는 하나님의 자녀들, 즉 양자들로 변화시키는데, 현재의 양자됨은 미래에 있을 완전한 양자됨을 예고한다(롬 8:15과 23을 비교하라).

덧붙여 말하면, 우리는 이 시점에서 새 생명을 주는 성령이 인간 영에 대하여 가지는 관계에 관하여 질문할 수도 있다. 바울에게 있어서 성령은, 일반적으로 유대교에서와 같이, 특히 인간과의 의사 소통 및 인간 위에 역사하는 행동에 있어서 하나님의 영이었다. 그러므로 성령은 항상 혹은 거의 항상 대문자 'S'로 표기하는 것이 가능한데, 그것은 바울 시대에 헬라어가 대문자로 기록되어서 '성령'(Spirit)과 '영'(spirit) 사이를 구별하는 것이 가능하지 않다는 것을 기억하는 것이 필요하다. 바울의 모든 서신들은 대문자로 기록되었다. 그러나 경우에 따라 데살로니가전서 5:23에서처럼, '영'은 단순히 인간 존재의 구성 요소인 것으로 보인다: "너희 온 영과 혼과 몸이 우리 주 예수 그리스도 강림하실 때에 흠 없게 보전되기를 원하노라." 여기에서도 영($\pi\nu\epsilon\hat{u}\mu\alpha$)과 혼($\psi\nu\chi\acute{\eta}$) 간의 차이 및 인간의 영과 하나님의 영 간의 관계에 대한 질문이 제기된다(19절). 헬레니즘적 설명에 따르면, 영은 매우 고상한 하늘의 실체이고, 또한 '나의 영'은 내 안에 있는 신적인 것, 즉 하나님의 영의 일부분이면서 동일한 특성을 갖고 있는 것이다. 반면에 유대교적 전승과 바울에게 있어서, 성령은 무엇보다도 하나님의 활동인데, 그래서 그가 어떻게 인간의 영을 말할 수 있겠는가? 신자들은 하나는 하나님의 영 다른 하나는 인간의 영이라는 두 개의 영을 가지고 있는가?

  사실, 대부분의 경우 바울에게 있어서 성령은 하나님의 성령이고, 바울이 '나의' 혹은 '너의' 영이라고 말할 때 그는 우리 안에 존재하고 있는 것으로서의 신적인 생명을 의미한다. 나의 영은 나를 구성하는 것의 일부분도 아니고 나의 소유도 아니며, 내 안에서 활동하고 있는 성령이다. 나의 영이 나의 것으로 불려지는데, 그것이 성령이 나의 존재의 기초이기 때문이지, 그것이 하나님의 것이기를 중단했기 때문이 아니다. 때때로, 영이 마음과 대조될 때(고전 14:14), 혹은 하나님에 대한 기독교인의 전적인 의

존이 부각될 때(롬 8:10 이하에서, 10절의 '너의 영'과 11절의 '너희 안에 거하는 그의 성령' 간에 구분이 없는 경우처럼)와 같이, 인간의 외부로부터 작용하는 영의 기원이 강조된다. 나의 영이 실제로 하나님의 성령이라는 사실은, 기독교인 존재가 하나님의 생명에 기초한 것이지 보통 인간의 가능성에 기초하지 않다는 것을 보여준다. 그것은 또한 어디에 대문자 'S'를 써야 하는가를 어려운 점을 설명하고, 또 인사말에서 '너의 영'을 사용하는 바울의 특이한 습관을 설명하는데(갈 6:13; 빌 4:23; 몬 25), 그 인사말에서 첫 단어가 복수이고 둘째 단어는 단수이다. 바울은, 비록 그들이 다수이지만, 그들 모두를 결속시키는 오직 한 성령이 그들 모두 안에 있다는 것을 수신자들에게 상기시키고 있다.

새로운 의

바울이 '칭의'와 '의'를 상호 교환적으로 사용한다고 때때로 제안되기도 하지만, 이러한 제안은 아마도 그릇된 것이다. 칭의는 관계의 회복을 의미한다; 의는 그 회복된 관계 안에서 살아가는 방식인데, 그것은 그들의 도덕적 갱신을 포함하여 구속받은 사람들의 새로운 삶을 나타낸다. 칭의처럼, 의도 다른 어떤 것에 의하지 않고 오직 믿음에 의해서 그리고 그리스도를 통하여 이룩되는 것이다(롬 9:30-10:4). 따라서 신자의 지속적인 삶은 하나님과 그의 의에 뿌리를 박고 기초를 두고 있는데, 왜냐하면 하나님의 의(예. 롬 1:17)는 죄인을 의롭다 하여 하나님께 받아들여지도록 회복시킬 뿐 아니라, 또한 그들을 거기에 거하고 그들을 의롭게 만들기 때문이다.

이러한 새로운 의는 소유도 아니고, 자기 자신의 자원으로부터 유래한 것도 아니다. 이와는 대조적으로 새로운 의는 믿음이 존재하는 한 그리고 사람이 그리스도 안에 있을 때에만 존재한다 (참고. 고전 1:30; 고후 5:21; 빌 1:11; 3:9; 참고. 엡 4:24; 아마도 5:9; 6:14). 그리스도는 우리의 의가 되었고, 또한 그리스도 안에서 우리는 전적으로 믿음에 의존하여 하나님의 의에 이른다. 따라서 새로운 의는 칭의를 뒤따라오고, 갈라디아서 2:20 이하에서 보여지는 새로운 생활로 인도한다:

> 내가 그리스도와 함께 십자가에 못 박혔나니 그런즉 이제는 내가 산 것이 아니요 오직 내 안에 그리스도께서 사신 것이라. 이제 내가 육체 가운데 사는 것은 나를 사랑하사 나를 위하여 자기 몸을 버리신 하나님의 아들을 믿는 믿음 안에서 사는 것이라. 내가 하나님의 은혜를 폐하지 아니하노니 만일 의롭게 되는 것이 율법으로 말미암으면 그리스도께서 헛되이 죽으셨느니라

여기서 δικαιοσύνη를 유대적 문헌에 나오는 일반적인 의미를 따라 '의'로 번역하는 것이 더 좋다. 바울은 실제로 갈라디아서 2:15 이하에서 동사 δικαιόω를 사용하면서 칭의에 관하여 언급해 왔지만, 20절부터 그는 칭의에서 칭의 결과로 주어지는 새로운 삶으로 논의를 바꾸어, 칭의처럼 의는 그리스도를 믿는 믿음에 의해서만 이루어진다고 주장한다.

죄의 문제에 대한 우리의 논의에서, 우리는 바울이 죄를 잘못된 관계성은 물론 악한 권세의 지배로 간주하는 것을 발견했다. 이 구절과 로마서 5:18-21과 9:30-10:10과 같은 다른 구절에서처럼 바울이 믿음에 의한 칭의와 의를 연결시킬 때, 그는 그 문제의 두 국면 모두를 공격하고 있다. 우리는 바울이 받아들임('법정적')에 관한 언급과 새로운 존재('신비적': 다소 적합하지 않는 용어)에 관한 언급을 혼합하여 사용하는 데 전혀 어려움이 없다는 것을 다시 발견한다. 여기서 혼합은 헬라어에서—영어는 아니

지만 불어 그리고 독일어에서—동일한 어근을 가진 단어들을 병행시킴으로 이루어진다. 그리스도 안에 있다는 것은 새로운 관계를 의미하지만, 그것은 또한 도덕적으로 그리고 모든 면에서 새로운 삶을 의미한다.

결론

자연인의 삶을 통제하는 모든 것은 그리스도와 성령에 의해서, 즉 죽음보다 더 강한 생명과 죄보다 더 강한 의에 의해서 정복되었다. 죄는 용서받았고, 하나님과의 올바른 관계는 회복되었으며, 또한 삶은 지시하고 갖추게 하는 능력의 새 영역에서 진행된다. 최종적 결과는 하나님 안으로 흡수되는 것이 아니라, 하나님과 그리스도와 함께 사는 것이다(살전 4:13-17; 빌 1:23). 이 모든 것에서 그리스도의 죽음은 중심적인데, 전통적인 희생적 의미에서뿐 아니라 신자들이 거기에 동참함으로써 죄를 인한 그리스도의 죽음을 죄에 대한 그들의 죽음으로 받아들이고 공유한다는 훨씬 더 중요한 의미에서 그러하다. 그들은 그리스도와 함께 죄에 대하여 죽었으며, 또한 하나님의 모든 목적이 그리스도를 통해 완성될 때 그들이 누리게 될 삶의 일부를 예비적으로 이미 알고 있다.

십자가와 또한 기독교인이 한 권세로부터 다른 권세로 옮겨 지는 것에 대한 이러한 이해를 가장 잘 드러내는 구절은 아마 고린도후서 5:11-21인데, 거기서 바울은 하나님과의 화해에 관하여, 또한 새로운 존재, 즉 새로운 피조물에 관하여 한꺼번에 말한다. 그리스도의 죽음은 우리에게 단순히 부수적인 것이 아니다: "그리스도의 사랑이 우리를 강권하시는도다 우리가 생각건대 한 사람이 모든 사람을 대신하여 죽었은즉 모든 사람이 죽은 것이라"(14절). 그리스도는 단순히 우리를 대신하여 죽은 것이 아니라, 우리로 하여금 죽을 수 있게 하기 위하여 죽으셨는데, 이것은 그리스도께서 우리로 하여금 부활할 수 있게 하기 위하여 부활하신 것과 같다(고전 15:22; 고후 5:15).

제6장

그리스도와 율법

　우리는 여러 번 율법 문제에 직면해 왔는데, 율법은 기독교인들이 그것의 지배로부터 구원받는 어떤 것임은 물론 '거룩하고 정의롭고 선한 것으로' 남아있는 어떤 것이다(롬 7:12, 참고 4절). 유대인으로서 바울은 구약을 읽었으며 그래서 이스라엘의 삶에서 율법의 중심적 위치를 거의 무시할 수 없었으나, 그의 신학적 체계는 어디에서도 율법의 중심성을 나타내는 것으로는 보이지 않는다. 그의 관심은 결코 신학적 요인들로부터만 생겨나지는 않았다. 안디옥에서의 대결은(제6장에서 '믿음으로 의롭다 함을 얻음에 대하여'를 보라) 실천적인 문제들을 드러내며, 또한 이스라엘에 대한 교회의 관계의 쟁점은(제4장을 보라) 그리스도인들을 그 이웃하는 회당의 유대인들을 관계시키는 문제에서 구체화되었다. 그러나 그 문제에 대처하는 바울의 시도들은 신학에 기초했으며, 우리는 이제 바울이 그것에 대해서 무엇을 말하는가를 함께 설명하고자 한다.

율법은 구원할 수 없다.

바울이 진정으로 반대한 것은 하나님께 인정받기 위하여 그 당시의 유대교가 율법을 사용하는 것, 즉 '행위로 의롭다 함을 얻는 것'이었다는 견해가 오랫동안 지배적이었다. 사람이 하나님의 은총을 받으며 하늘로 가는 길을 '획득 위하여' 공로를 쌓는 것이 크게 중시되어 왔다. 이러한 견해는 팔레스틴 유대교를 충분히 설명하지 못한다는 것이 이제는 명백한데, 팔레스틴 유대교는 사람들이 공로로 하나님의 은총을 얻을 수 있다고 생각하지 아니했다. 오히려, 하나님의 은총은, 이스라엘 편에서는 아무 공로 없이, 선택과 계약 안에서 값없이 주어진 것이었다. 율법의 역할은 여호와와의 관계를 (만들어 내기 위해서가 아니라!) 유지하기 위하여 그 계약 내에서 사는 방식을 그 백성에게 보여주는 것이었다. 율법의 역할은 일차적으로 사람들이 이스라엘의 공동체 내에서 하나의 자리를 발견할 수 있게 하는 것이 아니었다. 더구나, 완전한 순종은 기대되지도 아니했으며, 또한 하나님의 백성으로서 그의 계약 안에 머물고자 하는 근본적인 의도가 있는 한, 피할 수 없는 과실(過失)들을 위한 속죄와 용서의 수단도 있었다. 그러한 의도의 부족은 배교로까지 이어졌으며, 그리고 이 배교는 사람을 그 계약 밖으로 그래서 구원의 영역 밖으로 밀어냈다. 그럼에도 불구하고, 진정으로 율법대로 살고자 노력하였고 그들의 실수를 속죄한 사람들은 이스라엘 안에 남아 있어서 도래할 삶에서 차지할 자리를 확신했다. 공로와 과실들은 그들의 결과가 개인과 국가의 운명에 영향을 끼쳤으며, 그리고 하나님은 그것들을 하늘의 삶을 위한 합당한 자격으로 또는 합당하지 않은 자격으로 간주하지 않았다. 이 모든 것은 샌더스(E. P. Sanders)의 1977년 작품인 『바울과 팔레스틴 유대교』(*Paul and Palestinian Judaism*)에서 예리하게 강조되었다. 그는 바울과 동시대의 유대교에 대해서 관례적으로 언급되었던 많은 것을 시대에 뒤떨어진 것으로 평가했다.

만일 이것이 옳다면, 그것은 갈라디아서 2:16과 로마서 3:28 같은 구절들 속에 나오는 바울의 공격을 어떻게 설명하느냐의 문제를 우리에게 남긴다. 칭의가 율법의 행위로 말미암는다고 누가 생각하였는가? 어떤 사람들은 분명히 그렇게 생각했다: "율법 안에서 의롭다 함을 얻으려 하는 너희는 그리스도에게서 끊어지고 은혜에서 떨어진 자로다"(갈 5:4). 율법의 행위로 칭의를 믿은 사람들은 바울로부터 광범위하고 격렬한 반응을 불러일으키기에 충분할 만큼 중요한 사람들이었는데, 만일 그들이 팔레스틴 유대인들이 아니었다면, 그렇다면 그들은 과연 누구였는가?

첫번째 가능성은 우리가 방금 말해 왔던 것이 옳지 않으며, 당시 유대교는 하나님의 은총을 공로로 얻는 것을 믿었으며, 그래서 우리의 자료들은(그것들의 현재 양식은 대부분 바울보다 수 세기 이후 것이다) 잘못 이해하게 만드는 묘사를 제공한다는 것이다. 이러한 가능성은 별로 개연성이 없는데, 왜냐하면 자료의 분량 때문에, 그리고 연대가 바울 시대에 가깝게 추정될 수 있는 것이 대체적으로 그러한 가능성을 허락하지 않기 때문이다.

두번째 가능성은 앞 문장의 "대체적으로"라는 어구에서 찾을 수 있다. 그 나머지 분파와는 달리, 하나님의 은총을 공로로 얻는다고 믿었던, 한 분파의 유대교가 있었는가? 이 한 분파는 『에스드라 2서』와 시리아 어로 된 『바룩의 묵시』(*2 Apoc. Bar.*)에 의해 대표될 수 있는데, 그 문헌들에서는 많은 선행과 계명들의 준수가 구원을 위해 필수적이다. 참으로 『에스드라 2서』에서 극소수를 제외한 그 밖의 사람들이 구원받기에 충분한 공로가 있을 것인지가 의문시되었다(9:15 이하를 보라). 비록 바울이 알았던 전승이 일반적인 유대교의 전형은 아니었을지라도, 이들 두 책은 바울이 알았던 그 전승을 묘사하고 있는가? 이 가능성은 전적으로 무시될 수는 없으나, 그 가능성을 수용하는데 큰 어려움은 두 책 모두의 연대가 예루살렘 파멸(서기 70년) 이후의 것으로 추정된다는 것과, 그러므로 그런 충격적인 재난을 초래했음이 분명한 죄에 대한 중압감은 말할 것도 없고, 증가된 비관주의와 실패감을 반영한다는 것이 다. 우리는 이 비관주의와, 또한 공로로 구원을 얻는다는 이 견해를 바울 시대의 것으로 가볍게 투사할 수 없다. 더구나, 율법에 대한 바울의 공격은 극소수를 제외한 사람들에 구원을 위하여 율법의 효율성에 관한 실망으로부터 일어났다기보다는 하나님의 길은 다르다는 것, 곧 그것은 은혜와 믿음의 길이라는, 그의 확신에서 일어난 것 같다.

세번째 가능성은 바울이 팔레스틴 유대교가 아니라 디아스포라 유대교를 공격했다는 것이다. 몇몇의 저명한 人士들이 이 견해를 가졌었고, 그리고 여전히 일부 인사들이 그러한 견해를 유지하고 있다. 그러한 견해를 위한 증거는 무엇인가? 여기서도 우리는 약간의 어려움에 직면하는데, 왜냐하면 우리는 디아스포라 유대교에 대한 자료들을 별로 가지고 있지 않아서, 그 자료들이 얼마나 전체를 대표하는가를 모르기 때문이며, 또한 우리가 가지고 있는 것이 선행들로 하나님의 은총을 얻는다는 견해의 경향이 특별히 있는 것 같지 않기 때문이다. 예컨대, 필로는 그런 견해를 보이지 않으며, 또한 『솔로몬의 지혜서』도 그렇지 않다. 어떤 학자들은 70인역 성서(헬라어역 구약성서)가 히브리 성서보다 더욱 이 견해 쪽으로 기울어져 있다고 주장했다. 즉 70인역 성서의 호소가 의도적으로 더욱 보편적이기 때문에, 70인역 성서는 유대교를 하나의 도덕법으로 제시하고 또한 계약적 전망을 흐리게 하는 경향이 있는데, 그 계약적 전망 안에서 율법은 은혜로 택함 받은 백성을 위한 하나님의 지침이었다고 그들은 주장했다. 이 70인역 성서의 '도덕주의'는 아마 바울의 공격을 우리가 팔레스틴 유

제6장 그리스도와 율법 165

대교에 관하여 알고 있는 것과 조화시키려는 문제를 해결할 수도 있다: 바울 자신은 팔레스틴 유대인이었던 반면에, 그의 반대자들은 70인역 성서에 전제되어 있는 도덕주의에 의해 영향을 받은 유대교 속에서 아마 왜곡되었을 것이다. 그러나 왜 그렇게 소수의 학자들만이 그러한 방법을 따르고 있는가? 여기에는 세 가지 고려할 사항들이 있다.

(a) 바울이 그 자신에 관하여 말하는 것으로부터(예. 빌 3:4-6), 우리는 그의 삶의 터전이 팔레스틴 유대교이었다고 간주할 충분한 이유를 갖고 있다. 비록 바울이 또한 더 넓은 세상에서 다른 계통의 유대교를 알게 되었다 할지라도, 그는 여전히 계약에 대한 율법의 친밀한 관계, 즉 의무와 은혜로운 은사에 대한 의무의 친밀 관계를 잘 알고 있었을 것이다: 그는 오직 신명기에 귀를 기울여야만 했다. 더구나, 우리는 갈라디아서 4장으로부터 그가 만족하지 못한 것은 율법에 대해서 뿐만 아니라 일반적으로 이해된 바의 계약이라는 것을 보아 왔다. 유대교의 입장에 대한 그의 공격은 팔레스틴적 형태의 유대교에 대한 무지로부터 공격은 일어날 수 없다.

(b) 최근에 일련의 학문적 작품들로부터, 특히 마틴 헹겔(Martin Hengel)의 유명한 저서인 『유대교와 헬레니즘』(*Judaism and Hellenism*)에서 팔레스틴 유대교와 헬라계 유대교 사이의 선명한 구별이 유지될 수 없다는 것이 분명하게 나타난다. 디아스포라 유대교는 아마도 종종 보수적이었고 필로의 유대교와 매우 달랐던 것은 물론 팔레스틴 유대교는 헬레니즘에 의해 상당히 영향을 받았다. 전체 그림은 너무 혼합되고 혼동되어서 우리는 바울이 저런 류의 유대교가 아니라 이런 류의 유대교에 속한다고 확신할 수 없다.

(c) 최근 몇 년 동안에 많은 석의적 작품은 바울이 의미하는 바가 랍비적 유대교에 의해서 반복적으로 조명되어졌음을 보여주

었다. 만일 우리가 바울의 환경을 팔레스틴과 디아스포라 유대교 사이에서 선택해야 한다면, 전자의 경우가 압도적이다.

율법의 행위로 의롭다 함을 얻는다고 생각한 사람들에 대하여 바울의 공격을 설명하는 네번째 가능한 견해는 아주 다른 것이다. 바울의 반대자들은 결코 유대인들이 아닌 사람들로서 유대교의 교훈을 추종하는 기독교인들이었을 것이다. 갈라디아서에서조차도 바울은 유대인들이 율법의 행위로 의롭다 함을 받는 것에 몰두했다고 그렇게 많은 말로 비난하지는 않으며, 또한 바울의 반대자들은 이방인 기독교인들이었을 가능성이 아주 많은데, 그들은 양자 됨으로 받은 유산을 탐구하기 시작했으며, 또한 그들이 이제 교회 안에서 수용하도록 제의한 토라 준수에 대한 더 큰 강조를 그 양자됨에서 발견했다. 그렇게 함으로써, 그들은 그 양자됨을 왜곡시켰고, 그것을 과거 유대교에서는 없었던 것, 즉 구원을 위한 선행 조건으로 만들었다. 다른 한편에서, 만일 그들이 유대인 기독교인들이라면, 그들이 율법에 대하여 강조하는 것은 그들로 하여금 그들의 유산을 버리지 않으면서 이방인 기독교인들과 더불어 한 공동체 안에서 살 수 있게 하기 위함이었다. 불행하게도 이러한 주장은 필연적으로 왜곡되었는데, 왜냐하면 이방인들은 유대인 기독교인들이 구원을 위한 선행 조건을 계속 주장하고 있다고 간주했기 때문이다. 어느 쪽이든, 바울은 그리스도를 믿는 믿음 이외의 다른 요구에 대해 격렬히 반대했으며, 할례를 실시하고 율법을 지키자는 제의를 거부하였다. 갈라디아 교인들이 율법의 전통적 역할을 오해했다는 것은 할례가 전체 율법과 분리될 수 없으며, 그것을 지키는 것을 포함한다는 것을 설명해야 하는 바울의 필요에 의해서 제시된다(갈 5:3; 롬 2:25 이하는 로마 교회에 있었던 동일한 잘못된 이해를 가리키는가?). 더구나, 갈라디아서 3:10에서 그는 신명기 27:26의 70인역 성서를 인용한다: "율법 책에 쓰여진 모든 것을 지키지 아니하고 그것들을 행하지 아니하는 모든 자는 저주를 받을 찌어다." 히브리 본문은 보다 덜 엄격하다: "이 율법의 말씀을 행함으로 순종하지 아니하는 자는 저주를 받을 찌어다." 일반적인 랍비적 해석은 바른 의도가 요구된다는 것이었으며, 또한 바울은 율법을 지키는 것이 광범위하다는 것과 가볍게 간주되지 않아야 한다는 것을 강조하기 위하여 보다 더 정확한 견해를 취했을 수 있다.

이 가능성들 중 어느 하나도 완전하게 확신을 주지는 못한다. 그러나, 아주 분명한 것은 율법에 대한 최대의 반대는 율법이 그리스도에 대한 경쟁자가 되는 경향이 있다는 것이다(갈 5:4을 다시 보라: 의롭다 함을 얻기 위해 율법을 고집하는 것은 그리스도로부터 끊어짐을 의미한다). 바울은 당시 유대교에서 어떤 잘못된 것을 발견하기 전에 그리스도와 만났으며, 또한 그리스도께서 생명으로 인도한다고 주장하는 모든 다른 길들을 바울이 물리칠 수 있는 것은 그리스도가 인간의 궁지를 드러내고 또 해결하는 것을 그가 믿기 때문이었다.

그렇다면 율법의 자리는 무엇인가?

이 질문을 고찰할 때에, 어쩌면 어느 다른 것보다 더욱더, 우리는 현재 우리에게 주어진 편지가 쓰여진 특수한 상황과, 그리고 시종일관하게 계속되는 바울의 일관된 관점 사이의 상호작용을 기억해야 한다. 바울은 구체적인 문제들에 직면해서 일련의 무관한 입장을 취하지도 아니하고 또한 영향받지 않은 것처럼 꾸미지도 않았다. 일반적으로, 율법에 대하여 갈라디아서는 로마서보다 더욱 부정적이다.

1. 율법은 죄를 드러낸다. 이것은 긍정적 기능이며, 갈라디아서 3:22에서 의미하는 것일 수 있다:"그러나 성경이 모든 것을 죄 아래 가두었으니." 확실히 로마서 7:7에서 사람들로 하여금 죄를 깨닫게 하는 것은 율법이다. 근본적으로 잘못됨의 상태로서의 죄는 위반되었거나 혹은 지금까지는 식별되지 않은 태도를 밝혀 주는 수단인 구체적 명령이 있을 때, 비로소 그와 같은 것으로 인식될 수 있다. 이것은 열번째 계명의 경우에서 분명하게 보여진다(롬 7:7b) : "율법이 탐 내지 말라 하지 아니하였더면 내가 탐심을 알지 못하였으리라." 다시 말하면, 율법은 죄가 그 진정한 본질에서 하나님께 불순종하는 것으로 나타나게 할 수 있다(롬7: 13). 그것은, 감추어진 독을 표면으로 끌어올림으로써, 인식되고 제거할 수 있게 하는 일종의 해독제와 같은 작용을 한다. "율법이 가입한 것은 범죄를 더하게 하려 함이라…"(롬 5:20)는 이런 방식으로 이해될 수 있다. 그것은 잠재적인 죄가 아니라 실제적인 범죄를 증가시켰다. 로마서 7장은 전체적으로 이것이 율법의 선하고 유익한 기능임을 보여준다(롬 3:24, 혹은 갈 3:19을 보라)

2 율법은 그리스도를 지향하여 가리킨다. 이것 역시 전적으로 선한 기능이다. 율법 책, 곧 오경은 명령인 동시에 전통이며, 또한 그런 것으로서 믿음의 핵심성을 보여주는 점에서 그리스도를 가리키는 예언이다: 이것이 갈라디아서 3장과 로마서 4장에서 바울의 아브라함 논증의 요점이다. 로마서 3:31에서, 아브라함을 소개하기 전에 그리고 사람들은 율법의 행위가 아닌 믿음으로 의롭다 함을 받는다는 것을 보여준 후에, 바울은 묻는다: "그런즉 우리가 믿음으로 말미암아 율법을 폐하느뇨 그럴 수 없느니라 도리어 율법을 굳게 세우느니라." 바울이 의미하는 것은 율법 자체가(여기에서는 창세기) 바로 바울이 말하고 있는 것을 말한다는 것이다. 또한, 율법 안에서도 역시 믿음은 하나님의 인정을 받는 길이어

서 바울의 가르침은 결코 혁신이 아니라, 옛 약속의 성취를 축하하는 것이다. 2세기의 마르시온과는 달리, 바울은 유대교의 경전들을, 적어도 오경은 폐기해 버리기를 바라지 않는다. 기독교인들에 대한 율법의 지배를 거부하면서도 바울이 구약성서를 유지시킬 수 있는 것은 구약성서의 예언 기능 때문이다. 우리는 갈라디아서 3장과 4장에서 시내산 계약과 율법이 아브라함과 맺은 믿음-약속을 포함한 계약의 다양한 표현이거나 왜곡이라는 것과 그러나 이러한 결론은 구약을 무시함으로써가 아니라 그것을 재해석함으로써 도달하게 된다 것을 보았다. 우리는 또한 고린도후서 3:12-17에서 모세 계약이 그리스도와 그리스도의 영에게로 돌아서는 사람들이 그것을 읽고 들을 때 그리스도를 가리킬 수 있다는 것을 보았다. 수건을 통해 듣는 것은 이스라엘이 잘못하는 것이다.

3. 율법은 한시적이다. 갈라디아서 3장에서 바울은 칭의는 항상 믿음으로 되어진다는 것, 또한 율법이 아브라함과의 약속이 있은 지 수세기 후에 왔다는 것은 그 계약의 믿음-약속의 성격을 무효화시키지 않는다는 것을 주장한다(17절). 그 다음에 그는 다음과 같이 말한다(19-25절):

그런즉 율법은 무엇이냐 범법함을 인하여 더한 것이라 천사들로 말미암아 중보의 손을 빌어 베푸신 것인데 약속하신 자손이 오시기까지 있을 것이라 중보는 한편만 위한 자가 아니니 오직 하나님은 하나이시니라 그러면 율법이 하나님의 약속들을 거스리느냐 결코 그럴 수 없느니라 만일 능히 살게 하는 율법을 주셨더면 의가 반드시 율법으로 말미암았으리라 그러나 성경이 모든 것을 죄 아래 가두었으니 이는 예수 그리스도를 믿음으로 말미암은 약속을 믿는 자들에게 주려 함이니라 믿음이 오기 전에 우리가 율법 아래 매인바 되고 계시될 믿음의 때까지 갇혔느니라 이같이 율법이 우리를 그리스도에게로 인도하는 몽학선생

이 되어 우리로 하여금 믿음으로 말미암아 의롭다 함을 얻게 하려 함이니라 믿음이 온 후로는 우리가 몽학선생 아래 있지 아니하도다.

이 구절의 몇몇 부분들은 율법은 제거되어야 될 한시적 방해물인 것을 제시하고 있으나, 전체적으로 율법은 그리스도와 약속의 성취를 위한 긍정적 준비임을 나타낸다. 비록 후자가 주도적인 국면이며, 아마도 우리의 전체의 이해를 형성하도록 허락되었다 할지라도, 우리는 부정적 진술들을 고려해 보아야 한다.

"범법함을 인하여 더한 것이라"(19절)는 시내산에서 모세에게 주어진 최초의 율법은 금송아지 사건 때에 이스라엘의 배교로 인해서 취소되었으며, 또한 그 후에 모세는 두번째 율법을 받았는데, 그것은 인간을 위한 하나님의 최초의 의도를 나타내지 아니한다는 전승을 반영할 수도 있다. 더욱이 '천사들'과 '한 중보자'(19절)는 이 두번째 율법이 하나님으로부터 직접 온 것이 아니라 신적인 대행자들을 통해 왔다는 전승을 반영할 수도 있다. 가장 유대교적으로 생각할 때, 이것은 구속력이 덜하다거나 덜 권위적인 것이 아니라, 그것을 통하여 두번째 율법이 오게 된 의사 소통의 적절한 통로들을 가리킨다. 그러나 바울은 그것이 하나님의 사역 못지 않게 천사들의 사역이라는 것을 암시할 수도 있다. 아무튼, 한 중보자의 언급은 오직 하나님과의 간접적 교제를 가리킨다.

그러나, 그 문제를 너무 확대시키지 말아야 한다. 율법의 기능은 사람들로 하여금 죄를 깨닫게 하는 것이며, 그래서 아브라함에게 하신 그 약속의 성취인 그리스도의 자유 하게 하는 선포를 준비하게 한다는 것이 22절에서 분명하게 나타난다. 21절에서 바울이 율법은 하나님의 약속을 거스리지 않는다고 말할 때, 바울이 뜻하는 바는 율법은 의가 믿음으로 말미암는다는 근본적 기준을 파괴할 수 없으며, 또한 율법은 그렇게 의도되지 않았다는 것인데, 왜냐하면 율법은 '생명을 주기 위하여' 의도된 것이 아니라, 그리스도께서 오시기까지 이스라엘을 가두어 두기 위하여 의도되었기 때문이다. 19절에 나오는 다소 부정적 진술들은 율법이 약속보다 좀더 낮은 수준의 계시를 나타낸다는 것을 의미한다. 사실상, 그것은 그의 최종적인 말씀이 아니라 하나님의 한시적 섭리이다.

23-25절에서 바울은 율법의 가두는 효과에 대하여 말하는데, 이것의 가장 자연스런 의미는 율법이 죄를 억제하고 최종적 해결사인 그리스도가 올 때까지 죄가 억제의 손을 벗어나지 못하도록 막는 것이다. 많은 논의가 24절 이하에서 '후견인'(역주: 한글 개역 성경에는 '몽학선생'으로 번역됨)의 의미에 집중된다. 헬라어로는 $παιδαγωγός$인데, 이 단어의 의미는 학교 교사 아니라(KJV이 잘못 번역하고 있는 것처럼) 아버지에 의해서 아주 어린 시절에는 자신의 아이가 잘 지내도록 지켜 주고, 그 후에는 때가 와서 학교에 가고 올 때 그 아이를 경호하도록 위임받은 사람인 종을 의미한다. 그 사람은 그 아이의 교육에는 참여하지 않았다. 비록 $παιδαγωγός$가 율법 아래에서 자유의 제약을 나타낼 수 있으며, 그래서 그리스도의 오심이 사람들로 하여금 그 후견인으로부터 벗어나게 할 수 있으며, 그들이 아들들과 딸들로 나타나게 할 수 있다 할지라도(26절), 그리스도가 오시기까지는 하나님이 의도한 예비 과정을 나타낼 수도 있다. 이것은 율법이 엄밀하게 한시적이지만, 아마도 범법함을 드러내고 그래서 생명의 필요를 드러낸다는 의미에서(22절) 사람들로 하여금 그리스도와 믿음을 준비하게 하는 하나님으로부터 부여받은 기능을 가졌다는 것을 의미할 것이다.

4. 율법은 사람들이 그것으로부터 구원 받아야 하는 권세이다.

우리는 이것을 5장에서 보았다. 그것은 특히 갈라디아서에서 뚜렷하다(2:19; 3:13; 4:5, 8-10, 21-31; 5:1, 18을 보라). παιδαγωγός 구절은 믿음과 자유의 새로운 세대에 율법 아래에서 계속 사는 것을 고집하는 것이 시대에 역행하는 속박이라는 것과, 그리고 하갈-사라 알레고리에서 시내산과 그것이 나타내는 바는 단순히 아브라함 계약으로부터 돌아서는 것이 아니라 노예 상태로 돌아가는 것임을 나타낸다. 더욱 신중한 태도를 지닌 로마서에서조차도, 기독교인들은 율법에 대하여 죽었으며 그것으로부터 자유하게 되었다(7:1-6). 이제 만일 우리가 갈라디아서만 가지고 있다면, 우리는 바울에게 있어서 율법이 기독교인들에게는 무조건적으로 거부되어야 하는 것으로 주장할 수 있다. 그러나, 로마서에서와 고린도후서에서, 입장은 더욱 복잡해서 정확히 기독교인들이 무엇에 대하여 죽었는지 즉각적으로는 분명하게 나타나지 아니한다: 율법 자체에 대하여, 혹은 율법의 오용에 대하여인가?

크랜필드(C. E. B. Cranfield)가 그의 유명한 로마서 주석에서 주장한 것과 같이, 어떤 학자들은 바울이 행위로 의롭다 함을 얻는 것으로 율법을 잘못 사용하는 것만을 반대한다고 주장했다. 율법은 옛적에 주신 하나님의 지침으로서 교회 안에서 서 있다. 율법에 대한 바울의 모든 부정적 언급들은 의롭다 함을 받음과 그리고 오직 그것에만 연결된다. 바울이 "그리스도는 모든 믿는 자에게 의를 이루기 위하여 율법의 마침이 되시니라"고 말할 때(롬 10:4), 그가 의미하는 바는 그리스도가 율법을 종결을 시키는 것이 아니라 성취시킨다는 것이다. '마침'(τέλος)은 두 가지 의미 모두를 가질 수 있다. 그리스도는 율법이 진정으로 의미하는 것, 곧 그것의 종결이 그 성취이다. 율법은 하나님이 주신 것으로서 거룩하며(롬 7:12; 9:4) 신령하다(롬 7:14): 그 진정한 의미와 목적을 그리스도 안에서 찾는데, 그리스도는 율법이 의롭다 함을 위한 것이 아니라 삶의 방식을 제공하기 위한 것임을 보여준다.

일부 구절들에 따르면, 그 문제에 이러한 견해는 통할 것이다. 갈라디아서 3장과 로마서 4장은 그리스도를 율법에 포함된 약속들의 성취로 보고 있다. 그러나, 로마서 9:30-10:4에서, 바울은 이러한 성취에 관해서도 대해서도 또한 의롭다 함을 받음에 관해서도 말하지 않고, 단지 의, 곧 하나님이 바라시는 삶과 행위의 갱신을 발견하는가에 관하여 말했다. 그 구절의 논리는, 이러한 의가 율법에 의해서가 아니라 믿음으로 말미암기 때문에, 그리스도가 모든 의미에서 그를 믿는 사람들에게 율법의 마침이라는 것을 내포하고 있는 것으로 나타난다.

이곳과 다른 곳에서 율법이 오직 칭의의 목적에 관해서만 폐기된다고 생각하는데는 더욱 심각한 어려운 점들이 있다. 첫째, 비록 로마서 10:4에서 $\tau\acute{\epsilon}\lambda os$가 '목표'를 의미한다 하더라도, 일종의 종착점의 의미가 포함되는데, 왜냐하면 목적지에 도달한 사람은 더 이상 길을 가지 않기 때문이다. 둘째, 갈라디아서 3장에서 $\pi\alpha\iota\delta\alpha\gamma\omega\gamma\acute{o}s$ 구절은, 아무리 율법이 가치 있다 하더라도, 그것의 때가 끝났다는 것을 내포한다. 여기서 바울이 자기-칭의의 때를 의미하고 말할 수는 없는데, 왜냐하면 갈라디아서 3:6-18에서 아브라함에 대한 논의는 그러한 때가 결코 없었다는 것을 보여 주기 때문이다. 그는 그와 같은 의미에서의 율법의 때가 끝났음을 의미하고 있음에 틀림없다. 셋째, 그가 할례(일반적으로 갈라디아서; 롬 3:30; 4:9 이하), 안식일(롬 15:5; 참고. 골 2:16), 그리고 음식 규정들(롬 14-15; 고전 8, 10)과 같은 중대한 문제들을 취급할 때, 모든 율법이 그들에 관하여 아주 명확하게 말하고 있다는 사실에도 불구하고, 그는 그것을 계속 무시한다. 넷째, 고린도전서에서와 같이, 윤리적 문제들을 자유 분방한 방식으로 대하지 아니하고 아주 진지하게 다룰 때, 그는 율법을 인용하지 않는다. 이러한 일반적 규칙에 대한 유일하게 명백한 예외들은, 바울이 부분적으로는 신명기 25:4을 인용함으로써 그의 교회들로부터 받는 물질적 지원에 대한 그의 권리를 옹호하는 고린도전서 9:8 이하와 고린도전서 14:34인데, 그러나 고린도전서 14:34은 본문에 끼어 들어온 난외 주석으로 널리 간주되고 있다. 그 밖에 다른 곳에서 해답을 위해, 심지어 근친상간 문제에 대해서(고전 5:1) 바울은 율법에 호소하지 않는데, 그 문제에서 그는 율법 대신 상식적 품위에 호소한다.

자연적으로, 율법에 대한 이러한 거부는 율법의 진단적 또는 예언적 역할을 거부하는 것이 아니며, 또한 율법 안에 있는 모든 것을 거부하는 것도 아니다. 그럼에도 불구하고, 하나님께 인정받는 것은 그리스도 때문이지, 그것이 율법 안에 있기 때문이 아니다. 아무도 두 주인을 섬길 수 없다; 바울에게는, 그리스도를 섬기는 것은 율법의 지배로부터 자유를 의미한다. 참으로 그리스도의 법이 있고 또한 성령의 법이 있지만(롬 8:2, 갈 6:2), 양자 모두의 경우에 의미하는 것은 통치 혹은 지배이며, 새로운 법전이나 옛 법전의 갱신이 아니다. 기독교인들을 위한 율법의 역할에 대하여 바울이 가장 긍정적인 입장을 취하는 것은 그가 율법의 성취로서 이웃 사랑을 말할 때이며(갈 5:14; 롬 13:8-10), 그리고 성령으로 행하는 사람들이 율법의 요구를 성취한다고 말할 때이다(롬 8:4). 그러나 이 모든 경우에, 핵심적 요소는 율법이 아니라 그리스도와 그의 성령 안에 있는 새로운 생명이며, 그리고 그는 율법 그 자체가 아니라 율법 배후에 있는 하나님의 의도에 관하여 말하고 있는 것이다. 예를 들면, 이웃을 사랑하는 것이, 실천하는 의미에서, 할례를 받으라는 명령을 문자적으로 성취한다는 것으로 그가 의미했다고 볼 수 없다.

5. 율법은 죄를 야기시키며, 단순히 죄를 드러내는 것은 아니다. 로마서 7장으로부터 이러한 결론을 피하기는 어렵다. 우리 안에 있는 죄의 정욕들은 '율법으로 말미암아 자극을 받아 깨어났

다'(5절):

> …죄가 기회를 타서 계명으로 말미암아 내 속에서 각양 탐심을 이루었나니 이는 법이 없으면 죄가 죽은 것임이라 전에 법을 깨닫지 못할 때에는 내가 살았더니 계명이 이르매 죄는 살아나고 나는 죽었도다 생명에 이르게 할 그 계명이 내게 대하여 도리어 사망에 이르게 하는 것이 되었도다 죄가 기회를 타서 계명으로 말미암아 나를 속이고 그것으로 나를 죽였는지라(8-11절).

이 모든 것은, 특히 바울이 율법 그 자체는 거룩하다고 계속 말하는 바와 같이(12절), 이해하기가 아주 어렵다.

이 구절에서 어느 정도 부정적 진술들은 우리가 이미 언급한 해독제의 효과에 의해 설명될 수 있다(특히 7절을 보라). 구체적인 명령을 내림으로, 율법은 잠재한 반역적 성향을 표면으로 끌어올리고, 그리고 그것의 초기 결과는 공공연한 범법을 증가시키는 것이다. 나는 무의식적으로 탐욕적일 수 있으며, 탐내지 말라는 명령은 나로 하여금 나의 상태를 알게 하고, 또 나의 어떤 감정들을 포함하여 나의 어떤 행동들이 그 탐욕으로부터 일어난다는 것을 알게 한다. 이 설명은 7:13에 의해 지지 받는다: "그런즉 선한 것이 내게 사망이 되었느뇨 그럴 수 없느니라 오직 죄가 죄로 드러나기 위하여 선한 그것으로 말미암아 나를 죽게 만들었으니 이는 계명으로 말미암아 죄로 심히 죄 되게 하려 함이니라." 로마서 7장에서 죄를 야기시키는 율법의 성향에 대한 대부분의 진술들은 이러한 방식으로 설명될 수 있다(참고 롬 5:13, 20). 율법은 인간이 죄의 포로임을 표시하는 내적이고 내포적인 죄성을 드러낼 뿐만 아니라 구체화한다.

그러나 적어도 7:5에는 그 이상의 어떤 의미가 있는 것 같다: 율법은 실제로 잠자는 죄의 정욕들을 일깨운다. 7:7-15을 한 쟁점과, 그리고 탐내지 말하는 한 명령에 의해 주도되는 것으로 보는 한 강력한 예를 들 수 있다. 특히 탐욕의 경우에, 율법은 사태를 더욱 악화시킨다. 탐내는 것은 충분히 나쁜 것이지만, 적어도 사람이 탐내지 말라는 명령을 듣기 전에는 탐욕은 (공평함을 위한 열정, 혹은 정의로운 분노와 같은) 더 존경할 만한 이름들로 불려질 수 있다. 그 명령을 들은 후에, 우리는 더 이상 그 선한 이름들에 머무를 수 없으며, 또한 탐욕하는 것을 멈출 수도 없다. 우리는 탐욕이 무엇인지 완전히 알면서, 탐욕하기를 계속하고, 그리고 그것은 율법이 사태를 호전시키지 아니하고 악화시키는 이유이다. 이런 의미에서, 율법은 죄를 야기시킨다. 그러한 논의는 대부분의 계명들, 예를 들면 살인하지 말라는 계명에 결코 잘 맞지 않으며, 그리고 만일 우리가 바울이 율법은 모든 종류의 죄를 일깨운다고 말하는 것으로 이해한다면 우리는 바울의 의미에서 너무 멀리 벗어날 수도 있다. 그럼에도 불구하고, 탐욕의 문제에서 율법은 죄를 야기시키며, 그로 인하여 완벽한 죄에 대처하는 율법의 무력함이 드러나게 된다.

  이러한 설명은 7:5에서 바울이 암시성을 반대하여 말하고 있다고 생각하는 것보다 더욱 만족스러운데, 왜냐하면 한 명령에 직면할 때 우리가 모두 본능적으로 그것에 불복종하기를 원한다는 것은 진실이 아니기 때문이다(어떤 사람들은 암시를 받지 않는 것이 아니라 너무 받는다). 더구나 바울은 교만과 자기-의의 죄를 선동하는 율법의 성향에 관하여 말하고 있다고 생각하는 것이 확실히 더 선호할 만한데, 왜냐하면 그 본문에서나 그 문맥에서나 그러한 근거가 없기 때문이다. 아마도 최선의 대안적 설명은 바울 자신의 경력에서 율법에 대한 그의 열심이 결국 기독교인들을 핍박하는 죄로 나타났다는 것이다(갈 1:13 이하; 고전 15:9; 빌 3:6, 그리고 예수를 메시아로 인식하는 것을 방해할 만큼 율법에 집착함에 대하여는 갈 3:13을 참고하라). 그러나, 로마서 7장에는 이것에 관한 아무 언급도 없으며, 그러므로 그것은 위에 제시된 설명, 즉 탐욕이라는 구체적인 죄에서 해결의 열쇠를 찾는 것보다 5절에 대한 만족스럽지 못한 설명이다.

아무튼, 로마서 7장에 따르면 체계로서의 율법이 죄로부터 사람들을 구원할 수 없다는 것과, 또한 심지어 사태를 악화시킬 수 있다는 것은 분명하다. 그 반대로, 그리스도는 사람들을 구원할 수 있다.

6. 율법은 구원에는 부적합하다. 중요한 것은 사람이 할례를 받고, 그래서 율법에 헌신하느냐가 아니라, 그 사람이 그리스도를 믿는 믿음을 가지고, 그래서 그 안에 있는 생명이 있느냐는 것이다(갈 6:15; 롬 3:30; 4:11 이하). 왜냐하면 "할례받는 것도 아무 것도 아니요 할례 받지 아니하는 것도 아무 것도 아니로되 오직 하나님의 계명을 지킬 따름이니라"(고전 7:19). 이것은 부분적으로는 갈라디아서 6:15에 나오는 진술과 같다: "할례나 무할례가 아무 것도 아니로되 오직 새로 지으심을 받은 자 뿐이니라." 고린도전서에서는 계명들을 지키는 것은 중요한 것이며; 갈라디아서에서는 새로운 피조물이 중요한 것이다. 고린도전서 7:19에서 어떤 계명들을 말하는가? 그 분명한 대답은 율법인데, 그것은 그것은 두 가지 어려움을 나타낸다. 첫째, 할례를 계명들로부터 분리시키는 것은 비유대교적인데, 할례는 율법의 일부이며 동시에 표시이기 때문이다. 둘째, 여기서 문맥은 율법에 관한 것이 아니라 주님의 뜻대로 산다는 것에 관한 것이다. 그러므로, 비록 율법-수호자로서의 바울의 유산이 이 시점에서 개입한다 할지라도, 더욱 개연적으로 '하나님의 계명들을 지키는 것'은 하나님이 원하는 것을 행하는 것, 곧 조건 없이 하나님의 뜻대로 사는 것을 의미한다. 고린도전서 7장의 전체 논의는 이 견해를 지지하는데, 만일 그 견해가 옳다면 그것은 율법이 그리스도 안에 있는 새 생명에 부적합하다는 바울의 입장에 예외가 없다는 것을 의미한다.

덧붙여 말한다면, 우리는 바울이 특히 묵시적 집단들에 속한 것으로서, 메시아 왕국에서 율법은 더 이상 어떤 역할을 감당할 수 없다는 동시대의 한 견해를 공유했다는 가능성을 주목할 수 있다. 그렇다면, 그는 예수를 메시아로 믿었기 때문에, 그는 자연스럽게 율법을 위하여 어떤 지속적인 자리도 발견하지 못했고, 따라서 그는 비유대교적이지도 아니하고 또한 그의 과거에 불충실하지도 아니했다. 이 문제가 완전히 명백하게 밝혀진 것은 아니다; 비록 토라의 중단을 말하는 그러한 견해를 위한 어떤 증거가 있을지라도, 메시아는 토라를 갱신하고 재구성할 것이라는 기대를 위한 증거들도 있어서, 그 증거에 따르면 앞으로는 이전과 전혀 다르게 토라를 순종하게 될 것이다. 어느 경우든지, 그 점이 너무 많이 강조될 수 없는데, 왜냐하면 바울은 결코 예수의 메시아직을 그가 율법의 지위를 비판하는 이유로서 사용하지 않기 때문이다. 더구나, 바울의 율법관을 일관되게 설명하는 것이 쉽지 않는데, 왜냐하면 그가 결코 율법에 관하여 체계적으로 쓰지 않기 때문이며, 또한 그 자신이 아마도 율법에 관하여 다소 모호한 입장을 취했기 때문이다. 하나님의 계시로서 율법에 대한 상속되고 직관적인 경외심과 율법은 이제 그리스도에 대한 중심을 바치는데 장애물이라는 기독교적 확신 사이에서 분열되었을 수도 있다.

확실히 율법은 그 중심으로부터 이동되었다. 율법은 (그 당시 대부분의 유대인들이 동의했을 것으로서) 구원에 이르는 길이 아니다. 율법은 또한 의로운 삶으로 인도하는 길도 아니다(이 점에 대해서 그들은 동의하지 않았다). 바울은 어디에서도 유대인 기독교인들이 율법을 지키지 말아야 한다고 말하지 않는다; 만일 로마서 14-15장이 안식일과 음식법을 준수하는 유대인 기독교인들과 그러한 율법 준수들에서 자신들은 해방되었다고 믿는 기독교인들 사이의 화해를 의도한다면, 그렇다면 바울이 서로의 이해와 관용을 충고하는 것은 주목할 가치가 있다. 만일 어떤 사람들이 계속해서 율법을 지킨다 하더라도, 그들이 갈라디아에서처럼 다른 사람들이 그들과 합류할 것을 요구하기 시작하지 않는 한, 율법은 중심적 쟁점이 되도록 허락되지 않아야 한다. 일단 이러한 사태가 일어나면, 그리스도는 중심적 지위에서 물러나게 되고, 그래서 바울의 신학적 분노가 일어난다. 이것은 아마도 왜 바울이 로마서에서보다는 갈라디아서에서 유대교적 준수 사항에 훨씬 관대하지 않은 이유다.

도덕성은 중요하지 않은 것인가?

율법은 이스라엘에게 삶 전체를 위한 하나님의 지침을 제공하였다. 만일 기독교인들에게 율법이 더 이상 핵심 권위가 아니라면, 과연 그들은 어디에서 지침을 구해야 하는가? 한가지 가능한 대답은, 심지어 바울의 생애에 주어진 것인데, 기독교인들이 고민할 필요가 없다는 것이다: 만일 칭의가 믿음으로 말미암는다면, 사람들은 옳고 그름에 관하여 관심을 기울일 필요가 없다(롬 3:8; 6:1, 15). 현대에서도 역시, 칭의는 '윤리적 막다른 골목'으로 불려져 왔다. 그러나 도덕적 업적이 하나님께서 인정하시는 수단이 아니라고 말하는 것은 칭의 범주 밖에서 인간의 행실이 중요하지 않다고 말하는 것은 아니다. 오히려, 이신칭의는 옛 존재 방식과 옛 통치 영역을 떠나 새로운 통치 영역으로 들어가는 것을 포함하는 전체의 일부분이다. 믿음으로 의롭다 함을 받은 사람은 옛 자아에 대하여 죽고, 그리스도와 성령의 권위와 능력 아래에서 산다. 그 새로운 통치 영역에는 부도덕 또는 불의를 위한 자리는 없다(롬 6:12-23).

이 문제의 또 다른 국면은 이신칭의와 행위에 따른 심판 사이의 관계에 대한 난처한 질문이다. 바울이 이것들을 서로 양립할 수 없는 것으로 보지 않는 한 부분이 있는 것으로 보인다. 비록 우리가 로마서 2:13("하나님 앞에서는 율법을 듣는 자가 의인이 아니요 오직 율법을 행하는 자라야 의롭다 하심을 얻으리니")이 바울 자신의 견해가 아니라 바울이 그 입장을 논의하고 있는 유대들의 견해를 묘사하고 있다는 근거에서, 그 구절을 제외시킬 수 있다 할지라도, 사람들이 행한 것을 따라 이루어지는 심판을 기대하는 구절들이 여전히 있다. 기독교인들이 심판에서 면제받은 것은 아니다(롬 14:10); 비록 복음 사역자 자신들은 그들의 노력이 정죄 받음에도 불구하고 구원받을 수 있는 반면에, 그 사역자들의 일은 그 심판 때에 평가를 받아서 인정받기도 하고 거부되기도 할 것이다(고전 3:12-15); 그리고 기독교인들이 부도덕한 생활을 할 수 있다고 생각하는 기독교인들에 대하여 하나님의 심판이 있을 것이다(살전 4:6). 가장 명백한 진술은 고린도후서 5:10에 나온다: "이는 우리가 다 반드시 그리스도의 심판대 앞에 드러나 각각 선악 간에 그 몸으로 행한 것을 따라 받으려 함이라."

비록 그러한 진술들이 별로 없고 또한 분산되어 있다 하더라도, 그것들은 무시될 수 없는데, 왜냐하면 칭의가 전적으로 믿음으로 말미암는 반면에, 믿음은 사랑 안에서 스스로 역사하며(갈 5:6), 사랑은 언제나 사람이 어떻게 행하는가의 문제이기 때문이다. 음식이 맛 있다는 증거는 먹어 보아야 안다: 진정으로 그리스도 안에서 칭의와 새 생명을 발견한 사람들은 그들의 삶 속에서 그것을 보여줄 것이다. 이신칭의와 사람이 어떻게 살았는가에 따른 심판(바울에게 있어서, '행위에 의한'이라는 단어는 결코 율법의 행위를 가리키는 것이 아니다)은 양립할 수 없는 것으로 보이지 않는다.

윤리와 종말의 가까움

바울은 따라서 행실에 관하여 무관심하지 않다. 바울의 모든 서신에서 예외 없이 그는 높은 도덕성과 하나님의 뜻에의 전적인 순종을 명령한다. 이 도덕성의 근원이 무엇이며, 또한 우리는 하나님이 원하시는 바를 어떻게 아는가? 우리는 바울의 윤리적 기초들을 검토하고, 또한 구체적 예를 들므로써 그 기초들을 보려고 노력할 것이다. 몇 가지 중복되는 국면들이 있는데, 다음에 나오는 것들은 양자택일이 아니라 전체적 묘사에 공헌하는 것들이다.

우리는 바울에게 있어서 그리스도는 옛 세대의 끝과 새 세대의 시작을 표시하고, 또한 그의 죽음과 부활은 옛 세대에서 새로운 세대로의 이동을 표현하는 것임을 보았다. 기독교인들은 시대들의 끝에 살고 있다; 그리스도는 바울의 생애 중 혹은 그 이후에 그 이동의 과정을 완결하기 위하여 머지않아 재림할 것이다. 어떤 사람들은 이러한 임박함이 바울의 윤리에서 핵심적 요소가 된다고 생각했는데, 한편으로 그것은 기독교인들을 위한 온전한 행위의 규범의 발전을 막으며, 또 다른 한편으로 구체적 쟁점들을 취급하는데 고도의 예비적 의미를 제공한다. 즉, 인습적 도덕성을 옹호하는 것은 별개로 하고, 바울은 막연한 미래를 위한 것이 아니라 단지 중간기를 위하여 충고한다.

이것은 그 문제에 관한 적절한 설명은 아니지만, 임박한 완성의 기대가 윤리적 교훈에 결정적으로 영향을 끼치는 두 개의 주요 구절들이 있다: 데살로니가전서 4-5장과 고린도전서 7장. 전자에서, 두 가지 결과들이 때의 단축으로부터 유래한다: 심판관인 그리스도를 대면하도록 준비하는 거룩한 생활의 중요성(살전 4:1-8; 5:23); 그리고 깨어 있어 근신하는 것의 필요성(살전 5:1-

11). 더욱 구체적인 임박함의 결과들은 재물, 노예제도, 할례, 그리고 특별히 남성과 여성 사이의 관계들에 대한 새로운 태도의 유형으로 고린도전서 7장에 나타난다.

분명히 고린도전서 7장에서, 바울은 결혼한 상태보다 독신을 선호한다(8, 37절 이하). 1절에서("너희의 쓴 말에 대하여는 남자가 여자를 가까이 아니함이 좋으나"), 우리는 아마도 고린도 교인들이 바울에게 썼던 것에서 인용한 것을 가지고 있다. 만일 고린도에 초기 영지주의적 경향들이 있다면, 어떤 사람들은 아마도 내적이고 신적인 본질적 인성이 영향받지 않는 한 몸으로 행하는 것은 문제되지 않는다는 것을 믿었을 것이다. 따라서 그들이 매춘부들과 잠자리를 함께 하는가는 중요하지 않을 것이다(고전 6:12-20). 아마도 다른 사람들은 모든 성관계를 거부하는 것으로서 영지주의자들의 대안이었던 금욕주의적으로 반응했는데, 이것이 아마도 고린도전서 7장 배후에 반영되어 있을 것이다. 바울의 대답은 결혼이(성관계가 포함된 온전한 결혼) 차선책인데 그러나 결혼이 확실히 죄는 아니며(2, 9, 36, 38절), 또한 독신으로 남아 있으면서 자신의 욕구들을 통제할 수 없는 것보다 더 낫다는 것이다. 사실상, '만일 당신이 결혼해야 한다면, 선한 양심을 가지고 그렇게 하라: 그러나 만일 당신이 결혼할 필요가 없으면 결혼하지 말라.' 왜 바울은 독신 상태를 선호하는가? 성관계를 가지는 것이 죄 짓는 것은 분명히 아니기 때문이다: 그는 부부가 '영적인 결혼 상태'로 성관계 없이 함께 사는 것을 장려하지 않는다. 그러한 관례는 초대 교회에 분명히 존재했는데, 아마도 바울은 36-38절에서 그것에 관하여 말하는 것 같다. 그 구절에서 바울은 결혼 연령에 달한 딸에게 결혼하도록 허락하는 아버지에 관하여 말하고 있다는 것도 가능하지만(36절에서 RSV에 번역된 '정혼한'이라는 단어는 문자적으로 '처녀' 또는 '젊은 여자'이다), 그러나 가장 개연적인 것은 그가 '정혼한 남녀'에 관하여 말하고 있다는 것이다.

그는 기도에 집중하기 위해 잠시 동안 분방하는 것을 예외로 하고, 결혼 생활에서 금욕을 강력하게 반대한다(5절 이하). 참으로 3-5절은 바울을 남성 애호자 우두머리로 보는 사람들이 별로 주목하지 않는 진정한 상호성을 강조한다. 4절에서 바울은 남편이 아내의 몸을 주장한다는 것, 즉 고대 세계에서 동의하지 않을 사람이 거의 없었을 정서를 말하며, 나아가 그는 많은 사람들이 반대하며 심지어 이해하지 못했을 방식으로 또 다른 견해를 제시한다(4b): '남편도 이와 같이 자기 몸을 주장하지 못하고 오직 그 아내가 하나니.' 혼인의 권리가 상호적이라는 이 생각은 대단히 급진적이다. 분명히 미혼 상태에 대한 그의 선호함은 성관계를 두려워하거나 경멸하는 영성에서 생겨난 것은 아니다.

그는 심지어 배우자가 이방인인 경우에도 이혼을 지지하지 않는다. 오히려, 기독교인 배우자는 결혼 생활을 성결하게 만들 수 있어서, 그 결과로 자녀들도 거룩하다(12-14절). 이혼한 사람들은 재혼할 수 있으나, 오직 원래의 배우자와 재혼할 수 있다(10절 이하). 과부들은 기독교인 남자들과 결혼할 수 있지만, 7장 전체에서 부각되는 것과 같이 현재 그들의 상태를 유지하도록 권유받는다. 독신 상태가 결혼 상태보다 더 거룩하다는 제안이 없는 것으로 보아, 이렇게 일관되게 독신을 선호하는 이유는 무엇인가?

그 대답은 17-35절에 나오는데, 독신 생활이 결혼 생활보다 본래적으로 더 좋다는 것이 아니라, 할 수 있는 한 기독교인들은 그들이 기독교인들이 되었을 때 그들이 있던 대로 머물러 있어야 한다는 것이다. 때가 단축되었다. 그래서 신자들은 얼마 남지 않은 시간에 하나님의 뜻을 행하는 것에 중대한 관심을 갖는 것과 복음의 전파와 새로운 공동체의 단결에 집중하는 것 이외의 모든 것들에 얽매이지 않아야 한다. 중요한 것은 할례가 아니라, 하나님의 뜻을 행하는 것이다; 종됨이 아니라 궁극적으로 중요한 것들 안에서 자유하게 되는 것이다. 애통하는 것, 기뻐하는 것, 그리고 없어질 세상의 모든 관계가 상대적으로 중요하지 않게 된다; 긴박한 상황에서 긴박하지 않은 것으로부터 벗어남이 필수적이다. 따라서 성적 충동이 마음을 혼란스럽게 하지 않는 한, 그리스도에게 전적으로 집중을 할 수 있게 하는 독신과 무할례로 지내는 것이 더 좋다. 부부의 애정과 책임은 그 자체로 훌륭한 것이지만, 그리스도에 대한 경쟁자들로 나타날 수 있다.

결혼에 대한 부정적 접근은 따라서 일반적 태도의 일부분이며, 독신 생활의 본래적 우월성에 대한 신념으로부터 생기는 것이 아니다. 심지어 결혼한 사람들도 결혼 생활에 얽매이지 않아야 한다(29절). 우리는 3-5절로부터 이것이 성적인 금욕을 의미하지 않는다는 것을 알고 있기 때문에, 그것은 결혼 생활에 기울이는 관심을 때가 단축된 상황에서 기독교적 관심들에 종속시켜야 한다는 것을 의미한다. 유대인들이 결혼하여 성관계를 가지는 것의 주요한 목적으로 간주한 것, 곧 자녀의 출산을 바울이 무시하는 것은 놀라운데, 이것은 시간이 얼마 남지 않았다는 것, 즉 너무 시간이 짧아 자녀가 결혼의 요소가(물론 현존하는 자녀들이 14절에서 언급되고 있지만) 될 수 없다는 또 다른 암시이다. 바울이 자신의 독신 상태를 그의 독자들을 위한 모델로 언급할 때(7절), 그는 기독교인의 봉사를 위해 독신이 그에게 주는 자유를 분명히 의미함이 분명하다.

바울의 결혼관은 근시안적으로 보인다. 그의 신학도 예외일 수 없지만, 결혼한 사람들이 주를 위하여 보다 덜 자유롭다는 그의 주장에서, 바울은 결혼한 사람들이 예를 들어 호의를 베푸는 것과 같은 일들에서 독신자보다 주를 위하여 더 잘 일할 수 있다는 가능성을 간과한다. 또한 그는 서로에 대한 부부의 헌신이 그리스도에 대한 그들의 헌신과 경쟁할 필요가 없고, 오히려 그것을 성취하는 하나의 방식이 될 수 있다는 것을 허용하지 않는다. 그러나 그가 결혼, 노예제도, 애통함, 등등에 대하여 말하는 것은 계속 진행되는 미래를 위한 것이 아니라 중간기를 위한 것이다. 이것은 임박한 종말에 대한 그의 신념이 직접적으로 그의 윤리적 교훈에 영향을 주는 가장 주목받을 수 있는 예이다.

새로운 세대의 윤리

그 밖의 다른 곳에서 바울의 종말론의 또 다른 국면이 전면에 부상하는데, 곧 종말의 가까움에 대해서가 아니라 기독교인들이 이미 새로운 세대의 백성으로서 살고 있다는 사실에 대해서 집중한다. 어느 정도로 이러한 성격은 심지어 데살로니가전서 4-5장에서도 분명한데, 거기에서 거룩한 생활을 위한 요구는 종말론적인 임박성뿐 아니라 성령의 소유(4:8)와 하나님의 부르심(4:7)에 기초한다. 데살로니가교인들은 이미 새 날의 빛 속에서 살고 있다(5:4 이하, 10절). 또한 로마서 12-13장에서도 역시 기독교인들은 옛 세대가 아닌 새로운 세대에 부응하도록 권고 받는다: "너희는 이 세상(헬라어로는 '세대')을 본받지 말고 오직 마음을 새롭게 함으로 변화를 받아 하나님의 선하시고 기뻐하시고 온전하신 뜻이 무엇인지 분별하도록 하라"(12:2). 13장 끝에서, 윤리적 문제들을 다룬 후에, 그는 세대의 전환을 다시 언급하면서, 로마 기독교인들에게 이미 새로운 세대에 소속된 사람들로서 거룩하고, 자애롭고, 의로운 모습으로 살도록 촉구한다.

이것은 기독교인들이 지금 여기서 하나님의 미래의 백성이다라는 견해를 반영한다. 그리하여 로마서 12-13장에서 우리는 사랑에 대한 강조(12: 9; 13:8-10)와 각자가 모든 덕을 세우는데 기여하는 그러한 방식으로 새로운 공동체에서 생활하는 것에 대한 강조(12:3-8)를 강조를 보게 된다. 바울의 윤리는 그리스도 안에 있는 새로운 존재에 속하기 때문에, 율법은 핵심적 요소가 될 수 없다. 이것이 왜 이신칭의를 윤리적 막다른 골목으로 보는 것이 잘못된 이유다. 새로운 권세 안에 있다는 것은 죄를 위해서가 아니라 죄로부터의 자유를 의미하는데, 이것이 갈라디아서 5장에서 바울이 율법 아래가 아니라 성령 안에 있다는 것은 부도덕을 위해서가 아니라 부도덕으로부터의 자유라는 것을 보이려고 힘쓰는 이유다. 이것은 기독교인들이 결코 범죄 하지 않는다는 것이 아니라(바울은 아직도 윤리적 권고를 할 필요가 있다), 오히려 기독교인들이 죄의 권세와 불가피성으로부터 자유를 소유하고 있음(윤리적 권고는 달을 달라고 부르짖는 것, 즉 불가능한 요구가 아니다)을 의미한다. '우리는 성령으로 산다'는 직설법은 갈라디아서 5:25에서 "성령으로 행할지니"라는 명령법을 수반할 필요가 있으며, 죄에 대하여 죽은 사람들은 마치 그들이 죄에 대하여 죽은 것처럼 살아야 한다(롬 6:12-14). 이것은 바울의 종말론에 의해 생겨난 긴장, 즉 새로운 세대에 속하면서도 여전히 옛 세대에서 살고 있는 사람들의 독특한 상황에서 유래한다.

바울은 그의 독자들이 실제 생활에서 의가 의미하는 바를 알게 될 것이며, 또한 그들이 이방인의 높은 도덕성을 알기 때문이든 혹은 그들이 구약성서를 읽었기 때문이든, 그들이 일반적인 도덕적 테두리 안에 들어갈 수 있는 공통적으로 수용된 기준들을 소유할 것이라고 가정하는 듯하다(예. 롬 6장). 이러한 암묵적 가정은, 예를 들면 그가 고린도에서 근친상간의 경우를 취급하면서 이방인들조차도 이런 일에는 안색을 바꾼다고 말할 때(고전 5:1 이하), 경우에 따라 명백하게 나타난다. 암묵적 가정은 기독교인 집회에서 머리에 쓰는 것의 문제와 관련하여서(고전 11:2-15) 다시 표면에 나타나는데, 그 가정은—우리가 그 어려운 논의를 따를 수 있는 한—사회의 확립된 질서가 하나님-그리스도-남자-여자의 위계 질서를 수반한다는 것을 제시한다. 남자가 아니고 여자가 수건을 쓰는 것은 이러한 자연 질서에 순응하는 것이다. 그는 현재 우리에게는 당황스럽지만 고린도교인들에게는 이미 친숙한 의미였던 한 방식으로 무엇이 '적절하고' '자연에 따르는' 것인가에 호소한다. 그 쟁점은 어떤 여성들이 그들의 머리 꼭대기에 수건을 쓰는 것을 거부하고 있었다는 것이 아니라, (남성의) 단발 머리 모양을 취하고 있었을 것이라는 가능성을 추가로 고려해야 한다.

다시 말하여, 갈라디아서 5:19-23에서 육체의 일들과 성령의 열매는 도덕적 교훈의 수단으로 헬레니즘과 헬라계 유대교에서 흔히 사용되던 것들과 같은 악과 덕의 목록이다. 이 목록들은 구체적인 항목들을 모두 열거한 것이 아니라 대표적인 것만을 열거한 인습적인 경향이 있어서, 예를 들면, 정직과 신실함이 누락되었다는 것은 중요하지 않다. 우리는 그 목록에서 누락되었다고 해서 그것들을 뺄 수 없다. 각 목록은 모든 나쁜 것들과 모든 선한 것들을 각각 대표한다.

때때로 유대교적인 도덕적 가르침으로부터 친숙한 독특한 문장 구조, 즉 명령적 분사를 사용하는 구절들에서 인습적인 윤리적 자료의 다른 예들이 된다(살전 4:1-12; 5:12-22; 롬 12:9-21; 참고. 골 3:1-17). 그러나 비록 다른 초기 기독교 교사들과 같이 바울이 전통적이며 또한 양식에 있어서 유대교와 이방적 자료에 유사한 자료를 사용한다 할지라도, 그는 언제나 성령 안에 또는 그리스도 안에 있다는 문맥에서 그것을 분명하게 사용한다(갈 5장 뿐만 아니라, 또한 살전 4:1 이하, 7절 이하; 5:10, 18; 롬 12:1 이하를 보라; 그리고 골 3:1-4를 참고하라).

바울이 그리스도를 본받는 것을 윤리적 기초로 사용한다는 것은 종종 제기된다. 이러한 견해는 오직 엄격한 한계 내에서만, 즉 자기를 주는 사랑의 행위로서 고난받고 죽는 그리스도의 자발성에서만 합당하다(살전 1:6, 2:14; 고전 4:16, 11:1을 보라). 그 서신의 진정성이 논의되고 있는 데살로니가후서 3:7, 9에서만 무엇인가 다른 것이 있으며, 그리고 그 구절에서는 그의 근면성과 타인들에게 짐이 되는 것을 거부하는 것의 모범이 되는 사람은 그리스도가 아니라 바울이다. 일반적으로, 윤리의 기초로서 바울에게 중요한 것은 그리스도를 본받음 아니라 그리스도와 함께 죽고 그 안에 있는 것이다.

공동체 안에서의 사랑

새로운 세대 안에 있다는 것, 곧 새로운 피조물은 또한 새로운 공동체, 곧 교회 안에 있다는 것이며, 이것 역시 윤리를 위한 기초를 제공한다. 고린도전서 12:4-11에서, 바울은 성령 안에 있는 그 공동체가 공동선을 위해 그러한 성령의 다양한 나타남을 누리고 있음을 보여주며(7절), 그 후에 12-31절에서 바울은 몸의 지체들의 상호 의존 그리고 명예와 신분의 일반적 기준의 반전(反轉)을 설명한다. 바울은 모든 은사 중에서 가장 중요한 은사는 사랑($\dot{\alpha}\gamma\alpha\pi\eta$)이라고 말함으로써(12:31-13:1 이하), 봉사의 은사 목록을 완결시킨다. 이 사랑은 무가치하고 합당치 않은 사람들을 위해 자기 자신을 준 그리스도의 사랑을 반영하며(롬 5:6 이하), 그 사랑의 특성은 움켜쥐지 않고 주는 것, 곧 타인들을 자기 자신만큼 돌보는 것이다. 사랑은 갈라디아서 5:22에 나오는 성령의 열매의 목록에서 맨 앞에 나온다. 로마서 13:8-10에서, 변화 받고 또한 더 이상 악한 권세 아래에 있지 않는 삶에 대한 그의 설명이 끝날 즈음에, 바울은 이웃 사랑을 율법의 완성으로 묘사한다(또한 갈 5:14을 보라).

사랑의 중심성을 나타내는 실천적인 예가 '우상에게 바쳐진 음식'과 관련하여 고린도전서 8장과 10장에서 인상적인 형태로 제시된다. 그 음식 문제에는 세 가지 상호 관련된 질문들이 있는 것 같다. 첫째는 기독교인들이 이방인 사원 경내, 즉 사원 식당에서 제의적 축제와 직접적으로 연결되지는 않았지만 제공된 음식이 앞서서 이교의 희생 제사에 사용된 것을 알면서도 그 식사에 참여할 수 있는가 하는 것이다(8장). 바울의 대답은(8절) 원칙적으로 식사를 하지 않을 이유가 없다는 것이다. 우상들은, 식견을 가진 사람들이 인정하듯이, 결코 실재하는 존재가 아니며, 따라서 그 음식을 먹는데 어떤 위험이 있을 수 없다. 그럼에도 불구하고, 이전에 이교 제의의 숭배자들이었던 사람들은 그 음식 먹는 것을 이교 신들의 숭배와 기독교 하나님의 예배를 결합하는 가능하다는 의미로 해석할 수도 있었다. 다시 말하여, 그들에게는 개심자들의 고질적 유혹인 혼합주의가 허용될 수 있는 것으로 보였을 것이다(7절). 이것은 새 세대의 구성원의 정체성을 뿌리째 자르는 것이 되어서, 그런 혼합주의가 내포되어 있는 줄 모르는 '강한' 기독교인은 '약한' 형제의 믿음을 파괴하는 수단이 된다(9-13절). 그러므로 우리가 단순히 먹는 것이 옳으냐 또는 그르냐에 의거하여 행동할 수 없다고 바울은 말한다. 우리는 우리의 이웃의 영적인 복지를 먼저 염두에 두어야 하며, 아무리 먹는 것이 우리에게 아무 해가 되지 않는다 할지라도, 그것이 타인들에게 해가 된다면 우리는 그것을 피해야 한다. 간단히 말하여, 사랑은 실천을 위한 원리다.

두번째 질문은 10:14-22에서 다루어지는데, 그것은 이방 종교의 실제적인 제의 식사에 참여하는 것과 관계한다. 여기서 제시된 충고는 8장의 충고와 아주 현격하게 다르며, 그 배경도 또한 아주 다르게 나타나서 우리가 다른 질문을 가정하는 것이 당연하게 보인다. 이제 그 대답은 직선적이다: "너희가 주의 상과 귀신의 상에 겸하여 참예치 못하리라." 우상들은 실제로 아무런 존재가 아니나, 많은 유대인들과 같이 바울은 귀신의 세력들이 우상들을 나쁘게 이용한다고 믿으며, 그래서 우상 숭배에 참여하는 것은 자기 자신을 귀신의 세력과 악의 세력들 아래에 종속시키는 것이다. 그러므로 기독교인이 그러한 명백하게 이교적인 제의에 참여하면서 또한 성찬식에 참여할 수 있는 길은 없다(14-18절).

세번째 질문은 아마도 그 중에 많은 부분이 이교 제의 후에 넘겨진 것으로서 시장에서 구입한 고기를 먹는 것과 관계가 있다. 이 경우에 바울의 충고(10:23-30)는 그 고기의 내력을 묻지 말고 먹으라는 것이다(25, 27절). 그러나, 만일 너희 집주인이 이것은 제사에 바쳐졌던 것이라고 분명하게 말하면, 혹시나 그가 그리스도에 대한 너의 전적인 헌신을 시험하려는 것일 수도 있기 때문에, 그것을 먹지 말라. 다시 한번 말하면, 그 요점은 먹는 것이 원칙상 옳은 것이냐 혹은 그른 것이냐가 아니라, 오히려 다른 사람들에게 끼치는 결과가 해가 될 것인가 하는데 있다(10:31-11:1). 타인들에 대한 배려와 그리스도에 대한 그들의 기존의 혹은 잠재적인 충성이 실천을 위한 규칙, 즉 다른 말로 하면 사랑이다. 로마서 14-15장에 또 다른 예가 나오는데, 거기서 문제가 정확하게 동일한 것은 아니지만, 그 대답의 어조는 아주 흡사하다.

이 모든 구절들에서, 바울은 구체적 상황에 처하여 하나의 규칙에 의해서가 아니라 성령에 의해서 인도함을 받는다. 그리스도 안에서 즉각적인 조명이 행실의 문제들에 대해서 주어진다는 확신이 있다. 이것은 '거룩한 법의 판결'이라 불려 왔던 것을 언급하는 특별한 관례에 의해 분명히 나타나는데 그 양식은 이렇다: "만일 어떤 사람이 x 를 행한다면, 그러면 그는 (하나님에 의해) x 가 될 것이다" 또는 "하나님은 그를 x 할 것이다." 하나의 예가 고린도전서 3:17에 있다: "누구든지 하나님의 성전을 더럽히면 하나님이 그 사람을 멸하시리라." 여기에서 '하나님의 성전'은 교회이다. 심판이나 저주를 확고하게 선언하는 것은 완전하고 신적인 권위에 대한 무언의 주장을 드러내는 것이다(또한 고전 5:3-5; 14:38; 16:22; 갈 1:9을 보라). 하나님의 최종적 심판은 그의 사도의 선언 속에서 예고된다. 이 판결들은 그리스도의 영이 그를 통하여 일하고 있으며 또한 말하고 있다는 바울의 확신을 보여준다.

사회적 윤리

바울의 윤리에 대해 지금까지 말한 모든 것은 기독교인 개인 혹은 교회와 관련된 것이었다. 바울이 대체적으로 국가 또는 사회에는 별로 관심을 갖지 않았다고 종종 언급된다. 시민권에 대한 유일하게 직접적인 논의가 로마서 13:1-7에 있는데, 그것은 권세자들에 대한 순종을 충고하는 분명히 온건주의자의 것이지만, 몇 가지 조건들이 있다. 첫째, 이 구절은 세대의 종말을 재확인하는 문맥에서 나온다(12:1 이하와 13:11 이하를 비교하라); 소명하는 과정 중에 있는 사회 구조들을 재편한다는 사상은 전혀 없다. 그 동안에, 기독교인들은 그들의 기독교적 순종의 일부분으로서 비정상적으로, 그리고 시대에 맞지 않게 현 사회 속에서 조용하면서 법을 지키는 자세로 살아간다. 둘째, 로마서 13:1 이하에서 바울은 권세자 자신들이 하나님에 의해 세워지고 하나님께 종속되기 때문에 기독교인들이 그들에게 복종해야 한다고 말한다. 권세자들이 명백하게 (하나님께) 순종하지 않고 전체주의자가 될 때에는 무슨 일이 일어나는가? 바울은 이 질문에 정면으로 다루지 않지만, 바울 이후의 기독교인들은 그것을 다루어 만일 그리스도께서 주님이라면, 그 밖에 어느 누구도 주가 될 수 없으며, 그리고 도를 넘게 요구하는 국가는 저항을 받아야 한다고 대답했다. 바울의 다른 환경 속에서, 정부의 제도들은 하나님이 제공하신 것으로 보여졌으며, 그리고 그 유일한 대안은 무정부상태이기 때문에 기독교인들은 그 정부 제도들을 지지해야 한다.

여기서 다시 새로운 세대에 속하는 기독교인의 삶과 여전히 옛 세대의 한계 안에 존재하고 있는 그리스도인의 삶 사이에 긴장이 있다. 바울이 여자들에 대하여 말하면서 스스로 모순되는 것처럼 보이는 구절에서 유사한 경우를 볼 수 있다. 한편에서 "그리스도 안에서는 남자나 여자가 없다"(갈 3:28): 또 다른 한편에서 여자들은 세상의 위계 질서에 따라 남자들에게 순종해야 한다(고전 11:2-16). 그럼에도 불구하고, 고린도전서 11:2-16 내에서, RSV가 그것을 바르게 괄호 속에 넣었는데, 세상의 순종주의자 체계와 그리스도 안에 있는 새로운 공동체의 원리 사이의 긴장을 보여주는 11절 이하가 제시되고 있는 것은 교훈적이다: "그러나 주 안에는 남자 없이 여자만 있지 않고 여자 없이 남자만 있지 아니하니라 여자가 남자에게서 난 것 같이 남자도 여자로 말미암아 났으나 모든 것이 하나님에게서 났느니라." 내가 바울이 의미하는 바를 의심하는 것은 주 안에서는 아무 구별이 없다는 것(참고, 갈 3:28)과, 그러나 현 세상에서는 구별이 있고, 바로 이 현재의 세상에서 기독교인의 순종이 실천되어야 하는 것이다. 확립된 질서는 그것이 존속하는 한 유지되어야 하지만, 기독교인들은 그것이 단지 잠정적이라는 것과 그리고 새로운 세대에서 그 구별은 사라질 것을 알고 있다.

동일한 종류의 긴장이 그가 노예를 다루는 곳에서 나타난다: 갈라디아서 3:28에서 유대인들과 이방인들 사이와 남자들과 여자들 사이의 차별들처럼, 노예와 자유인 사이의 차별이 없어져 버린 것으로 선언된다. 그러나, 현재 세상에서 그 차별은, 비록 판결이 내려졌다 할지라도, 분명히 없어지지 않고 그대로 있으며,

그 와중에서 기독교인들은 그 차별과 함께 살아야 한다(고전 7:21-4). 그러한 환경에서 노예 폐지를 위하여 일하는 것은 침몰하고 있는 배의 엔진을 수리하는 것과 같았을 것이다. 이 모든 것은 도망간 노예 오네시모의 경우에서 설명되는데, 거기서 바울은 사회의 규정에 따라서 오네시모를 그의 주인 빌레몬에게 되돌려 보낸다(몬 12절). 그러나 바울은 빌레몬에게 오네시모를 노예로서가 아니라 주 안에서 형제로 영접할 것을 요청하는데, 왜냐하면 두 사람 모두 기독교인들이기 때문이다(몬 16절). 사회의 규정들과 구조들은 외부적으로는 존중되지만, 내부적으로는 거부된다.

만일 우리가 바울에게 있어서 교회는 그 미래가 이미 부분적으로 분명히 나타나 있는 미래 인간, 즉 새로운 아담의 백성의 선구자라는 것을 상기한다면. 이것은 바울과 사회에 대하여 우리가 말할 수 있는 모든 것은 아니다. 바울이 교회에 대하여 말하는 것은 따라서 사회가 어떻게 되어야 한다고 그가 생각하는지에 대한 몇 가지 단서를 우리에게 제공해 준다. 신분과 중요성에 관한 상호 의존과 일상적 개념의 반전이 있어야 한다(고전 12:14-16). 필요에 따른 공정한 자원의 분배가 있어야 한다(고후 9장). 무엇보다도 태도와 실천으로 표현된 사랑이 있어야 한다(고전 8장, 10장). 바울이 헌금(헬라어: κοινωνία, '참여')에 마음을 쏟는 것은 대체적으로 그것이 교회의 다른 부분들과 결합되는 것과 또한 이방인들의 추수를 상징하는 것을 의도했기 때문이다. 그러나 헌금에는 또한 보다 더 직접적인 목적이 있었다: 헌금은 교회의 일부 자원들을 전체 교회를 위해, 특히 가난한 사람들을 위해 유용하게 사용하는 것을 확실히 보여주고자 했다(고후 8:1-4; 9; 갈 2:10; 롬 15:25-7을 보라).

그리하여, 국가와 사회는 남아 있으나, 새로운 세대의 신학적 실재들은 그러한 불평등, 차별, 위계질서의 기초들을 이미 허물고 있다. 비유를 바꾸어 말한다면, 옛 사회 속에 사랑, 평등, 그리고 일치라는 아주 다른 기초들 위에 세워진 새로운 사회가 존재한다.

제7장

신약성서 내에서와 그 이후의 바울 기독교

바울은 결코 고립된 인물이 아니라, 적어도 한 동안은 광범위하게 영향력을 행사했던 기독교를 이해하는 한 방식의 중심 인물이었다. 이제 우리는 바울 자신의 작품이든 혹은 아니든(그리고 우리가 논의하는 모든 것은 분명하게 그가 저술한 작품이 아니거나, 혹은 그가 저술한 작품이 아니라고 자주 간주되는 것들이다), 바울주의(Paulinism)의 두번째 물결을 나타내는 작품들로 방향을 돌려본다. 그러나 우리는, 만일 그것이 바울의 진정한 서신이라면 초기의 작품인 한 서신으로부터 시작한다.

데살로니가후서

이 간략한 편지의 신학적 내용은 비교적 빈약하며, 2:1-12을 제외하고는 데살로니가전서에 있지 않는 것은 거의 없다. 어법이 거의 동일한 것으로 보아, 바울의 첫번째 편지가 그의 마음에 아직 있을 동안에 그가 두번째 서신을 썼거나, 혹은 바울의 추종자가 첫번째 편지를 거울삼아 두번째 편지를 썼던 것으로 보인다. 그 목적은 묵시적 계획이 먼저 완결되어야 한다는 것을 강조함으로써(2:1-12) 그리스도의 임박한 재림에 대한 데살로니가 교인들의 열망을 완화시키기 위한 것으로 보인다. 종말이 아주 가까이 왔다고 믿었기 때문에, 그들의 생계 활동을 포기했던 사람들은 일터로 되돌아가서 다른 사람들에게 짐을 지우지 않고 조용히, 정신차려서 근면하게 살아야 한다. 2:1-12은 전승 부분인데, 우리가 바울의 어느 다른 곳에서 발견하는 것보다 더욱 전통적인 묵시적 영상으로 가득차 있다(살전 4:13-17; 5:1f; 고전 15:51f). 우리는 '불법의 사람', '멸망의 아들', '불법의 비밀', 그리고 '막는 자'의 개념 같은 표현을 만난다. 데살로니가전서, 특히 5장에서, 종말은 갑작스럽고 예기치 않게 오는 반면에, 데살로니가후서 2장에서는 표적과 징조가 먼저 나타나야 한다. 이것들 중에 어느 것도 바울의 사상에 진보를 나타내지는 않지만, 그 대신 더욱 조심스런 시간표와 더욱 풍부한 전통적 영상을 나타낸다. 데살로니가후서의 저자 문제에 관해서는 많은 논란이 있으나, 아무튼 그 서신은 바울 신학에 별로 기여하지 못한다.

골로새서

여기에서 입장은 아주 다르다. 바울이 그 편지를 썼든 혹은 쓰지 않았든, 바울 신학 안에서 발전의 국면이 몇 가지 점에서, 특히 기독론에서 가장 선명하게 나타난다. 진정한 편지들은 우주적 기독론의 초기 국면을 보여 주지만(고전 8:5f; 참고 2:8; 빌 2:10; 또한 로마서 8:37-39에서 우주적 세력들에 대한 그리스도의 승리를 보라), 골로새서에서, 우리는, 특히 1:15-20에서 그러한 사상들이 꽃을 피우게 됨을 본다. 피조물의 중재자로서 그리스도의 역할이 비중 있게 강조되며, 그리스도 안에서 하나님이 하나님의 모든 충만함 가운데서 제시된다. 그 구절은 원래는 영지주의자의 것으로 추정되는 찬송가, 또는 잠언 8:22과 창세기 1:1의 빛에서 지혜에 관한 팔레스틴계 유대교의 묵상, 또는 헬라계 유대교의 지혜 작품, 또는 아마도 무엇보다도 가장 개연성이 있는 것으로서 유대교의 지혜 모델을 바탕으로 한 그리스도에 관한 기독교인의 예배 의식적 고백이라고 널리 믿어진다. 아무튼, 그 구절의 현재 양식에서 그것은 철저하게 기독교적이며, 18절 중간에서 나누어지는 두 절로 구성되어 있다. 우리는 그것의 개연적 성격을 반영하는 양식으로 그것을 제시한다.

15 그는 보이지 아니하시는 하나님의 형상이요 모든 창조물보다 먼저 나신 자니
16 만물이 그에게 창조되되 하늘과 땅에서 보이는 것들과 보이지 않는 것들과 혹은 보좌들이나 주관들이나 정사들이나 권세들이나 만물이 다 그로 말미암고 그를 위하여 창조 되었고
17 또한 그가 만물보다 먼저 계시고 만물이 그 안에 함께 섰느니라
18 그는 몸인 교회의 머리라 그가 근본이요 죽은 자들 가운데서 먼저 나신 자니 이는 친히 만물의 으뜸이 되려 하심이요
19 아버지께서는 모든 충만으로 예수 안에 거하게 하시고
20 그의 십자가의 피로 화평을 이루사 만물 곧 땅에 있는 것들이나 하늘에 있는 것들을 그로 말미암아 자기와 화목케 되기를 기뻐하심이라

지혜와 같이, 그리스도는 창조와 구속에서 역사하시는 하나님

의 활동을 나타내며, 가장 개연적으로는 올리우신 그리스도께서 저자의 의중에 끝까지 있었던 것으로 보인다.

그 언어의 많은 부분을 이해하기가 어려운 것은 엄밀하게 말하자면 지혜가 그 모델인 것 같기 때문이다. 표면상으로, 그 찬송가는 한 분의 인격적 존재로서 창조와 구속에서 적극적으로 활동한 그리스도의 선재를 선언한다. 그러나 우리가 지혜 언어를 알고 있기 때문에, 우리는 더욱 신중해야 한다; 의미하는 바는 그리스도의 부활과 화해시키는 역사(役事)에서 분명하게 나타난 것과 동일한 하나님의 완전한 임재와 활동이 창조 활동에서도 나타났으며, 따라서 선재하는 것은 인격적 존재로서의 그리스도가 아니라 그리스도 안에서 적극적으로 활동했던 하나님의 능력이라는 것이 가능하다. 그러므로 우리는 이것이 적어도 선재와 관련하여 바울의 보다 초기의 기독론에 대한 얼마나 획기적인 진보인가는 확신할 수 없다. 그래서 15-17절은 지혜 담론과 전적으로 맥락을 같이 하며, 15절에서 '먼저 나신 자' 표현조차도 인격적 선재를 나타내는 것으로 쉽게 추정될 수 없으며, 오히려 그것은 그리스도-지혜가 피조물의 일부라는 것을 의미한다고 추정할 수 있다.

1:18 상반절에서 그리스도는 몸, 곧 교회의 머리이다. '몸'은 인간의 사회를 하나의 몸으로 보는 스토아학파의 견해들에서 유래할 수도 있으며, 만일 그렇다면 그 견해들은 수정되어 교회가 핵심 공동체를 나타낸다. 몸의 머리로서의 그리스도는 하나의 새로운 발전이다. 로마서 12:4 이하에서 기독교인들은 그리스도 안에서 한 몸을 이룬다. 고린도전서 12:12-31에서 기독교인들은 그리스도의 몸이다. 지금까지 기독교인들이 그리스도를 머리로 하는 몸이라는 것은 어디에서도 언급되지 않았다. 이러한 변화가 일어나는 것은 지혜—우주 언어가 그리스도—교회 언어로 전환되었기 때문일 것이다. 그리스도를 그 몸과 동등하게 간주하는 옛 개념이 아직도 현존하지만(1:24), 두드러지게 나타나는 것은 이 새

로운 개념이다. 더구나, 우주적 그리스도 사상이 1:15-20 뿐만 아니라 2:8-10에서도 발견되는 것처럼, 몸의 머리로서 그리스도는 2:19, 아마도 3:15에서 반복되어 나타난다. 물론, 이 발전을 위한 다른 이유들이 존재할 수 있을 것이며, 그 중 가장 단순한 이유는 기독교인들이 그리스도를 주 또는 머리로 인정함이 없이 자신들을 그리스도의 몸으로 생각하는 것이 자만과 오만으로 인도할 수 있기 때문이다. 이러한 우려는 고린도전서 1-4장과 12:12-31로, 그리고 고린도인의 자만에 대한 바울의 공격으로까지 거슬러 올라갈 수 있다.

'모든 충만'에 대한 언급이 있는 19절에서 어떤 사람들은 하나님께로부터 나와서 하나님께 종속하는 영지주의적 세력들과 소산들에 대한 언급을 보며, 그래서 그들과는 달리 그리스도는 부분적이 아니라 전체적으로 하나님을 표현한다는 것을 그 찬송가는 선포한다. 아마도 그 구절은 그리스도가 지혜처럼 모든 충만함 속에 계시는 하나님을 나타내는 것이며, 그래서 그리스도가 하나님의 우주적 임재라는 것을 의미한다는 것이 더 적합할 것이다. 우리가 그 말을 어떻게 간주한다 할지라도, 우리는 분명히 여기서 우리가 지금까지 살펴보았던 것보다 그리스도의 우주적 중요성을 나타내는 더 발전된 표현을 가지고 본다.

다른 편지들처럼, 골로새서는 그리스도 안에 있는 새로운 존재와 또한 침례와 연결된 것으로서 그리스도와 함께 죽는 것과 부활하는 것에 관하여 말하지만(2:12), 골로새서가 부활을 미래에 속한 것으로 보는 관점에 있어서 로마서와 고린도전서보다는 덜 신중하다. 비록 여전히 '종말론적 유보'가 있을지라도, 2:12 이하와 3:1에서 골로새서 교인들은 이미 그리스도와 함께 일으킴을 받은 것으로 나타난다: "이는 너희가 죽었고 너희 생명이 그리스도와 함께 하나님 안에 감취었음이니라 우리 생명이신 그리스도께서 나타나실 그 때에 너희도 그와 함께 영광 중에 나타나리라"

(3:3f), 따라서 3:1의 '이미'는 3:4의 '아직 아니다'와 함께 나온다. 기독교인들은 여전히 길을 가고 있는 중이며, 종착지에 아직 도착하지 않았다; 그러므로 그들은 마치 그들이 실제로 그리스도와 함께 죽은 것처럼 살아야 한다는 권고를 필요로 한다(2:6f, 20-3; 3:1f, 5-25; 4:1-6). 더구나 부활은 오직 믿음 안에서만 현존한다(2:7, 12). 그러나 용어 사용에서의 변화는 주목할 만하며, 바울 저작에 대하여 의심을 일으키게 하는 것들 중에 하나다.

다른 발전들은 덜 중요하다. 임박한 종말의 기대가 빠져 있다: 3:4만이 명시적으로 그리스도의 최종적 나타남을 언급한다. 그러나 바울의 진정한 편지들에서처럼 그리스도의 죽음과 부활에 의해 표시되는 세대의 변화가 편지 전체에 배어 있다. 3장에서 윤리적 교훈은 우리가 후대 작품들에서 발견하는 교리 문답적 유형, 즉 소위 "가사 규정집"(*Haustafeln*)과 비슷하지만, 기독교인들을 새로운 시대에 속하는 것으로 이해함과 밀접하게 관련되어 있다. 권세들(여기에서는 율법을 포함한다, 2:14f)에 대한 그리스도의 승리는 또한 그와 함께 죽는 사람들의 승리이므로(2:20), 다시 한 번 우리는 세대의 변화를 본다.

다른 서신들과의 이러한 유사점들과 차이점들 때문에 하나의 문제가 생긴다. 어떤 학자들은 바울이 대항하여 싸우고 있는 이단, 아마도 그로 하여금 새로운 개념들과 어의(語義)들을 발전시키게 만든 유대교적 영지주의의 한 분파에서 그 차이점들에 대하여 설명한다. 다른 학자들은 문체와 어휘가 바울의 일반적인 범위 안에 적절하게 포함되지 않기 때문에, 바울 자신이 저자일 수 없다고 주장한다. 바울 이외의 어떤 사람, 즉 한 사람의 제자 혹은 집단의 제자들이 바울의 권위를 내세우면서 그의 이름으로 썼다. 이러한 문제들과 나아가 저작 시기와 장소의 문제들에 관한 연구를 위하여는, 신약개론의 하나의 표준적인 참고서를 살펴 보아야 한다. 바울이 저자이든 아니든, 또한 바울이 저자라고 우리가 확신 있게 말할 수 없든, 골로새서는 바울 사상에서 있어서 발전을 나타낸다.

에베소서

여기에서 그 입장은 복합적이다. 어떤 면에서는 바울의 모든 편지들 중에서 가장 훌륭하고, 특별히 그리스도 안에서 유대인과 이방인의 화해를 강조한 점에서, 에베소서는 골로새서가 제시하지 않는 방식으로 바울 사상 안에서의 발전 뿐만 아니라 차이점들을 보여준다. 유사한 것들도 많다. 참으로 골로새서로부터 익히 알고 있는 것들이 많다: 영광스럽고 승리하는 우주적 그리스도를 묘사함에 있어서(엡 1:19b-23과 골 1:15-20을 비교하라), 그리고 옛 생명의 죽음 후에 그리스도 안에 있는 새로운 생명을 묘사함에 있어서(엡 2:1-10과 4:17-32를 골 3:1-11과 비교하라), 에베소서와 골로새서는 유사하다. 매우 감동적인 권고와, 매우 긴 교리문답 부분(5:1-6:9)이 있다.

다른 서신들과 잘 맞지 않게 비교되는 것들도 역시 있다. 고린도전서 3:11에서 예수 그리스도는 교회의 유일한 기초이지만, 에베소서 2:20 이하에서 그리스도가 주된 모퉁이 돌인 반면에, 사도들과 예언자들이 연합된 기초들이다. 바울에게서 일반적으로 '교회'(헬라어: ἐκκλησία)는 특정 지역 교회의 의미로 사용되지만, 에베소서에서 그것은 예외 없이 보편적 교회를 가리킨다(1:22; 3:10, 21; 5:23-5, 27, 20, 32). 따라서 사도들과 기독교인 예언자들의 견해가 더욱 존중되고 있으며, 또한 교회의 보편적 성격이 더욱 부각되고 있다. 아무도 지금까지 이런 발전들이 일어났다는 것을 의심하지 않았다. 재미있는 것은 에베소서는 바울 전승 내에서 그들의 존재를 보여준다는 것이다('거룩한 사도들과 선지자들'이란 존경의 표현이 있는 3:5을 보라).

그리스도의 임박한 재림에 대한 희망의 표현이 없으며, 골로새서 3:4에서 주장하는 희미한 종류의 희망조차도 없으며, 그리고 이점에서 에베소서는 바울의 편지들 중에서 독특하다. 또한 에베소서에서만 나오는 조그만 문제들도 있다: 예를 들면, 골로새서 1:20에서 하나님이 그리스도를 통하여 만물을 자기 자신과 화해시켰지만, 에베소서 2:16에서는 하나님과 화해시키는 일을 그리스도가 한다; 에베소서 3:4 이하에서 '비밀'은 더 이상 하나님의 오래되고 감추어진 목적의 계시가 아니라, 교회 안에서 유대인과 이방인의 일치다(롬 16:25; 고전 2:1, 7; 골1:26f; 2:2; 4:3). 5:21-33에서 그리스도와 그의 교회와 성스러운 결혼을 믿는 믿음을 바탕으로 사랑 안에서 서로 복종하라는 명령의 기초를 다루는 것은 물론, 4-6장에서는 도덕적 문제들을 대단히 철저하게 다루고 있고, 그리고 1-3장에서는 하나님의 비밀을 드러내는 것에 집중한다.

그러므로, 유대인과 이방인이 교회 안에서 하나가 되어 과거의 논쟁들이 해결되었다는 가정은 말할 것도 없이, 그리스도의 증대된 영화, 더욱 보편적인 교회관, 교회의 창립자들을 향한 극진한 존경, παρουσία 희망의 사라짐 등이 제시되고 있다. 이것은 분명히 후기의 작품인데, 만일 바울이 저자라면, 그는 그것을 그의 생애의 거의 마지막 즈음에 썼을 것이 틀림없다. 바울의 모든 다른 편지들과는 달리, 에베소서에는 인사(人事)가 없고, 개인들에 대해서나 수신자들의 상황에 대한 언급이 없다. 그러나 바울은 에베소 교인들을 특별히 잘 잘 알았고, 또한 그들과 많은 시간을 보냈다. 에베소서에는 하나의 특정 장소와 연결되는 것이 아무것도 없는 것으로 보아, 아마도 그것은 회람 서신이었을 것이다(가장 초기의 필사본들은 '에베소에 있는'을 1:1에서 생략한다). '에베소 교인들에게'라는 표제는 모든 신약성서 표제들처럼 후대의 첨부이다. 따라서 에베소서는 그리스도의 성취, 그리스도 안에 있는 새로운 생명의 실재, 그리고 그리스도를 머리로 하는 몸으로서의 교회에 대한 바울의 최종적이고 성숙한 성찰을 나타내기 위하여 여러 교회들에게 보내졌을 수 있다. 더욱 개연적인 견해는 바울이 에베소서를 기록하지 않았다는 것인데, 그 이유는 에베소서의 신학 때문만이 아니라, 또한 그것의 언어와 문체가 바울의 다른 편지들과 현격하게 다르기 때문이다. 예를 들면, '하늘' 또는 '하늘들'이라는 단어가 에베소서에서 다섯 번 나오는데, 그것은 다른 모든 편지들에서 사용된 것과는 항상 다른 것이다. 그러한 변경에 있어서 의미의 차이나 이해할 만한 이유가 없으며, 또한 이러한 종류의 세부 사항은 많은 사람의 의견대로 다른 사람이 썼다는 것을 보여 준다.

많은 문체의 기교들은 바울의 것과 다르며, 어떤 사람이 새로운 상황을 대처하기 위해 그의 가르침을 제시하면서 바울의 이름으로 저술하고 있다는 가정을 뒷받침해 준다. 또한 에베소서와 다른 편지들, 특히 골로새서 사이에는 흥미로운 관계가 있는데, 왜냐하면 문체의 차이점들에도 불구하고 에베소서의 많은 내용이 다른 편지들 속에 있는 자료와 비슷하기 때문이다. 이것으로 인해 에베소서는 바울의 한 제자가 바울의 편지들에서 나온 것들을 합쳐 놓은 모방 작품이라는 견해들이 제기되어 왔다. 몇몇 영미 학자들은 더 나아가 에베소서는 무관심의 기간 이후에 바울의 편지들이 수집될 때 더 광범위 한 청중에게 그 편지들을 소개하기 위하여 편집되었다고 제안했다. 이것은 내용에서의 유사성, 신학적 발전, 그리고 문체와 어휘에 있어서의 차이점들을 설명해 준다. 따라서 에베소서는, 그것이 전체 교회를 대상으로 했기 때문에 일반적 용어를 사용했고, 또한 그것은 1세기 마지막 즈음에 서술되었기 때문에 발전된 용어를 사용하여, '오늘날을 위한 바울의 의미'를 제공하려는 시도이다. 이러한 이론은 수집자 겸 편집자가 오네시모였다는 가설을 포함하여 몇몇 매혹적인 세련된 점들을 지니고 있으나, 이 이론의 최대의 약점은 에베소서가 바울 서신의 초기 목록에서 첫번째에 위치하도록 요구한다는 것이다. 서론을 제시해야 하는데, 이 이론에 따르면 에베소서가 바울에 대한 서론인 셈이다. 불행하게도 에베소서는 결코 맨 앞에 나오지 않으며, 또한 이러한 반대를 회피하려는 독창적인 시도들에도 불구하고, 그 이론은 하나의 중대한 결함을 갖고 있다.

분명한 것은 만일 에베소서가 바울 자신에 의한 것이 아니라면 그것은 바울과 그의 생각에 아주 근접해 있었던 사람에 의해 저술되었다는 것이다. 넓은 영역에서 그것은 철저히 바울적이며, 그리고 에베소서를 바울 추종자나 바울 학파의 산물로 생각하는 사람들은 그 바울적인 것의 중요성을 축소시키려 하지 않는다. 오히려, 그것은 다음 세대에서 바울의 사상이 어떻게 발전되었는지에 대한 중요한 증거다.

사도행전

모든 사람이 다 바울을 이해한 것은 아니다. 연대기에 있어서는 물론 신학에 있어서도 사도행전과 바울의 편지들을 조화시키는데 주요 난제들이 있다. 두 종류의 난제가 합류하는 유명한 경우는 사도행전 15장의 소위 사도 회의이다: 그것은 갈라디아서 2장의 사건과 같은 사건인가? 두 사건 모두 이방인들이 할례를 받아야 하는가의 문제와 관련되고, 두 경우에 모두 이방인들이 그렇게 할 필요가 없다고 대답한다. 그러나, 갈라디아서에서는 아무 특별한 요구도 이방인 개종자들에게 주어지지 않는 반면에, 사도행전 15:20, 29에서 그들은 우상의 제물, 피와 목매어 죽인 것과 음행을 피할 것을 권고 받는다. 만일 바울이, 사도행전에서 제시된 것과 같이, 그 회의에 참석하여 동의했다면, 그는 왜 이방인 개종자들이 할례 받아야 된다는 갈라디아인의 요구를 다룰 때, 그 결의를 인용하지 아니하는가? 왜 그는 고린도 교인들에게 쓴 글에서는 그것에 역행하는가(고전 8장과 10장)? 더욱 근본적으로, 갈라디아서를 기록한 바울이 그의 이방인 개종자들에게 이러한 본질적으로 유대교적인 조건들을 부과하는 것에 동의하려 했다는 것은 신빙성이 있는가? 연대기적으로, 예루살렘 총회 방문이 사도행전에 따르면 바울의 세번째 방문이지만, 갈라디아서에 나오는 바울 자신의 기록에 따르면 그의 두번째 방문인 것을 우리는 어떻게 설명하는가? 이 난제들 중의 일부분은 갈라디아서를 아주 초기의 편지로 간주함으로써 제거될 수 있지만, 또한 이것은 새로운 난제들을 만들어 내고 다른 것들을 악화시킨다(그것은 왜 바울이 로마서 14-15장에서 그 결의를 인용하지 않는가를 설명하는데 분명히 도움을 주지 않는다).

  이것은 사도행전과 바울의 편지들을 조화시키는데 생기는 문제들의 한 가지 예에 불과하다. 일반적으로, 사도행전은 바울 신학에 대한 안전한 안내자가 아니다. 비록 사도행전이 작품의 절반 이상을 바울에게 할애하여 그를 부각시키지만, 사도행전은 결코 그가 편지를 썼다는 것을 결코 언급하지 않으며, 그에게 완전한 사도적 부여하지도 않는다. 그러므로, 결정적인 면에서, 사도행전은 바울이 격렬하게 주장하는 것을 부인한다(고전 9:1; 15:1-10; 갈 1:17을 보라). 사도행전이 바울의 부름을 서술할 때조차도, 비록 처음에는 그것이 부활하신 그리스도와의 만남이라는 암시들이 있을지라도, 그것은 하나의 환상이며 종류에 있어서 제자들에 현현한 것들과는 다르다는 것이 사도행전 26:19에서 분명하게 된다(고전 15:1-11을 대조하라).

더욱 더 중요한 것은, '누가의' 제한된 신학적 이해 때문이든지, 또는 누가가 바울 시대보다 훨씬 후에 저술하여 바울의 독특한 사상들에 단순히 무지했기 때문이든지, 사도행전이 바울이 제시한 기독교의 중심을 상실하고 있다는 것이다. 사도행전에서 바울의 연설들은 바울의 신학이라기보다 누가의 신학을 반영한다고 말해도 무방하다. 사도행전에 나오는 바울의 연설들은 그리스도에 집중하지만, 그리스도 안에서 새로운 존재에 대하여, 한 지배 세력으로부터 다른 지배 세력으로의 전이에 대하여, 대속으로서의 십자가에 대하여, 그리스도와 함께 죽고 함께 살아나는 것에 대하여는 아무 언급도 없다. 성령이 두드러지게 나타나지만, 그리스도 안에 있는 생명에 상응하는 것으로서 성령 안에 있는 생명에 관하여 거의 언급되지 않는다; 그 대신에 예언적 연설에서 보여지는 성령의 나타나심에 초점이 더 모아진다. 그리스도의 몸으로서 교회에 대하여 아무 언급도 없다. 한번 언급된 칭의(행 13:38f)는 확실히 바울의 교리에 접근하지만, 그것은 믿음과 관계가 없고, 또한 그것은 율법이 어느 정도까지는 칭의를 위해 적합하다는 것을 의미할 수 있으며, 또한 그 용법은 바울 특유의 것이 아니다. 일반적으로 사도행전은 율법에 대한 충돌의 본질이나 그것에 대한 바울의 근본적 해결책을 전혀 파악하고 있지 않다.

사도행전에서 바울은 율법 문제보다 부활 문제를 놓고 유대교와 더 많이 싸운다(4:2; 23:6). 참으로 사도행전은 율법에 대하여 놀라울 정도의 긍정적 태도를 바울에게 돌리고 있다. 그는 사도행전 15:20, 29의 예루살렘 결의를 수용하고, 또한 그가 여행하면서 그 결의를 권장하는데(16:4), 그것은 분명히 그가 이방인들에게 피를 지닌 고기와 우상에게 바친 고기를 피하도록 충고했다는 것을 의미한다. 이것은 고린도전서 8, 10장과 로마서 14, 15장에서의 음식 규정에 대한 매우 다른 태도를 보여주는 것인데, 여기에서 바울은 아무튼 그 결의에 대하여 전혀 언급하지 않는다. 더구나, 사도행전에서, 바울은 디모데를 할례받게 하였으며(16:3), 자신이 유대교의 예배에 참여하고 또한 서원함으로써 그의 정통성을 증명한다(18:18; 또한 21:18-26을 보라). 예루살렘에서 열린 재판 때에, 바울은 오직 그가 부활을 전파한 것이 그가 곤경을 당하게 된 이유라는 것(23:6; 26:5)과, 그는 여전히 한 사람의 바리새인으로 남아 있다는 것을 말한다. 물론 사도행전은 이방 선교에 대해서 열정적으로 알고 있으나, 그 결과로 인한 바울 자신 안에서의 고뇌와 갈등을 모르는 것 같이 보이는데, 왜냐하면 모든 것이 베드로에게 명한 하나님의 명령으로 해결되며(행10, 11장), 그리고 모든 문제들은 15장의 예루살렘 총회에서 쉽게 해결되기 때문이다.

사도행전의 그리고 사도행전에서 바울의 기독론은 매우 단순한데, 왜냐하면 성경에 따라서 죄인들에 의해 거부되었지만 부활시에 하나님에 의해 의롭다함을 받은 메시아에 집중되어 있기 때문이다(13:13-43; 26:22f). 그것은 또한 십자가의 신학보다는 더욱 영광의 신학이다. 이것은 난제인데, 왜냐하면 그것은 원시 기독론과 구원론을 내포하며, 그래서 아주 이른 시기를 내포하기 때문이다; 그러나 전적으로 미래적 종말론의 부족이 내포하는 것과 같이, 율법에 대한 논의는 율법 논쟁이 끝나고 대부분 잊혀진 때를 내포한다. 바울의 아레오바고 연설에 나오는 '자연신학'(17:22ff)은 이교의 철학과 종교에서 그리스도를 위한 준비를 발견하려는 2세기의 순교자 저스틴(Justin Martyr)과 같은 사람들의 시도와 유사하고, 이것 역시 바울-이후 연대를 시사한다. 그러므로 사도행전은 바울을 이해하지 못한 동시대의 사람에 의해서 혹은 부적합 정보를 갖고 있던 후대 사람에 의해 쓰여졌는가?

그 저자가 누구이든 간에, 그는 단지 바울 사상을 피상적으로만 파악했다. 사도행전이 최초의 선교적인 복음 전파와 변증을 기술하고 있는 반면에, 바울의 편지들이 확립된 공동체들을 위한 목회적이고 신학적인 작품이라고 말하는 것으로, 우리는 그러한 불일치들을 설명할 수 없다. 기본적인 신학적 입장은 상황의 변화를 넘어 확실히 지속될 것이다. 그러므로 우리는 1세기 말로 추정되는, 사도행전에서 이해보다는 존경의 측면이 더 강한 바울 운동의 일부의 산물을 가지고 있다.

목회 서신서들

집합적으로 목회서신들로 알려진 디모데전서와 디모데후서와 디도서에 관하여도 동일하게 설명할 수 있다. 바울이 그 편지들을 현재의 모습대로 썼다고 변호하는 학자들은 별로 없다. 그 편지들의 신학이 어떤 면에서는 바울의 다른 편지들에 나오는 신학보다는 사도행전에 나오는 바울의 신학에 더 유사하기 때문에, 목회서신들을 누가의 작품으로 돌리는 경우가 계속 있어 왔다는 것은 놀라운 일이 아니다.

독자에게 인상을 주는 첫번째 것은 바울의 것으로 여겨지는 모든 다른 편지들과는 달리, 목회서신들은 구조들과 직분들에 깊은 관심을 기울인다는 것이다. 디모데와 디도 둘다 에베소와 그레데에서 각각 교회를 맡아서, 바울 자신의 것과 비슷하고 그에게서 유래한 통제와 감독의 직무를 수행하고 있었다. 이 점에서, 그들은 다른 감독자들(헬라어 $\epsilon\pi\acute{\iota}\sigma\kappa o\pi o\iota$)과 연합되어 있었다(딤전 3:1; 딛 1:7f) 이들은 디모데전서 5:1 이하, 17, 19절; 디도서 1:5에 묘사되는 장로들(헬라어 $\pi\rho\epsilon\sigma\beta\upsilon\tau\acute{\epsilon}\rho o\iota$)과 같을 수도 있고 그렇지 않을 수도 있다. 그러나, 처음 두 경우에(딤전 5:1f, 17), 그 언급은 직분에 대한 것이 아니라, 관련된 사람들의 연령에 대한 것이다. 왜냐하면 '장로'(elder)라는 말과 같이 그 단어는 단순히 나이가 많은 사람을 의미할 수 있기 때문이다.

목회서신들은 직분들과 구조들에 관하여 매우 많은 것들을 포함하고 있기 때문에, 그 서신들은 후대의 교회 지도자들이 자신들이 좋아하는 교회 정체의 형태(예. 감독, 또는 장로)가 가장 오래되고 신적인 인가를 받은 형태를 나타낸다는 것을 증명하기 원하는 그러한 사람들의 유익을 위해 많은 빌미들을 항상 제공해 왔다. 부분적으로는 우리의 지식의 결함 때문에, 목회 서신을 그렇게 이기적으로 사용하는 것을 인정하는 학자들은 거의 없다: 비록 감독과 장로가 동일하다는 견해가 우세하지만, 그것들이 동일한 것인지 다른 것인지 아무도 확신할 수 없다.

비록 감독들은 가르치고(딤전 3:2; 딛 1:9), 또한 감독들과 장로들은 다스린다(딤전 3:5; 5:17)고 언급되지만, 그들의 임무에 대한 언급이 그들이 지녀야 할 언급보다 훨씬 적게 나온다. 디모데와 디도는 감독들보다 우위에 있으며, 그 감독들에 대한 목회 책임을 가지고 있던 사람들로 나타난다. 종종 여 집사와 관계된 종류의 기능들을 수행하는 서열의 일원으로 나타나는 '과부'도 있다(딤전 5:9 이하). 이 직분들의 정확한 본질에 대하여, 우리는 불확실하지만, 그 편지들의 수신인들은 분명히 그렇지 않았을 것이며, 그들은 그것들을 당연 한 것으로 간주할 수 있었다. 그 구조들은 확립되었으며, 논쟁의 문제들이 아니다. 중요한 것은 그 직무들을 감당하는 사람들의 성품과 경건성이다. 감독들, 장로들, 집사들, 그리고 과부들에게 요구되는 성품의 많은 부분은 인습적인 예의와 상식에 지나지 않는다. 예를 들면, "집사들도 마찬가지로 신중하며, 두 말하지 아니하며, 술에 많이 빠지지 아니하며, 이득을 위하여 탐욕하지 아니한다"(딤전 3:8). 그런데 바로 뒤에 오는 구절은 독특하다: "그들은 깨끗한 양심과 함께 믿음의 신비를 많이 지녀야 한다"(9절). 만일 직분을 위한 인격적 적합성이 하나의 주요한 요소라면, 참된 신앙을 수호해야 할 필요성은 또 다른 중요한 요소다.

 이 참된 신앙은 단지 전파되기 위한 것만이 아니다; 그것은 내부로부터 타락과 외부로부터 공격에 대항하여 보존되어야 한다 (딤전 1:9 이하, 19; 3:9, 15; 4:1, 6f; 6:10, 12, 14, 20; 딤후 1:13f; 2:15, 18; 3:14-17; 4:3f; 딛 1:9, 13; 2:1f). 이것은 구조들과 직분들에 대한 강조와, 직분을 맡은 사람들의 경건에 대한 강조를 설명한다('경건'[piety]과 '경건함'[godliness] 과 '신앙적'[religious]에 대하여 많이 있는데, 신약성서에서 오직 목회서신, 사도행전과, 그리고 베드로후서에서만 모두 22번 나오고, 그 중 13회는 목회서신에서만 발견되며, 모든 것들은 그리스어로 εὐσεβεία와 그 동족어를 표현한 것이다). 이것과 거의 일치하여, 이단에 대한 경고가 자주 언급되는데, 교회에 대한 이단의 위협에 대하여, 바울이 흔히 그러했던 것처럼, 논쟁으로 대처한 것이 아니라 공개적인 비판과 방어 수단에 의존해서 대처했다. 이 방어들은 전승된 교훈의 고수, 치리, 그리고 공인된 권위로 구성되어 있다. 이 이단에 대하여 많은 기록이 있었으나, 흔히 그러하듯이 우리는 대개 추론에 의해 작업해야 한다. 어떤 요소들은 명확한 특성이 없으며, 어떤 것들은 분명하게 유대적이며(딤전 6:1f; 딛 1:10-16; 3:9), 어떤 것들은 영지주의적이다(딤전 4:1-3, 7; 아마도 딤후 3:1-9; 4:3f; 딛 3:9). 유대교적 영지주의 한 형태가 보이는 것 같기도 하다. 아주 흥미 있는 특징이 디모데후서 2:18에 나타나는데, 거기에서 후메네오와 빌레도는 '부활이 이미 지나갔다 함으로' 잘못을 범했다. 이것은 고린도전서 15장의 바탕에 잠재되어 있을 수 있는 믿음처럼 보이는데, 그것은 계몽된 사람들, 즉 지식을 가진 사람들이 이미 미래의 생명에 들어갔으며, 기다려야 할 어떤 중요한 것도 없으며, 그러므로 아마도 일상생활의 규칙들과 제한들로부터 자유하다는 믿음이다.

 그 편지들이 이미 놓여진 기초들 위에 잘 세울 것을 강조하는 것은 분명히 오류에 대항하여 지켜야 할 이런 필요로부터 유래하며, 그 강조는 또한 하나의 자리잡힌 상황을 반영한다. 교회는 이 세상에서 계속하는 삶에 직면하고 있다: 종말론적 기대는 여전히 현존하며, 기독교인들은 마지막 때에 살고 있으며(딤후 3:1-6, 아마 딤전 4:1f), 주 예수 그리스도의 재림을 고대하고 있지만(딤전 6:14f; 딛 2:13), 이 재림이 임박 하다고 말하는 곳은 어디에도 없다. 기독교인들은 이 세상에서 미래를 고려해야 하고, 이 세상에서 품위 있게 그리고 기꺼이 포용하며 살아야 한다. 쟁점들이 종말의 임박함의 빛에서 논의된 고린도전서 7장과는 달리, 목회 서신의 윤리적 충고는—많은 충고가 있다—실용적이며 인습적인 것으로서 언제 어디에서도 참된 그런 종류의 충고이지, 단순히 기독교인들만을 위한 것은 아니다.

목회 서신들은 호기심을 갖게 하는 강조적 효과가 있다. 아무것도 발전된 것이 없고 계속적으로 유지되는 신학적 논증도 없다. 많은 것들이 간략하게 언급되지만, 믿음에 대한 공격을 대항하여 방어할 필요를 제외하고는 어떤 주제도 없다. 디모데전서 3:16과 같은 어떤 구절들은 신학적으로 무게가 있는데, 그 구절의 중심 부분은 영어에서보다 헬라어에서 더욱 분명한 반복적인 특징들과 리듬을 가진 신조적 찬양으로서 RSV에 적절하게 번역되어 있다:

> 크도다 경건의 비밀이여, 그렇지 않다 하는 이 없도다:
> 그는 육신으로 나타난 바 되시고,
> 영으로 의롭다 하심을 입으시고,
> 천사들에게 보이시고,
> 만국에서 전파되시고,
> 세상에서 믿은 바 되시고,
> 영광 가운데서 올리우셨음이니라.

이 구절은 신조적 요약으로는 잘 맞지 않는 점들이 있다: 십자가나 부활에 관한 언급이 없다. 영지주의 기독교인을 난처하게 하는 어떤 것도 없으며, 또한 그 구절은 여기서 무지로 인해서 그리고 그것의 성격에 대한 합당한 숙고(熟考) 없이 사용되었거나, 혹은 영지주의자들의 무기를 그들 자신들에게로 향하게 하는 의도적이지만 비교적 약한 시도에서 사용된 심지어 영지주의적 공식화된 표현일 수도 있다. 그러한 흥미 있는 신학적 단편들과, 또한 주요 서신들의 바울을 강하게 회상하게 하는 것들이 있는 반면에(딤후 1:8-10; 딛 3:3-8a), 독특한 바울 특유의 언급들은 대부분 빠져 있다.

교회와 유대교의 관계에 대한 논쟁은 과거사처럼 보이며, 그 편지들은 유대교적 경건보다는 이교의 헬레니즘적 경건과 공통점을 더 많이 가지고 있다. 경건에 대한 공통적인 이교 단어인 $\varepsilon \dot{v} \sigma \varepsilon \beta \varepsilon \acute{\iota} \alpha$('종교적임')의 빈도가 이것을 가리킨다. 구약성서의 사용은 거의 사용되지 않는다. 율법은 문제가 아니다; 참으로 율법은 놀랍게도 긍정적으로 여겨진다: "그러나 사람이 율법을 법 있게 쓰면 율법은 선한 것인줄 우리는 아노라 알 것은 이것이니 법은 옳은 사람을 위하여 세운 것이 아니요 오직 불법한 자와 복종치 아니하는 자며 경건치 아니한 자와 죄인이며…위함이니"(딤전 1:8-11). 그 반대로, 바울에게 있어서 문제가 되기 쉬운 것은 종종 율법의 준수다. 이러한 이상한 태도에도 불구하고, 그리고 그 이단 속에 있는 유대교적 요소들에도 불구하고, 기독교의 유대교적 근원을 다루는 시도가 일반적으로 거의 없다. 강조점은 오히려 헬레니즘적 세상에서 의롭게 사는 것, 아무도 성나게 하지 않는 것, 그리고 세속 권력에게 순종하는 것, 그리고 그리스도에게 순종하는 것에 있다.

전체 묘사는 더욱 견고하게 세워짐을 필요로 하는 정착되고 확립된 교회에 대한 것이다. 다른 말로 하면, 우리는 제 2세대 기독교인 시대에 있다. 이것을 반박하는 사람은 거의 없는데, 문제는 우리가 바울의 생애의 맨 마지막 즈음에 있는가, 혹은 '진정한' 기독교를 수호하기 위해 그의 이름과 권위에 호소하던 바울 시대 이후에 있는가 하는 것이다. 바울 자신이 그 저자가 아니라고 생각하는 강력한 이유들이 있으며, 그 이유들을 위해서 신약 개론서를 참고하는 것이 필요하다. 여기에서 그 이유들은 단순히 열거할 수 있다.

첫째, 만일 문체가 참으로 지문과 같은 특성을 갖고 있다면, 바울이 저자일 수 없다. 둘째, 목회 서신에 의해 요구된 연대기를 바울의 다른 편지들과 사도행전으로부터 우리가 알고 있는 것에 맞추는 것은 사실상 불가능하다(예를 들면, 바울은 디도서에 전제되어 있는 그레데 섬까지 확대된 선교에 언제 참여했는가?); 그 유일한 해결책은 바울이 로마에 투옥된 이후에 일어난 선교 활동의 두번째 물결을 제안하는 것이다. 그렇게 재개된 선교 활동에 대한 약간의 증거가 있지만, 그 증거는 그가 그레데(디도서) 또는 에베소(디모데전서와 디모데후서)로 되돌아간 것이 아니라 서쪽으로 갈 예정이었던 것을 보여 준다. 셋째, 구조와 직분에 관한 강조, 그리고 방어적 태도는 바울과 그의 시대와 다른 방향을 가리킨다. 네번째, 목회서신의 신학은 일부 바울 신학적 특징들이 있음에도 불구하고 바울 특유의 것이 아니다: 바울에게 전형적인 것은 거의 모두 생략되고, 심지어 바울적 특성들 조차도 이상하게 비바울적인 방식으로 나타난다(예를 들면, 율법에 관한 딤전 1:8-11).

이러한 이유들은 각각, 어렵겠지만 회피될 수 있으나 그것들은 다 함께 바울이 저자가 아니라고 대부분의 연구자들을 설득하는 하나의 연쇄 고리를 형성한다. 이러한 견해는 보편적 동의를 얻지 못하지만, 다수의 개인적 언급들과 같은 바울 고유의 몇몇 단편들이 편입되었을 수도 있다. 우리는 이미 동일한 작가가 사도행전과 목회서신들의 저술에 관여했을 가능성을 언급했으며, 확실히 사도행전과 목회서신 둘 다 바울 사상을 적절하게 파악하지 못한 것을 보여준다. 흥미롭게도, 비바울적 저작권 그 편지들의 중요성을 축소시키기보다는 오히려 강화시키는데, 왜냐하면 그것은 그 편지들이 일세기 말경에 바울 계열의 기독교에 일어났던 가치 있는 정보를 우리에게 제공함을 의미하기 때문이다.

제2 세기

적어도 우리가 그것을 알고 있는 한, 이후의 이야기는 단편적이다. 제2세기 중반 경에 마르시온이라는 불리는 한 외래 인물이 로마에 도착했는데, 그는 바울이 가르친 것으로서 기독교의 새로움을 너무 강조하여 구약의 하나님과 기독교인의 하나님 사이의 어떤 연결점도 볼 수 없었다. 구약의 하나님은 정의의 하나님이었고 기독교인의 하나님은 사랑의 하나님이었다. 구약과 구약의 규례들은 기독교인들과 아무 관계가 없었고, 기독교인들은 낯선 하나님에게 소속했다. 이 낯선 하나님은 세상이나 인간과 무관하다: 그 신은 세상이나 인간의 창조자가 아니며, 율법 수여자도 아니고, 이스라엘의 계약의 신도 아니었다. 어떤 다른 이유도 아닌 순수한 사랑 때문에, 그 신은 (악하지는 않지만 단지 의로운) 창조자-하나님으로부터 그리고 물질적이고 부패한 세상으로부터 인간을 구원하기 위해 예수 그리스도를 보냈다. 따라서 마르시온은 바울이 율법과 복음 사이를 구별한 것을 훨씬 초과하여 율법의 하나님과 복음의 하나님 사이의 구별로 나아갔다.

마르시온은 바울만이 참된 기독교 메시지를 보존했다고 믿으면서, 바울의 교훈을 광범위하게 또한 사실상 배타적으로 사용했다. 다른 기독교 문서들은 이제는 이스라엘의 낡은 종교에 감염 되었으며 따라서 그것들을 사용할 수 없었다. 복음서들 중에서는, 주의 깊게 편집된 누가복음만이 받아들여졌다. 이제 기독교의 유대교적 근원에 대한 이러한 거부가 그를 도덕 폐기론적 자유방임 주의자로 만들지 않았다. 참으로, 율법은 기독교인들과 관계가 없으며, 율법에 복종하는 것은 그리스도의 죽음(그들의 이전 소유주로부터 구입한 가격)을 통해 그들이 구원받은 그 신에 대한 복종을 재개하는 것이었다. 그러나 재물, 음식, 성 관계와 관련된 것은 옛 하나님과 그가 만든 세상과 교통하는 것이었으며, 그러므로 그것은 어떤 대가를 치르더라도 피해야 되는 것이었다. 결과적으로, 마르시온의 기독교는 엄격한 금욕적인 행실 규범을 추구했다. 무엇보다도, 마르시온은 바울이 제시하는 기독교에서 새로움을 파악했으나, 기독교의 유대교적 근원과 그것의 계속성을 파악하는 데 실패했다.

영지주의 기독교인들은 또한 바울의 편지들을 널리 사용했으며, 이것은 베드로후서의 저자가 영지주의 기독교인들에 대해 말하고 있는 3:16에서 이미 지적되었을 수도 있다: "또 그 모든 편지에도 이런 일에 관하여 말하였으되 그 중에 알기 어려운 것이 더러 있으니 무식한 자들과 굳세지 못한 자들이 다른 성경과 같이 그것도 억지로 풀다가 스스로 멸망에 이르느니라." 베드로후서의 저자의 관점에서 볼 때, 어떤 사람들은 분명히 비정통적 방식으로 바울을 사용하고 있었다. 바울의 편지들이, 베드로후서가 쓰여진 2세기의 교회에서 권위적 지위를 얻었다는 것은 흥미로운 것이며, 또한 우리는 바울의 편지들이 영지주의자들에 의해 애호를 받으면서 존속할 만큼 충분히 확립된 것을 보게 되는데, 그 영지주의자들은 그 편지들을 그들의 사상에 따라 해석했다.

영지주의 해석에서, 유대인들은 계몽을 받으면서 이방인들과 합류할 수 있는 '육적인 사람들'을 상징하거나, 또는 날 때부터 선택받은 자들이어서 부름 받을 필요가 없는 '신령한 사람들'을 상징한다. 따라서 교회 안에서 유대인들과 이방인들의 관계에 대한 논의는 육적인 사람들을 입양시켜 본질적으로 그리스도의 지체들인 사람들과 합류시키는 것에 관한 논의가 된다. 신령한 사람들은 그들 속에 신성의 한 요소를 아주 강하게 가지고 있어 그들의 구원은 확실하다: 그들은 그것으로부터 그들이 분리되어 나온 본래적인 신적 온전함에 재결합할 것이다. 육적인 사람들은 그들이 구원받을 것을 가능하게 할만큼 충분한 신성을 갖고 있지만, 그러나 그들의 구원이 확실한 것은 아닌 사람들이다.

'정통적' 견해에서 볼 때 그들이 얼마나 많이 바울을 잘못 대변했다 하더라도, 영지주의자들은 바울의 복음의 급진적인 새로움을 파악했다. 다음 세대의 정통적 작가들, 즉 소위 사도적 교부들이 그러한 급진적 새로움을 주장하기는 어려웠다. 우리는 사도행전과 목회서신들이 바울을 신학적으로 완화시키면서도 그를 존중했으며, 베드로후서가 바울을 구약성서와 나란히 하는 한 권위자로서 그러나 이해하기 어려운 존재로 제시하기를 노력한 것을 보았다. 시대적으로는 후기의 신약성서 책들과 겹치고, 그러나 기독교 문헌에 있어서는 개략적으로 다음 단계로 간주될 수 있는 사도적 교부들이 이 과정을 완결시킨다. 그들 중 어떤 이들은, 특히 클레멘트 1세, 안디옥의 이그나티우스, 그리고 폴리갑은, 바울의 편지들에 대한 상당한 지식을 보여주지만, 그 편지들의 중심적 논쟁들에 관해서는 별로 알지 못했던 것을 보여준다. 하나님의 은혜가 가져다 주는 새로운 존재의 사상을 포용하는 것과는 아주 다르게, 그들은 기독교를 하나의 새로운 법, 즉 하나님의 도움으로 이루어지는 실행으로 보려는 경향이 있다(그들이 '은혜'라는 말로 의미하는 것이 바로 이 도움이다). 심지어 고린도전서를 거의 속속들이 알고 있었던 것으로 보이는 클레멘트 1서 조차도 라합이 믿음과 환대를 통하여 의롭다 함을 받는 것에 관하여 말한다(12:1). 아마도 이그나티우스는 바울의 영향을 가장 많이 받은 것으로 보여지는데(예를 들면, σάρξ와 πνεῦμα에 대해 Ign. Eph. 5:2을 보라), 그러나 그는 감독의 권위를 세우며, 이단과 싸우며, 그리고 자기 자신의 순교를 달성하는데 너무 몰두하고 있어서, 다른 문제들은 사소한 일로 격하시켰다. 그리스도와 함께 죽는 것은 사실상 순교와 일치하게 된다(Ign. *Rom*. 6:3; *Eph*. 10:3; *Smyrn*. 4:2; *Trall*. 4:2를 보라). 그 밖의 다른 문헌에서는 그 개념이 거의 이해되지 않는다.

하나님의 은사에 관해서 보다는 하나님의 요구가 더 강하게 강조되었다. 확실히 이것은 부분적으로는 그 저자들이 이교의 부도덕성에 직면하여 높은 도덕적 기준들을 유지할 필요가 있었기 때문이며, 그리고 유대교와의 단절 및 그 결과로 인한 토라 전승의 상실 때문이었다. 바울에게 있어서 기껏해야 주변적인 개념인 회개가 중심부에 더 가깝게 다가온다. 사람들이 죄의 세력을 포함하는 악한 권세들에 의해 억압받고 있으며 용서만큼이나 해방을 필요로 한다는 생각은 전적으로 결여되어 있다. 바울이 제시한 믿음과 유대교 사이의 실질적 구별은 그래서 온전하게 파악되지 않는다: 예수는 메시아이며 하나님의 참된 계시라는 확신을 제외하고는, 사도적 교부들 속에는 진보적 유대교와 다른 것이 많지 않다. 그들은, 사람들이 어떻게 그리고 무엇으로부터 구원받았는가에 관한 대안적 이해로서보다는 외적인 적대 집단으로서 더 유대교를 반대했다. 율법에 관한 바울의 복합적인 입장을 거의 이해하지 못하고 있다. 이 후기 세대의 대부분의 사람들은, 바울이 그러했던 것과 같이, 그리스도의 적수로서 간주되는 율법에 대한 중심적 헌신을 가지고 출발하지 않았다.

물론, 하나의 요인은 이미 언급된 바울에 대한 영지주의적 사용이었다. 이것은 '정통적' 저자들로 하여금 조심스러운 자세로 바울에게 접근하게 했으며, 영지주의자들이 많이 사용하지 아니한 목회서신을 비중 있게 사용하도록 만들었다. 2세기 후반에 리용의 이레니우스(*Adv. Haer.* IV xli 4)는 바울이 어떻게 그의 시대 '이단의' 옹호자들에 대항하여 방어되어야 하며, 또한 이 시대와 그 이후에 해당되는 클레멘트의 작품에서 바울은 참된(유대 기독교의) 복음의 최고 원수로 여겨진다.

바울 서한집의 형성

특정 상황에서 특정 이유를 가진 특정 교회들에게 쓰여진 편지들이 어떻게 하나의 서한집으로 수집되었고, 결과적으로 성경으로 간주되었는가? 분명히, 처음에는 오직 몇몇 서신들의 수신자들만 사본을 가졌다. 그 다음에 무엇이 일어났는가에 대한 한 견해는 일정 기간 동안 아무 것도 일어나지 않았다는 것이다. 누군가가 더 확대된 독자 계층에게 유익을 주기 위해서 당시에 남아 있는 서신들과 단편들을 모을 생각을 한 것은, 사도행전이 회람되기 시작한 이후, 바로 1세기 후반이나 2세기 초반이었을 것이다. 많은 사람들은 이 편집자가 또한, 특별히 고린도후서와 빌립보서의 경우에, 단편 조각들을 새로운 편지들로 만들었다고 생각한다. 이것은 터무니없는 생각은 아니다. 왜냐하면 파피루스는 훌륭한 필사 재료인 반면에 그것은 해어지고 조각나기 쉽기 때문이다. 대체로 이 이론은 1세기말까지 아무도 그 편지들을 언급하지 않는 것으로 보이는 이유, 그리고 재구성되지 않은 단편들의 사본들이 남아 있지 않은 이유를 동시에 설명해 주는 장점을 가진다. 우리는 에베소서를 설명하려고 시도하는 이 이론의 특정한 견해를 이미 언급했다.

무엇이 일어났는가에 대한 다른 견해는 개별적 편지들의 독자적(獨自的) 회람이 있었다고 생각한다 로마서는 아마도 여러 판의 사본으로 존재했다: 마르시온의 편집은 14장으로 끝나며, 14장으로 된 사본을 위한 다른 증거들이 있고, 또한 15장으로 된 사본도 있는데, 대부분의 사본들은 16장으로 구성되어 있다. 다시, 첫번째 이론의 약점은 가정된 서한집에서 편지들의 순서를 회복하기가 불가능하다는 것이다: 초기 목록들은 상당히 다르다. 그러나 분명히 '첫 출판'이기도 했던 서한집은 순서에 관한 확정적인 표시를 남겼겠는가? 더구나, 어떤 학자들은 당시에 존재하던 어떤 편지들 중 어느 것도 단편 조각들로 구성되었다는 것을 의심하고, 그것들이 바울이 쓴 그대로의 편지들이라고 생각한다. 그 편지들이 개별적으로 회람하는 것이 증가한 기간이 있은 후에, 그 편지들이 하나의 서한집으로 모아졌다는 주장도 있다. 이 견해들 중 어느 것도 받아들이기 어렵다고 말할 수는 없지만, 첫번째 견해는 두번째보다 약간 우세한데, 왜냐하면 그것이 바울의 죽음 이후의 세대가 그의 편지들에 관하여 침묵한 것을 설명하기 때문이다.

제8장

결론

바울이 제시한 기독교는 초대 교회 내에서 반대에 직면했으며, 또 그 이후로도 간헐적으로 반대에 직면하였다. 예수의 단순한 교훈을 구속의 종교로 변화시키거나 그것의 유대적 성격을 탈색시킴으로써, 바울이 그것을 오염시키고 복잡하게 만들었다고 보는 사람들이 항상 있어 왔다. 따라서 우리는 이제 바울이 제시한 복음이 예수의 교훈과 또 기독교의 그 밖의 초기 저작들과의 관계를 간략하게나마 검토해야 한다. 신약성서 사상의 다양성과 일치에 관한 설명을 위하여, 독자들은 이 총서에 나오는 그 명칭의 책을 참고하기 바라며 또 바울이 전파한 기독교가 현대에 어떻게 해석될 수 있는가 하는 질문을 위해서는, 성서 해석에 관한 책을 참고하기 바란다.

바울 신학은 확실히 전체적인 인상과 세부 사항에 있어서 공관 복음서들에 나오는 예수의 삶과 교훈에 관한 보고와 다르게 보이며 느껴진다. 이것은 부분적으로는 목회적이고 신학적이며 윤리적 문제들을 다루는 편지들이 주로 이야기와 간결한 말씀으로 구성된 작품보다 더 복잡하기 때문에 그러하다. 문학 양식(genre)

이 다른 점도 있지만, 거기에는 그보다 더 큰 면이 있다. 나사렛 예수로부터 바울에 이르기까지 아무 변화도 없다고 주장하는 것은 바울이 예수의 단순한 복음을 변경했다고 생각하는 것만큼이나 어리석은 주장이다.

바울은 예수에 관한 이야기를 제시하거나 혹은 예수의 교훈을 전달하려는 것이 아니라 예수에 관한 복음을 제시하려고 노력했다. 바울에게 있어서 예수는 선포자가 아니라 선포 자체이다: 이것은 우리가 검토한 모든 것들에 기초하여 볼 때 아주 명백하다. 우리는 바울의 관심이 예수-전승에 있었던 것이 아니라(설령 그가 그것을 알았다 하더라도), 새로운 존재와 새로운 세대를 가져오는 분으로서 그리스도에 두고 있었다는 것을 제2장의 결론부에서 보았고 그 이후에도 계속적으로 보아 왔다. 그리스도의 죽음과 부활로 말미암아 옛 권세들이 정복되었으며, 그리스도를 믿고 그 안에 거하는 사람들을 위하여 생명의 새로운 가능성이 활짝 열렸다. 이것은 단순히 하나님의 개입이 한 번 더 일어난 것이 아니라, 하나님의 결정적이고 최종적인 개입, 곧 그 후에 일어나는 모든 것이 그 개입의 결과라는 의미에서 최종적인 역사이다. 그래서 바울의 사상에는 이중의 초점이 존재한다: 이제 새 권능과 권위의 존재로서 그리스도인들이 그 안에서 그리고 그 밑에서 존재하는 종말론적 인간이며, 마지막 아담으로서 그리스도에 대한 초점; 그리고 그리스도 안에서 전적으로 새로운 존재가 됨으로써 해결된 인간의 곤경의 본질, 곧 죄와 속박에 대한 초점. 아무 것도 다시는 이전과 동일하게 될 수 없으며, 또 그리스도 안에서 나타난 이것이 개인과 교회와 우주에 대하여 의미하는 것을 제시한 것은 바울의 놀랍고 독특한 성취였다. 비록 히브리서와 요한문서의 저자들이 가장 밀접하게 그것에 접근했지만, 아무도 바울과 같은 범위에서 그런 작업을 하지는 못했다. 그런 작업은 분명히 예수 자신에 의해서도 이루어지지 않았을 수도 있는데, 왜냐하면 예수의 사명이 완수된 후에야 그 작업을 위한 자료들이 획득될 수 있었기 때문이다.

그래서 예수와 바울 사이에는 근본적으로 다른 시각이 존재하는데, 그것은 복음서의 저술이 연대기적으로 이차적이라는 사실과 연결된다. 그러나 둘 사이에는 중요한 연속성도 존재하는데, 이제 그것을 살펴보고자 한다.

첫째, 하나님의 나라에 관한 예수의 교훈은, 그것의 주된 특성에 있어서 역사적 질문을 가장 적게 받는 복음서의 한 가지 요소라는데 광범위한 동의가 이루어져 있는데, 그에게 있어서 세상이 세대의 전환점에 있다는 것과 하나님의 새로운 세대의 확립이 진행되는 과정에 있거나 혹은 곧 진행되리라는 것을 보여준다. 예수의 교훈에 관한 마가의 요약이 이것을 정확하게 표현한다: "때가 찼고 하나님의 나라가 가까웠으니 회개하고 복음을 믿으라"(막 1:15). 물론 여기서 '복음'이란 단어의 사용은 마가 자신이 그 요약적 진술을 만들어낸 것을 가리키는데, 그래서 이 진술은 예수가 말씀한 것을 글자 그대로 말한 것이 아니라, 그의 교훈의 핵심적 국면을 제시한 것이다. 이렇게 현재를 종말론적 시점으로 규정한 것은 바울과 예수 사이에 일치하는 것이며, 사실 그것은 바울 교훈의 출발점이다.

둘째, 예수가 전파한 나라는 인류가 지금까지 그 아래에서 종살이 해 왔던 권능들을 대체하는 하나님의 새로운 통치이다. 마가복음의 초반부에서 이것이 생생하게 묘사된다. 그래서, 바울이 그리스도를 그리스도인들이 그 밑에서 그리고 그것에 의하여 살아가는 권능으로 보았을 때, 그는 예수의 활동 속에서 하나님의 권능이 역사하고 있다는 견해와 일치한다(예를 들어, 막 3:21-27; 마 12:24-29; 눅 11:15-22).

셋째, 바울과 예수가 받아들일 수 없는 자, 불경건한 자, 세리들과 죄인들을 영접하시는 하나님을 선포했다. 믿음에 의한 칭의라는 바울의 교훈은 십자가에 대한 언급을 포함시켜야 할 필요에 의해 영향을 받았지만, 근본적으로 그것은 복음서에 나오는 예수의 묘사와 직접적으로 연결된다: 예를 들어, 누가복음 15장에 나오는 잃은 양, 잃은 동전, 그리고 잃은 아들의 비유가 어떻게 예수가 죄인들을 영접하고 그들과 함께 먹었다는 비난(15:1) 다음에 나오는 것을 보라. 부적합한 자들에게 먼저 회개와 삶의 변화를 요구하지 않고 그들과 함께 교제한 그 예수가, 바울에 따르면, 유대인이든 이방인이든(롬 3:10-31) 믿음만을 의지하는 사람들을 하나님이 영접하심을 전달하는 바로 그 그리스도가 되었다. 다시 말하여, 복음서 전승에서 진정한 요소로 널리 인정받는 것과 바울 사이에는 연속성이 존재한다.

넷째, 바울과 예수 양자 모두에게 있어서 구원이 쟁점이 되었을 때에 율법의 요구들이 문제가 되었다. 둘 중에 누구도 반율법주의 입장에서 율법을 반대하지 않았고, 오히려 양자는 심지어 율법의 더 큰 권위를 선포하거나 혹은 당연시했다. 그러나 유사성이 과장되지 않아야 한다: 비록 예수가 중요성 면에서 안식일법이나 청결하고 불결한 음식에 관한 법을 제외시킨 것으로 보이지만, 본래 우리가 바울에게서 발견하는 것과 같이 예수가 그러한 비판했거나 율법을 옛 세대에 속한 권세로서 간주했다는 암시는 없다. 그러나 둘 사이에는 주목할 만한 연속성이 존재하는데, 양자는 대다수의 경건한 유대인들에 의해 위험한 자유주의자들로 간주되었다는 것이다.

그러므로, 중요한 국면들에서, 바울이 예수의 종교를 왜곡시켰다고 생각하는 것을 정확하지 않다. 비록 바울이 부활 사건을 출발점으로 삼고, 그리스도의 인성 자체를 그의 신학의 중심으로 삼고 있을지라도, 예수로부터의 발전의 국면은 잠재해 있다. 확실히 그의 접근은 신약성서의 다른 어떤 저자보다 더 지성적이며 더 탐구적이다. 모든 그리스도인들이 특히 율법 준수의 국면에서 그가 제시한 복음을 수용한 것은 아니라는 것을 그 자신이 알고 있었지만(갈 1-2장), 그의 편지들 속에서 완전한 폐기보다는 논쟁의 요소가 있다는 점은 당시의 사람들이 서로 배척하지 않고 이 문제와 그 밖의 다른 많은 쟁점들에 있어서 다양한 입장들을 취할 수 있었다는 것을 보여 준다.

바울이 제시한 기독교는 마태와 같이 예수를 위대한 스승으로 내세우지 않으며, 혹은 마가나 누가와 달리 예수의 많은 부분을 치유자로 부각시키지 않는다. 새로운 세대가 이미 현존한다는 것에 대한 그의 태도는 요한의 견해보다는 더 신중하며, 또 그는 히브리서의 저자와 달리 예수를 성전 제도와 의식의 성취로서 제시하는 것에 거의 관심을 두지 않는다. 가장 논쟁적 영역인 그리스도인들이 유대교와 율법에 대하여 가지는 관계에 있어서, 바울은 창조주 하나님을 거부한, 그래서 이스라엘의 하나님을 부적절하거나 해로운 존재로 간주한 영지주의적 급진주의자들과 같지 않았다(고전 6:12ff; 10:1ff을 보라). 반면에 바울은, 비록 율법이 근본적으로 사랑의 계명으로 구성되었다 하더라도, 율법이 유효함을 주장한 마태와 동의할 수 없었으며(마 5:17-20, 43-48; 22:34-40; 23:3), 사람이 믿음으로만 아니라 행위에 의해 의롭다함을 받는다고 주장한 야고보서와도 동의하지 않는다(약 2:24).

비록 바울이 그가 제시한 기독교의 자료로서 특별 계시를 주장했지만, 특별히 율법에 대한 그의 견해가 전적으로 선배들의 도움 없이 이루어진 것은 아니다. 사도행전 6장에 나오는 "헬라파 유대인들" 중에서 율법과 성전에 전적으로 헌신하기보다는 보편적 선교를 수용했던 일단의 기독교인들을 발견하는 것이 가능하다(적어도 행 6:11, 13f). 이것은 예루살렘에 열 두 사도들이 남아 있었던 반면에 그들이 추방 당한 이유를 설명할 수도 있다. 스데반과 그 밖의 사람들의 입장을 과도한 급진주의로 생각할 수도 있지만, 그들의 실제적인 입장에 관하여 우리는 거의 알지 못한다. 그럼에도 불구하고, 바울 이전에도 율법, 특히 전체의 율법에 대한 순종의 필요성에 관하여 교회 안에 한 가지 이상의 견해가 존재했을 가능성은 남아 있다.

바울은 교회의 일치에 대한 이 위협을 마음 편하게 바라만 보지는 않았다. 이것은 그의 사역의 종결 부분에서 그가 심혈을 기울였던 헌금 문제(κοινωνία)에서 두드러지게 나타난다. 우리는 제6장에서 이 헌금이 부분적으로는 물질을 더 소유한 자들이 가난한 자들을 돌보기 위한 것임을 보았는데, 그것에는 그 이상의 의미가 있다. 어떤 사람이라도 그 헌금을 예루살렘에 가져갈 수 있었지만, 바울에게 있어서는 그것이 너무도 중요하여 그가 직접 그것을 전달하기 위하여 큰 위험을 무릅썼다. 신학적으로, 예루살렘 교회를 위한 그 헌금은 교회의 일치, 곧 이방인과 유대인의 일치를 표현하며, 또 아마도 이것이 그가 그 헌금이 받아들여질 것을 온전히 확신하지는 못한 이유이다(롬 15:31). 그것은 교회 일치의 표현으로써 실패할 수도 있었기 때문이다.

바울이 이방 교회들에서 파송된 대표자들과 함께 그 자신이 그것을 전달하는 모험을 했던 추가적인 이유가 있을 수 있다(고전 16:3f; 고후 8:16-24). 이방인들이 선물을 가지고 예루살렘에 도착한 것은 종말의 표시였으며(사 2:2f; 미 4:1f; 사 60:5f) 또 전통적 기대와는 다르게 이방인들의 들어옴이 유대인들의 구원으로 이어진다는 로마서 11장에 제시된 희망의 표출이었다.

그 헌금 사역이 그것의 본래 목적대로 성공했든 혹은 그렇지 않든, 초기 기독교 내에서의 다양성은 오랫동안 지속되었다. 클레멘트의 작품들에서 보여지는 바와 같이, 수세기 동안 바울을 참된 유대적 기독교 신앙의 배반자로 보려는 사람들이 있었다. 2세기에 일단 교회가 종말이 오지 않은 세상에서 정착해야 했기 때문에, 아마 그에 대한 이해의 퇴보는 필연적이었다. 그리스도인들을 시대의 경계선에 살고 있다고 생각하는 것이 더 이상 쉽지 않았다면, 그의 사상의 전체 구조는 유지될 수 없었다. 그러나 바울은, 비록 중단되기도 했지만, 예수 그리스도를 진지하게 생각하는 사람들에게 강력하고 창조적인 영향력을 계속해서 끼쳐 왔으며, 또 그의 믿음을 공유하지 않은 많은 사람들조차 매료시키기를 계속하여 왔다.

참고문헌

일반 서적

J. C. Baker, *Paul the Apostle. The Trimuph of God in Life and Thought*, Philadelphia and Edinburgh 1980.

E. Best, *Paul and His Converts*, Edinburgh 1988.

G. Bornkamm, *Paul*, New York and London 1971.

F. F. Bruce, *Paul: Apostle of the Free Spirit*, Exeter 1977.

R. Bultmann, *Theology of the New Testament*, Vol. 1, London 1952.

W. D. Davies, *Paul and Rabbinic Judaism*, London 1970.

J. A. Fitzmyer, *Paul and His Theology*, Englewood Cliffs 1987. A revised and expanded version of *Pauline Theology. A Brief Sketch*, 1967.

M. D. Hooker, *Pauline Pieces*, London 1979(*Preface to Paul* in U.S.)

M. D. Hooker, *Continuity and Discontinuity*, London 1986.

R. Jewett, *Paul's Anthropological Terms*, Leiden 1971.

W. G. Kümmel, *Introduction to the New Testament*, London, 1975.

J. Munck, *Paul and the Salvation of Mankind*, London 1959.

C. J. Roetzel, *The Letters of Paul*, Atlanta 1975, London 1983.

E. P. Sanders, *paul and Palestinian Judaism*, London 1977.

H. J. Schoeps, *Paul*, London 1961.

A. Schweitzer, *The Mysticism of Paul the Apostle*, London 1931.

K. Stendahl, *Paul Among Jews and Gentiles*, London 1977.

M. Y. MacDonald, *The Pauline Churches*, Cambridge 1988.

W. A. Meeks, *The First Urban Christians*, Yale 1983.

G. Theissen, *The Social Setting of Pauline Christianity*, Philadelphia and Edinburgh, 1982.

F. Watson, *Paul, Judaism and the Gentiles*, Cambridge 1986.

주석

로마서

J. D. G. Dunn, *Romans 1-8* and *Romans 9-16*, Word Biblical Commentary, Dallas 1988.

C. K. Barret, *The Epistle to the Romans*, London and New York 1957.

C. H. Dodd, *The Epistle of Paul to the Romans*, London 1932.

E. Käsemann, *Commentary on Romans*, Grand Rapids and London 1980.

J. A. Zeisler, *Romans*, London and Philadelphia 1989.

고린도전서

H. Conzelmann, *I Corinthians*, Philadelphia 1975.

C. K. Barret, *The First Epistle to the Corinthians*, London and N.Y. 1968.

J. Ruef, *Paul's First Epistle to Corinth*, Harmonsworth 1971.

고린도후서

C. K, Barret, *The Second Epistle to the Corinthians*, London 1973.

갈라디아서

H. D, Betz, *Galatians*, Philadelphia, 1979.

F. F. Bruce, *The Epistle to the Galatians*, Exeter 1982.

J. M. G. Barclay, *Obeying the Truth*, Edinburgh 1988.

빌립보서

R. P. Martin, *Philippians,* London 1976.

J. F. Collange, *The Epistle of Saint Paul to the Philippians,* London 1979.

에베소서

G. B. Caird, *Paul's Letters from Prison,* Oxford 1976.

J. L. Houlden, *Paul's Letters from Prison,* London 1970.

골로새서

E. Lohse, *Colossians,* Philadelphia 1971.

R. P. Martin, *Colossians and Philemon,* London 1974.

E. Schweizer, *The Letter to the Colossians,* Philadelphias and London 1982.

데살로니가전·후서

E. Best, *The First and Second Epistles to the Thessalonians,* London 1972.

목회서신

M. Dibelius and H. Conzelmann, *The Pastoral Epistles,* Philadelphia 1972.

J. L. Houlden, *The Pastoral Epistles,* London and Philadelphia, 1989.

R. J. Karris, *The Pastoral Epistled,* Wilmington Del., 1984.

사도행전

E. Haenchen, *The Acts of the Apostles,* Oxford 1971.

각 장에 필요한 추천 도서

제1장

W. G. Doty, *Letters in Primitive Christianity*, Philadelphia 1973.

R. Jewerr, *Dating Paul's life(A Chronology of Paul's Life* in the U.S.), London and Philadelphia 1979.

G. Lüdemann, *Paul, Apostle to the Gentiles*, London & Philadelphia 1984.

제2장

D. L. Dungan, *The Sayings of Jesus in the Churches of Paul*, Philadelphia 1984.

M. Hengel, *Judaism and Hellenism*, 2 Vols., London 1974.

E. Lohse, *The New Testament Environment*, London and Nashville 1976.

E. P. Sanders, *Paul and Palestinian Judaism*.

A. J. M. Wedderburn, *Baptism and Resurrection*, Tübingen 1987.

제3장

L. Cerfaux, *Christ in the Theology of St. Paul*, Edinburgh, London, and New York, 1959.

J. D. H. Dunn, *Christology in the Making*, London 1980.

제4장

R. Banks, *Paul's Idea of Community*, Exeter 1980.

B. J. Byrne, '*Sons of God'—'Seed of Baraham'*, Rome 1979.

C. F. D. Moule, *The Origin of Christology*, Cambridge 1977. Chap 2.

J. Rogerson, 'The Hebrew Conception of Corporate Personality: A Re-Examination', *Journal of Theological Studies* xxi(1970), 1-

16.
R. Scroggs, *The Last Adam*, Oxford and Philadelphia 1966.

제5장

Articels in *Theological Dictionary of the New Testament* M. Hengel, *The Atonement*, London 1981.

R. C. Tannehill, *Dying and Rising with Christ*, Berlin 1967.

J. A. Ziesler, *The meaning of Righteousness in Paul*, Cambridge 1972.

제6장

N. A. Dahl, *Studies in Paul*, Minneapolis 1977, Chap. VII and pp. 9-16.

J. W. Dranew, *Paul: Libertine of Legalist?* London 1975.

V. P. Furnish, *The Moral Teaching of Paul*, Nashville 1979.

H. Hübner, *Law in Paul's Thought*, Edinburgh 1981.

H. Räisänen, *Paul and the Law*, Tübingen 1983.

E. P. Sanders, *Paul, the Law and the Jewish People*, Philadelphia 1983 and London 1985.

G. Theissen, *Psychological Aspects of Pauline Theology*, Edinburgh 1987.

S. Westerholm, *Israel's Law and the Church's Faith*, Grand Rapids, 1988.

제7장

C. K. Barret, 'Pauline Controversies in the Post-Pauline Period', *New Testament Studies* 20(1974), 229-45.

E. Pagels, *Paul the Gnostic: Gnostic Exegesis of the Pauline Letters*, Philadelphia 1975.

제8장

R. Bultmann,'Jesus and Paul' in *Existence and Faith,*London 1964.

V. P. Furnish, 'The Jesus-Paul Debate: From Baur to Bultman', *Bulletin of the John Rylands Library* 47(1964-5), 342-81.

K. F. Nickle, *The Collection,* London 1966.

색인

ἱλαστήριον	146-149
παιδαγωγός	127-128, 171-173
παραενεσισ	21, 199, 202

ㄱ

가사규정집	200
감독들	114, 209-210, 216
결혼	182-185
공적	161-164
과부들	210
교회	69, 83-115, 188-191, 201-132
구속	134-137, 144
구원	52, 115-119, 166, 171-174
권세들	37, 70-71, 103, 106, 132, 143, 151, 197, 209, 217
그리스도 안에서 새 사람	53, 83-88, 126, 134, 139, 151-157, 177, 178, 200, 205
그리스도를 본받음	188
그리스도와 함께 죽고 부활함	35, 98-99, 115, 129, 91, 149-151, 159, 188, 199, 205, 217
그리스도의 몸	94-99, 99-105, 198, 205
금욕주의	183, 215
기독론	53-82, 104, 197-201, 205
끝(종말)	28, 53-58, 68, 80, 112-114, 118, 129, 144, 151, 181-186, 196-197, 200, 211, 226

ㄴ

네로	17
노예제도	181, 185, 193

ㄷ

다드, C. H	129
다소	32
디아스포라	38-40, 164-165
마르시온	108, 215, 218

ㅁ

메난더	33
메네니우스 아그립바	97
메시아	28-29, 49, 52-58, 110, 141, 147, 177-179, 206, 217
모세	22, 74, 170
몸	94, 95-98, 105, 152-154
묵시	27-28, 53, 30, 58, 62, 67, 178, 196-197
미쉬나	30
믿음	52, 55, 86-88, 106, 107, 110, 111, 124, 132, 134, 139-141, 149, 151, 157, 164, 166, 108, 173, 177, 189, 200, 205

ㅂ

바리새인	29-30, 48, 206
바울서신	19-22
보증(ἀρραβών)	113, 154
복음의 능력	115, 132
부활	28-29, 56-58, 90, 100, 105-114, 150-154, 200, 206, 211-212

색인 235

불트만	99
블렌킨솝	59
비밀이신 그리스도	58, 62-63, 202

ⓢ

사도 교부들	216-217
사도직	16-18, 22, 114, 201, 205
사두개인	30
사랑	126, 130, 174, 181-186, 188, 190
사역	114, 126, 209-211
사회	190-193
샌더즈, E. P	162
선교여행	16
선재	72-74, 76, 198
선택	29, 110-112, 161
성령: 성령의 은사	28, 58, 80, 114, 126, 154, 187-188, 206
하나님의 영	28-29, 80, 86, 96, 103, 106, 112, 124-127, 154-155, 185, 190, 206
인간의 영	154-155
성령과 예수	78-82, 84-86, 89, 103, 104, 106, 154
성전	144-149, 225
성찬	35, 41, 96-99, 115, 189
세속 권력	130
속죄일	146
순교자	147-148
순교자 저스틴	207
순종	74, 90-92, 133-134
슈바이처 A	140, 151
스토아학자들	33, 42, 97, 198
시내 산	109, 110, 108, 170, 172
시대:	
새 시대	27, 35, 58, 80, 103, 105, 108, 112, 117, 118, 124-126, 178, 181, 186-191, 192, 200, 221-225
옛 시대	27, 56, 80, 108, 124, 186, 223
신비종교	34-35, 62-64, 151
심판	28, 56, 57, 129-129, 179, 191

ⓞ

아담(옛 아담과 새 아담)	77-79, 88-94, 99, 105-108, 113, 114, 122, 149, 193, 222
아레타스	16
아바	74, 154
아브라함	27, 39, 51, 86-87, 108, 110-112, 113, 134, 143, 147-148, 168
아우구스투스	72
안식일	30, 173, 179
알렉산더 대왕	27
양심	130
양자됨	154
언약	27, 29, 86, 107-108, 110, 124, 161, 162, 164-165, 108, 173
에쎄네파	30
여성의 지위	187, 192
연대기	24, 204-205, 212-213
연대적 언어	83-105, 151, 157-159
연설	38
영지주의	20, 35-38, 59, 76-78, 97, 99, 102, 123, 182, 197, 200, 211-212, 215-216, 218
영혼 불멸	153
예루살렘 공회	206
예루살렘 함락	164
예루살렘 교회	41, 66, 225
예배	114-115
예수 그리스도: 십자가	16, 37, 42,

45, 53, 76, 86, 90, 104, 114-115, 132, 136-137, 143-151, 159, 200
    신이신 그리스도　　　75, 78
    고양　　69, 75, 76, 78, 81, 103
    성취로서의 그리스도 56-58/생애　　　　　42-46, 221-223
    주이신 그리스도 53-55, 63-71, 74-78, 81, 104, 114-115, 137, 140, 150, 200/ 부활 42, 55-58, 70, 72, 86, 114, 132, 181, 198, 200, 205/ 가르침　　　　42-46, 221-225
요세푸스　　　　　　　　　50
용서　　　121, 139, 146, 149, 163
우상　　　　　189-191, 205, 205
우상숭배　　　　　　39-40, 120
유대 전쟁　　　　　　　　112
유대인 기독교인　21, 49, 109, 110, 165, 178, 217, 226
유세비우스　　　　　　　　50
윤리적 교훈　42-43, 121, 126, 179-193, 199, 211
율법 16, 20, 27, 29, 39, 52, 60, 86, 103, 107, 109, 112, 121-126, 127-128, 150, 151, 166-168, 169, 171, 173, 174-179, 180, 206, 139/율법과 기독교 41, 107, 127-143, 137, 140-142, 143, 148, 150, 161-179, 186, 212, 215, 217
은혜　　　　　　132-136, 164, 216
음식규정　　　　　　43, 179, 205
의　　　90, 124, 130, 139, 144-145, 150, 155-159, 173, 187
    하나님의 의 140, 144-145, 157-159
이방인 선교 21-22, 49-52, 111, 205,
이삭　　　　　　　　108, 143, 148

이스라엘　29, 52, 102, 107-112, 134, 143, 145, 147, 162, 171
인간론　　　　　　　　28-29, 53
일신론　　　　　　　27, 60, 64, 75
              Ⓩ
장로들　　　　　　　114, 209-209
재림　　　56-58, 73, 114, 118, 181, 196, 202, 211
종교개혁　　　　　　　　53, 137
종말론　　27-27, 35, 53-58, 117-119, 151, 181-188, 191, 196, 199, 205, 211
죄　　　90-94, 94, 103, 106, 120-123, 127, 130, 134-137, 143, 144-145, 147-149, 150, 157-159, 164, 170, 174-177, 185
죽음　　90-92, 106, 117, 150-152
지혜　　　27, 40, 58-63, 197-200
    지혜이신 그리스도　58-63, 74, 76-78, 197-200
진노　　　　　120, 129-132, 147
집사　　　　　　　　　114, 209
              Ⓩ
충동(선한 충동과 악한 충동) 121
칠십인역　　　15, 22, 32, 39, 68, 136, 139, 164, 166
침례　　　　35, 41, 115, 150, 199
칭의　　53, 133, 137-148, 150, 155-159, 161, 163, 166-108, 173, 180, 181, 186, 206, 216
              Ⓚ
카스트로, 피델　　　　　　55
커폭스, L　　　　　　　　69
케리그마　　　　　　　　　85
쿰란　　　　　39, 53, 71, 80, 124

퀸멜 W. G   23
크랜필드, C. E. B   172

ㅍ

팔레스틴계 교회 27, 29, 38-40, 66,
                161-165
폴리캅   217
플라톤   33, 39
필로   39-40, 60, 164-165

ㅎ

하나님의 아들   71-74
할례   22, 44, 52, 108, 112, 123-
        127, 141-142, 143, 166,
        173, 174, 177, 184, 205
행위
    행위에 의한 심판   180-181
    율법의 행위 137, 142, 162-166,
                   108, 172
헌금   193, 226
헹겔 M   165
헬라계 유대교 38-40, 42, 60, 165,
                   187, 197
헬레니즘 27, 32-38, 64-66, 72, 117,
       143, 149, 155, 165, 198, 212
화해   134-137, 149, 159, 200
회개   122, 145, 217
회심/소명   16-18, 47-53, 205
희생제사   143-148, 158